新 华 学 术 · 思 享 者

新华学术系列图书：

霸凌国家

美国体制如何制造欺凌社会

[美] 查尔斯·德伯，耶尔·R·马格拉斯◎著

崔卓君◎译

新 华 出 版 社

图书在版编目（CIP）数据

霸凌国家：美国体制如何制造欺凌社会 / (美) 查尔斯·德伯, (美) 耶尔·R·马格拉斯著；崔卓君译. -- 北京：新华出版社，2017.11

书名原文：Bully Nation: How the American Establishment Creates a Bullying Society

ISBN 978-7-5166-3480-6

Ⅰ.①霸… Ⅱ.①查… ②耶… ③崔… Ⅲ.①政治制度－研究－美国

Ⅳ.①D771.221

中国版本图书馆CIP数据核字（2017）第271120号

著作权合同登记号：01-2016-7471

Bully Nation: How the American Establishment Creates a Bullying Society

by Charles Derber & Yale R. Magrass

© 2016 by the University of Kansas

霸凌国家：美国体制如何制造欺凌社会

作　　者：[美] 查尔斯·德伯　耶尔·R·马格拉斯　译　者：崔卓君

选题策划：黄绪国	责任印制：廖成华
责任编辑：黄绪国	封面设计：李尘工作室

出版发行：新华出版社

地　　址：北京石景山区京原路8号　　邮　　编：100040

网　　址：http://www.xinhuapub.com

经　　销：新华书店、新华出版社天猫旗舰店、京东旗舰店及各大网店

购书热线：010－63077122　　中国新闻书店购书热线：010－63072012

照　　排：臻美书装

印　　刷：北京凯达印务有限公司

成品尺寸：148mm×210mm　1/32

印　　张：9.75　　　　字　　数：280千字

版　　次：2017年12月第一版　　印　　次：2017年12月第一次印刷

书　　号：ISBN 978-7-5166-3480-6

定　　价：58.00元

目 录 | CONTENTS

第一章

反思欺凌：从个人到体制

耶尔·马格拉斯自己的故事

20 世纪 60 年代时我还在上初中。一天，我坐在学校户外体育场的墙头上。我完全没有运动技巧，也知道没人愿意让我加入他们队，所以没跟大家一起玩。以前就算我想玩，每个队也会吵来吵去、互相推让——谁也不想被我拖后腿。那天，有人伸手拽住我的领带（当时公立学校要求学生打领带）。他用力拉着我的领带，另一只手顺着我领口伸进去，将一只蚂蚁放在了我后背上。我被勒得快要窒息，很快开始晕头转向，头前后直晃。又一个人问我："你干吗呢？"我暂时恢复了神志，回答道："没什么。"我站起身来想走到操场另一边去，然而很快不支，摔倒在地。众人哄然大笑。

第二天，我在操场上。有个男生说："咚咚。"我天真地以为这是在讲敲门笑话[1]，于是回问："谁啊？"他拿一条女人长筒袜绕

---

[1] 敲门笑话（Knock knock joke）：美国一种常见的谐音笑话，开头是一人先说"咚咚（Knock, knock!）"，另一人回问"是谁？（Who's there？）"，后接姓名的谐音。例："Knock, knock!""Who's there？""Merry.""Merry who？""Merry Christmas!"——译注。当页注释为译者所加，作者注释放在书后注释部分。

过我脖子，越勒越紧，回答说："波士顿扼杀者[1]。"我再次倒在地上。后来我跪起身，慢慢醒转，他才放手。众人再次哄然大笑。

　　场景快进到高中食堂。有人叫了我的名字，他旁边的学生也跟着开始叫："耶尔，耶尔！"坐在旁边那排椅子上的学生也开始叫："耶尔，耶尔！"很快，整个食堂中的学生都开始异口同声地喊我名字。后来一连好几天，他们都如法炮制。

　　又一回，四个男生将我围住，每人抓住我四肢中的一肢。他们把我抬到学校楼上一扇打开的窗户旁边，像预备发射火箭炮般将我前后荡悠，嘴里数着一、二、三，然后将我身体伸出了窗外。又一天下午，放学回家的巴士上，一个男生抢走我夹在腋下的书，扔给另一个人，那个人又丢给第二个人，第二个人再传给第三个人。我在车里来回追赶，怎么也抢不回我的书本。第二天我上车时，司机警告我："你要是再胡闹，我就把你扔下去。"

　　欺凌存在的时间久到无法追溯，却仅仅在最近才开始引起人们严肃的关注。十年或二十年前，人们对欺凌问题要么大事化小，要么小事化了，觉得所谓欺凌不过是搞个笑、逗个乐，或者是成长"必须克服的"烦恼。被欺凌的人才需要硬气一些。要是他不能承受、不能还击，那他就活该被人嘲笑、被人骚扰。欺凌别人的人反而很骄傲——能做出欺凌行为，这表示他很成功、很厉害，说不定还说明他人缘很好，被大家崇拜，甚至连被欺凌的人都会崇拜他。

---

[1]波士顿扼杀者（The Boston Strangler）：20世纪60年代曾轰动一时的连环杀人案。凶手对马萨诸塞州波士顿的13名单身女性进行了性侵谋杀。

　　直到今天人们才意识到，长期欺凌会造成童年创伤，其所造成的伤痕可能到成年后也难消解。越来越多的父母担心，孩子可能正在遭受校园欺凌或网络欺凌，或者正在目击操场上的欺凌。一些家长认为，孩子可能会为了生存或者跻身"校园赢家"之列而欺凌别人。另一些家长甚至鼓励孩子去欺凌他人，这样孩子才能比别人强，才能融入集体。然而，还是有一些家长会告诉孩子——欺凌是一件恶劣的事。这些家长想到的可能是那几起令人发指的校园屠杀案——科伦拜校园事件[1]、弗吉尼亚理工大学枪击案[2]、牛顿桑迪胡克小学枪击案[3]。《暴怒》1和《欺凌社会》2等畅销书对这些事件做了记述，然而这几起案件也只是由来已久的欺凌问题的冰山一角。

　　目前，关于欺凌的探讨将该问题定性为个人心理问题，认为欺凌者和被欺凌者双方都应寻求心理咨询或治疗来解决。3被欺凌者应该学会去沟通，去自我调节。被欺凌者可能应该把自己的感受告诉欺凌者——好像欺凌者不知道自己正在伤害别人或者目的根本不是伤害别人一样。很少有人探讨的是，是否可能存在着一股更大的社会或文化力量正在鼓励欺凌，或者说，欺凌行为是否可能是为某些体制利益服务的。不过，诚如 20 世纪知名社会学家赖特·米尔斯在《社会学的想象力》4中指出的，个人的问题往往是社会的问题。如果仅对欺

---

[1] 科伦拜校园事件：1999 年 4 月 20 日，美国科罗拉多州科伦拜中学，两名学生携带枪械和爆炸物进入学校，枪杀 15 人后自杀。

[2] 弗吉尼亚理工大学枪击案：2007 年 4 月 16 日，美国弗吉尼亚理工大学一名 23 岁韩国学生枪杀 33 人后自杀。

[3] 牛顿桑迪胡克小学枪击案：2012 年 12 月 4 日，当地一名 20 岁青年进入康涅狄格州牛顿的桑迪胡克小学枪杀了 20 名小学生及 6 名学校员工，之后自杀。此前，他在位于牛顿的家中枪杀了自己的母亲。

凌进行心理矫正，那是绝对扭曲的。我们需要着眼于大局，社会中的关键体制与机构——经济、军事、文化、家庭、学校——是如何通力创造了欺凌环境，并成为其帮凶。我们需要进行一个范式的转移，将如今对个人心理问题的微观研究摆在对美国公司化和军事化社会宏观研究的背景之下。

心理学框架掩盖了鼓励并强化个人欺凌的体制欺凌。欺凌是一种社会现象，而且是文化、经济以及军事的共同特征。美国社会的结构可以用"军国资本主义"来描述，正是这样的社会体系导致了体制欺凌与个人欺凌的产生。

欺凌的根源来自社会，而且是强势体制主流价值观和价值取向的反映，这一观点乍听起来很合理——毕竟，我们提到唐纳德·特朗普或新泽西州长克里斯·克里斯蒂（Chris Christie）这样的政治人物时都会说他们是恶霸。国家橄榄球联盟（NFL）会鼓励球场上的欺凌行为以谋利，强国会欺凌弱国，诸如沃尔玛的大公司会欺凌员工，农产品巨头泰森公司或史密斯菲尔德农场公司甚至还会欺凌动物和环境，这些我们都会挂在嘴边上讨论。但这些欺凌却很少在关于欺凌的学术或流行图书、文章中出现。一些研究者已经开始提出要拓宽框架，例如社会学家杰西·克莱恩（Jessie Klein）在著作《欺凌社会》[5]中将研究目标定为两性关系，然而我们接下来将要在本书中说明的是——心理学家和精神科医生已经占领了欺凌分析的阵地。他们重点研究校园中的个人欺凌，并将其视为心理和个体层面上的问题，很少考虑欺凌问题如何反映社会中根深蒂固的构架问题。即便是克莱恩，尽管在书中花了一章笔墨来讨论"欺凌式经济"，其研究仍过分集中在学生和校园暴力上。

本书中，我们的路线有所不同。我们将会阐述的内容包括：世界舞台上的霸凌国家如何运作，甚至是国家如何欺凌本国人民，以及在气候变化的背景下国家如何欺凌自然环境。我们将焦点放在美国——美国是如今世界上最有力量的欺凌国家，但美国并不是唯一一个欺凌国家。通观历史，不同欺凌国家一直在作威作福，但尽管如此，我们想要解释的仍是为何欺凌在美国生活中占有如此重要的地位，欺凌如何发展，以及可以怎样解决。

既然我们需要做一个范式转移，那不妨首先更加仔细地检视目前的心理学范式，并揭示其深刻的不足之处。然后，我们才会转向研究欺凌问题的另一种路线。

微观范式：微缩欺凌

听到"欺凌"二字，你会想到谁？是操场上或食堂里那个大高个儿，还是电影《回到未来》[6]中欺负矮小单薄迈克尔·J·福克斯（Michael J. Fox）的寸平头运动员？要不，就是学校里班花小集团中某个嘴很毒的班花，到处管别人叫"胖子"或者"贱人"或者"四眼"？

在你看来，欺凌的受害者又是哪种人？因为太"娘"而被嘲讽的同性恋男孩？体型比较丰满或者长得"很搞笑"的女生？要不就是沉默寡言、看起来很弱的瘦小男生？长相很"宅男"，永远当不上球队队长？

当下关于欺凌话题的书籍、媒体文章和电影中，欺凌双方的形象通常如上所述。相关文化作品甚至包括一些喜剧（其中有著名的《小屁孩日记》[7]），将欺凌行为表现为一种笑点。凯丽·戈德曼（Carrie Goldman）曾写过一本广为人知的书，名为《被欺凌》。书中讲述了她女儿凯蒂（Katie）遭受欺凌的经历，并不怎么好笑。凯蒂因为长相和所谓"极客"的兴趣爱好[8]而遭到了残忍的嘲讽和取笑。一个名叫杰克的一年级同学叫凯蒂"肥猪"，她哭着回了家。杰克还让班里其他男生也一起叫她这个绰号，持续的嘲讽和取笑越发肆无忌惮。终于一天，凯蒂彻底崩溃，哭着告诉妈妈她再也不想上学了——欺凌就这样压垮了她。

戈德曼将女儿的遭遇写在博客上，转载量巨大。成千上万的家长留下了同情的回复，说他们自己的孩子也曾遭受过校园欺凌或网络欺凌。被欺负的孩子所犯的"罪恶"看上去简直可笑——穿的衣服很奇怪，"宅宅的"，是同性恋或者少数种族，或者身有残疾。被欺负的孩子中有不够强壮而不能进球队的男生，也有不够漂亮而不能进拉拉队的女生。

戈德曼使用"欺凌"一词来描述强壮孩子的恃强凌弱，对她女儿进行的持续性嘲讽、威胁、恐吓、侮辱或殴打行为。她认为，所有留言给她的家长都有被欺凌的孩子，这些孩子可能是同性恋、一般宅、理科宅或任何经常受到欺凌的人群，他们都为这种创伤性的虐待行为所影响。这一定义与心理学范式对于欺凌的广义定义是一致的：强大或强壮的未成年人对弱小的未成年人进行重复性的情感、口头或身体打击。关于如何定义欺凌，我们稍后会再细说。

从戈德曼的故事可以看出，大众对于胖子、理科宅、同性恋、宅男/女、娘炮、"丑逼"、"奇葩"的形象定位并非只是说说而已。这些称号的背后是现实生活中遭到欺凌的成千上万孩子，在欺凌这出剧中往往扮演着受害者的角色。然而，这些受害者也仅是欺凌世界的一个层面——目前关于欺凌的思考只提到这些人群，这其实标志着一种严重的思维受限。

心理学范式仅着重分析校园欺凌和因此而受害的未成年人。该范式的先决假设，也是大多数人习以为常的假设，就是欺凌只是一种个人行为——欺凌者是一个人，被欺凌的也只是个体。

此外，心理学范式还将欺凌者和被欺凌者限定为同一类人：儿童或少年。对这些人来说，欺凌是成长过程中的必经之路，尤其对于小学、中学和大学的学生而言，更是如此。

强调欺凌对象是年轻人，这是当前欺凌范式中的第二个维度，也是至关重要的一个维度。欺凌世界里挤满了孩子，而成年人会受到影响，尤其是家长、辅导员和老师，但却并不是欺凌现象中的直接行为人。成年人极少会被拉出来，被称为欺凌者或被欺凌者。

我们稍后将会指出，如上所述这两个假设都是错误的：欺凌行为并不仅是个人行为，欺凌所波及的范围也不止是未成年人。这样的假设是在掩盖成人世界中的欺凌，事实上，成人世界可谓是欺凌行为的大型斗兽场，而且是一手打造了未成年人欺凌世界的元凶。

如果我们认定欺凌是未成年人之间的个人行为，就马上进入了微观范式中的第三个隐藏假设：问题基本存在于个人心理中。关于欺凌的学术研究，不断赘述被欺凌人群的性格、精神健康以及心理问题[9]，而且常常重点剖析未成年人心理，而忽视成人的心理与行为，好像人长大了就会对欺凌自然免疫一样。实际情况可能恰恰相反，我们将在整本书中对此做详细分析。但不管怎么说，将视角集中在未成年人身上的确很方便掩盖一个人们不愿正视的真相——学校中的欺凌，正是儿童目睹了成人社会中每天发生的事情后进行的有样学样。如果我们停留在心理学范式中，就很难进行体制和政治层面上的分析，很难揭露成人社会及其领导体制的残酷现实。仅有一些研究提到了学校的运作模式、学校应如何干预和化解问题，算是稍微朝着这个方向走了几步。

一言以蔽之，心理学范式将对欺凌的探讨限定在了如何进行治疗的框架之内。如果这样想，成年人（尤其是父母、经过培训的咨询师以及心理医生）会慢慢学着将欺凌视为一种与心灵、团体心理学以及大脑生理学本身有关的现象，主流讨论会落入专业心理学家和精神学家划定的专业范畴之内。因此，对欺凌的分析围绕的中心会是心理障碍，而治疗主要会由精神科医生和咨询师来进行，由教师和父母来进行辅助。

这就是我们需要突破主流范式的又一个原因——精神病学疗法自认为是一种科学，但越来越多人质疑这个职业本身是否真正具有科学性，更质疑其诊断与药物。[10] 精神学科成功地为青少年们创造了一个医学化的世界，让数以百万计的年轻人活在了药物或治疗中。但其是否能解决欺凌问题，或者说整套方法对青少年是否有好处，即便乐观地说也是存疑的，这种治疗造成的伤害经常大于益处。我们将会具体论述，用精神疗法去治疗欺凌，一个显而易见的坏处就是其转移了人们的注意力，让人们不去关注欺凌的真正成因。心理学范式中一个常见的社会和政治假设是——欺凌之所以发生主要是因为误解，或者说双方没有好好沟通。如果技术宅、一般宅、长得不好看的孩子、同性恋或者少数种族的孩子能跟体育好的学生、人缘好的学生、性格刻薄的女生好好团结起来，大家就能彼此之间互相欣赏，就再也不会有欺凌了。然而，如果某些个人或团体欺负别人是为了巩固利益以及拉大强弱实力之间的差距呢？如果这其中存在着某种深层次的社会分歧呢？伍迪·艾伦（Woody Allen）现身说法，告诉我们来自不同背景或者说冲突背景的孩子们如果被放在一起会发生什么事："我有幸在不同教派夏令营待了两个礼拜，于是被各种不同种族和信仰的孩子狂揍了两个礼拜。"[11]

心理学范式使我们对大社会所扮演的角色视而不见。而这一点对我们的观点至关重要——尽管欺凌的确可以反映或导致心理上的障碍，欺凌本身却是由于更广泛社会的主流体制和文化观而产生的。不可否认，个体欺凌有其心理学层面，也可能导致深刻且持续的感情瘢痕。几乎所有形式的欺凌都与这种创伤有关——我们绝对无意弱化这一层意味。我们都被欺凌过，深知欺凌的心理诅咒会给人留下毕生阴影，事实上，这种阴影还常常比人所想象的要深。但目前的心理学范式有严重局限性，因为其不包含社会经济和政治层面上的分析，不足以理解甚至发现这样的结论：是我们社会中最强大机构的核心价值观滋生了大量的欺凌行为，并予以助长。

对于因"欺凌"而拿起这本书的读者来说，我们对公司和军队这些社会机构的探讨可能显得奇怪。前面已经说过，生活中我们的确会随口说一些政客或者公司"欺负人"，但尽管如此，我们中的大多数人还是渐渐学会了将欺凌视为个体问题，而忘记了其背后的体制或社会背景。只要一说"欺凌"这两个字，你想到的总是学校里的恶霸男生或者恶毒女生。我们不知不觉间吸收了这样一种观点——欺凌现象跟我们的经济、政治或军队组织没多大关系。事实上，在进行分析时，我们时刻提醒自己要抓准主题。很多读者一定觉得我们离题太远，觉得我们是在转移注意力让人们不要去关注需要帮助的孩子和学校，我们可能是别有用心、另有图谋。

然而请记住，当前研究以青少年之间的欺凌为主题，我们绝不是否认其重要性。我们的观点某种程度上是说，如果我们真的关心孩子们之间互相欺凌的现象，就应该拓宽看问题的角度，思考目前欺凌研究中没有提及的问题，深入这公司化、军事化社会的腹地，进行观察。

社会上，一种"架构式欺凌"已经被写入了顶层机构的 DNA，大公司和军队都是如此。这是一种不同意义的、更大规模的欺凌，但我们将要表述的是，这种欺凌同样具有校园欺凌中滥用权力的许多特征，同时也是当前校园如此混乱的核心成因。

然而，尽管大型机构和体制是成人和青少年欺凌世界的帮凶，却从没成为精神学家研究的对象。精神学家所受的训练就是，不要去分析社会中的体制和经济组成。精神学家通常只会帮家长们"调整"，却鲜少思考过这社会究竟是否"值得"让你我去调整。[12]"社会"这东西，经常被视为一种看不见摸不着的自然或天生存在物。精神学家上课时学到的是，相比于内在心理机制和大脑生理障碍来说，社会力量是一种干扰。他们所受的专业训练强调的是心理动力学、精神疾病这一类的东西。正因为此，大型企业和军队在海内外搞欺凌行径，成年人在工作场所和家里欺负别人，他们就视而不见。而工作场所和家庭驱使着大部分青少年欺凌行为的发生，反过来也渗透进了公司、军队以及针对动物和环境的暴力行为。

精神学家统治着对欺凌的学术研究，这一情况不仅涉嫌不作为犯罪，也涉嫌作为犯罪——是他们让我们忽视了影响更大的社会力量，否认了社会力量的主要作用。正因为心理学范式占有主导地位，所以如果我们在这里主张欺凌行为的根源在于社会种种主要体制，这可能令人惊讶也令人不解。但继续阅读本书，你会渐渐看出，真正的问题受到了何等的虚化和隐瞒。

部分原因在于，我们的文化将几乎所有社会问题都"心理学化"。我们认为各种行为和行为问题都是由个人所驱动的，而非体制或机构成因。这一思维定式常见于各种问题，从贫困问题到不平等问题，再到个体的攻击性与暴力行为。而对于欺凌来说，心理还原论并不适用，而且误导性十足，只会让我们的认知被微缩，甚至根本就是完全掩盖了欺凌的成因、本质、施加对象和承受对象。

基于上述所有理由，想要正确理解欺凌，就必须摒弃目前所知的所有关于欺凌的假设和思考方式。C·赖特·米尔斯（C. Wright Mills）着重强调，美式思维中的心理还原论会将个人问题与社会公共问题剥离开去。[13] 而他的社会学想象力就是要摆正这种思想扭曲。基于同样的原因，我们也认为应将对欺凌的讨论从心理学范式扩大到多范式思考。我们的分析方法沿袭于米尔斯，也就是我们所说的社会学想象力。

宏观范式：社会学想象力、体制欺凌以及能帮助我们反思、提炼欺凌概念的多种定义

社会学想象的精华便在于将个人问题与公众问题结合在一起，这是米尔斯《社会学的想象力》的核心主题。[14] 米尔斯在该书与他此前另一本题为《性格与社会结构》[15] 的书中同时提到，我们美国人从小就被教育，要相信我们的个人问题与经济、政治体制和国际关系中

的公共机构是无关的。个人世界与公众世界远如星汉。

然而米尔斯的主张是，个人问题扎根于社会价值、权力层级以及经济、政治和军事系统的价值观与利益之中。他相信，与美国人的常识不同，把个人障碍与公共（和政治）问题剥离开来是不可能的，一旦做此种尝试只会导致错觉和假象，形成一种"后天型无知"。

事实上米尔斯论证道，强行剥离个人问题与公众力量的行为并非偶然。其另一部著作《权力精英》[16] 出版于 1957 年，他在书中表示，美国可能看上去是个民主国家，实则却是被经济精英、政治精英与军事精英三权统治的社会。这三类人群位于权力层级的顶端，彼此交融、彼此协作，美国与其他国家发生的事情大部分由他们控制着。

这种控制，包括了对思想和公众言论的控制。[17] 社会学想象力表明，将对于欺凌的研究禁锢在心理学的范围内，是为统治机构的权力和利益服务的。精英阶级甚至还很努力地确保任何关于欺凌的对话不会进化为对我们这个公司化、军事化国家的认真分析。如果如此，就会对他们控制的体制形成威胁。这样一来，大众本来只关心欺凌会不会折磨伤害到自家孩子，现在却会开始质疑现存的社会秩序和权力结构。

从社会学想象力的角度来看，以心理学范式来研究欺凌是再正常不过的，只不过是美国思想生活整体被心理学化的一部分。社会问题被心理学化，社会系统仅被视为许多个体的集合，无论是个人行为还是社会行为都被看作是由个人引起的，都是心理需求，而非统治精英们的体制掌控。[18]

社会学想象力是一种宽泛而批判的方法，挑战的是美国大部分公共言论被引导的方式。本书中，我们想要阐述的是这一方式如何被应用到了关于欺凌的讨论之中，我们将要提供一种全新的视角，不再仅仅关注心理失衡的孩子如何在学校食堂里欺负人、在操场上打架，不再只关心这些孩子的心理需求，而是着眼于我们社会的架构方式。我们将要解释的是我们的军事化企业系统如何让欺凌在人长大后继续发生，与孩童世界的欺凌别无二致。在许多重要方面，公司与军队的运作方式与校园欺凌如出一辙，最终所行之事也与操场恶霸颇为相似。而种种体制应该负责的，不仅是数百万遭欺凌的成人与青少年，还有濒临灭绝的动物与其他物种。

社会学想象力的核心问题，以及欺凌本身的核心问题，都是对权力的研究。权力是所有国家的核心现实，也创造了多种互相重叠的经济层级、社会层级与政治层级。我们每个人在这些层级中栖于何处，很大程度上决定了我们的权力，以及我们未来成功与否、地位几何。层级位置还决定了谁是欺凌者、谁是被欺凌者，向我们揭示了被隐藏的欺凌真相。事实上，欺凌的本质正是权力与执行权力的方式——从五角大楼、国会、公司办公室到学校操场，皆是如此。

不过，在说到欺凌之前，我们先简单说一说在社会学想象力范式下研究权力和美国社会的大局视角。这一视角所构建的是一个背景，在该背景之下我们才能理解，为何这一范式能够让美国对欺凌的思考完全转向，为何该范式认为欺凌是我国社会核心价值观和权力体系的体现。

米尔斯认为，美国很大程度上被经济结构、政治结构和军事结构的顶层精英所统治。[19] 尽管这些精英力量强大，本身却不能自由行动。他们很大程度上必须为其所统治的机构服务，包括大型跨国公司、政府各级机关以及军方力量。如果他们不能做到利益最大化，不能让国家军事影响力进一步增加，不能维系军国资本主义中的大众信仰，他们就会被推翻。因此，社会学想象力所考虑的不仅是手握权力的个人，也包括寻求权力和利益的大型机构或体制。[20]

社会学想象力更进一步指出，统治机构之间互有联系，各种程度上来说组成了一个共生的体系。米尔斯将美国的现状描述为所谓的军国资本主义。[21] 美国是一个资本主义国家，打着史无前例的军事力量烙印，这一观点并不存在多少争议，许多持不同政治观点的分析家都对此不抱异议。然而，社会学想象力的确会引起一些争论，争论的点集中在其对该体制下价值观、结构和权力角色的分析以及批判方式上。

传统观点认为，美国是一个民主国家，最终是要对国民负责的。人人都有一张选票，社会的组织结构有文件可依，比如托马斯·杰斐逊的《独立宣言》，强调了所有公民的平等与权利。许多社会科学家和经济学家将这些理想化的看法看作是一种对美国现实和理想的合理趋近。社会并不完美，但却是"例外的"[1]，是长期朝着民主与平等的目标行进的，比历史上哪个国家路子都正。[22]

社会学想象力直接质疑的是这种例外论思维，认为即便美国与其他西方国家一样，基于正规的民主程序（例如投票）而运作，统治权却仍归于拥有大量财富和影响力的权力精英，以及他们掌控的机构。因此，美国的与众不同之处并非它有多民主、有多平等，事实上，调查显示，美国的民主程度和平等程度已被许多欧洲国家甩在身后。事

---

[1] 美国例外论（exceptionalism）：也称"美国卓异主义"。一种优越论看法，认为美国将成为独一无二的自由民主国家。

实上，大多美国人被本国精英抢走权力和财富的速度已经超过了欧洲大多数国家。经济学家托马斯·皮凯蒂（Thomas Piketty）一本书掷地有声，震惊世界，以数据指出美国的不平等现象正在加剧，令人吃惊。[23]他主张，不平等导致了一种类似于种姓制的力量分层——在美国的贫富差距社会中，人只能继承上辈的社会地位，永世不能改变，并因此而继承了严重的弱势，对成人世界里的经济和政治欺凌无从抵抗，该论断已被其他许多针对美国不平等现象加剧的研究所证实。[24]稍后我们将再次谈到皮凯蒂对于不平等的论述，但这里值得一提的是，尽管皮凯蒂得出了这样的结论，其他学者也力证美国患了不平等的"癌"并已病入膏肓，大多数美国人仍然看不清国家强弱和贫富的差距已如此之大，已经超过其他发达国家。他们也没有意识到，这一现状正在侵害着他们自己的生活安宁，导致着愈发过火的压迫和暴力政治文化，引发的欺凌之祸令人毛骨悚然。对于最后一点，本书后文将会再次论述。

社会学想象力深挖的正是这种大趋势，大多数美国人还被"例外论"的思想牢牢抓着，对此视而不见。[25]在社会学想象力看来，一切形式的社会问题都与更广泛社会层面上的权力集中与滥用有关。力量的不平等一旦加剧，就将创造一个"你有我没有"的社会，将使位于主要层级中层和底层的大批人民失去公民权利，并进而运用欺凌的方式来使他们服从上层。

当然，所谓"滥用"和欺凌一样，是一个主观的概念，很大程度上只存在于旁观者的眼中。受害者可能会感觉自己被欺凌者及其对权力的滥用所控制，而欺凌者本人会否认这顶帽子，会觉得他完全有权这么做，而且相信自己做的事完全合乎道德。一个人在力量层级中所处的位置会对其认知起到很大影响。

社会学想象力将欺凌视为一个构造问题。所谓构造问题即是说，力量的不平等已经被写入了公司、军队和整个国家的DNA。这些不平等现象不仅是导致民主腐化的根本性因素，也在根本上导致了生活各个层面上的压迫和暴力镇压行为，欺凌就是一个主要体现。

将重点放在社会和政治权利构造上，这是我们的研究与心理学范式的最大不同，是将范式翻转过来，将范式本末"正"置。心理学范式认为是心理有问题的个人创造了社会问题以及他们自身的困难，而社会学想象力却认为是社会本身造就了社会底层人民的问题，以及这些人在失去权力后所遭受的心理障碍。具体到美国，这里的社会指的就是美国的军国资本主义，一种有组织的权力不平等体系。

不过，先不急于讨论欺凌的社会学范式，我们先来说说其与心理学范式有重叠的两三个角度。两种范式都将权力，确切地说是权力的不平等，看作是决定性的忧患。我们能找到的所有微观研究学家对欺凌所下的定义（各种在线词典均可查阅），几乎都要首先说明，"欺凌"指代的是：具有攻击性和伤害性的行为，与力量的强弱差距有关。下面举一典型例子，摘自更正式一些的文献：

> 欺凌行为：必须具有攻击性，并包括，
>
> 力量的不平衡：实施欺凌行为的孩子会利用自身的力量（例如体能、掌握别人的把柄、人缘好）去控制或伤害别人。力量的不平衡在不同时间和不同状况下会有不同体现，即便涉及的是同样的人。
>
> 重复性：欺凌行为会发生一次以上，或可能发生一次

以上。

　　欺凌所包括的行为有：实施威胁、散布谣言、进行肢体或言语攻击、在集体中故意实施孤立。[26]

　　再举一例，也是标准微观范式中广泛使用的定义，也重点强调欺凌是具有攻击性和伤害性的行为，由力量强弱不均所导致：

　　　　欺凌即是使用力量、威胁或胁迫的方式去虐待、恐吓或恶意地强行支配他人。这种行为经常具有重复性和习惯性。一个至关重要的先决条件就是，欺凌者或者其他人必须对这种社会力量或身体力量的不平衡有认知。用以维护这种支配地位的行为可以包括：骚扰或威胁、肢体攻击或胁迫。此类行为可能针对受害者重复实施。[27]

　　我们认为，这些定义均强调：是力量的不平等导致了敌意和伤害行为的产生。这对于我们的宏观架构范式来说，恰当而有用。我们自己在新范式中对欺凌行为所下的定义与微观研究文献中的正统概念是一致的：

　　　　欺凌是这样一种行为：（一）体现力量差距；（二）使用威胁、骚扰、恐吓或攻击（经常具有重复性）等行为来确保自身的统治或控制地位，并使人恐惧、受伤或屈服。欺凌者意欲在受害者心中建立一种低下感，巩固自身的优越感，捍卫欺凌者与被欺凌者共同生存的力量层级。

两种范式都认同，权力或力量的强弱差距是统治地位与权力滥用的关键。两种范式都认可，权力或力量的强弱差距是欺凌的首要先决条件和成因。不过，我们将用整本书来阐述的是，两种范式的不同之处在于心理学范式着眼于人的力量不平等、团体和小群体中的权力不平等，以及促使个体尤其是儿童去寻求并滥用力量的心理动因。而社会学范式则着眼于社会层面上更大范围的权力差距，这种差异导致了体制中的权力滥用。社会学范式的研究表明，未成年人寻求并滥用力量，[28] 实际上是对成人经济社会中组织性权力关系、威胁和暴力的反映和模仿。

两种范式的第二点相通之处则更加相通——欺凌的受害者大多是位于力量层级底层的人。[29] 所谓力量层级包含了性别层级，也包含种族、阶级层级以及生活方式的优越性等级，后者包括同性 / 异性恋或运动员 / 书呆子，后几种尤其是社会学范式的研究重点。心理学范式中唯一具有较强"社会性"的角度是性别层级和性别价值观，这对于心理学来说不过是略触社会学的外皮，对于社会学想象力来说却属核心问题。[30] 同时，心理学范式不免观察到，被欺凌的孩子总是那些处于其他社会力量层级底层的孩子，可能是体力层级、颜值层级、性取向层级，要么就是有钱的欺凌没钱的，健全的欺负残疾的，运动健将欺负孱弱书生。[31] 然而，除了性别以外，心理学家未因其他因素而对社会力量架构所扮演的角色做任何认真分析，尤其未去分析一个公司化、军事化社会所特有的力量架构。

两种范式的第三个共通之处是都承认某些文化价值观对欺凌的形成有利，比如强者有理、勇于竞争、把握控制、主动出击、暴力至上，等等。所有这些价值观都与掌握力量、滥用力量有关，被泰迪·罗斯福总统发扬光大。罗斯福总统在血浆、肝脑和暴力中荣光加身，兴高采烈地带领美国冲进了他所谓的"壮观的小战争"，先后在古巴和菲律宾与西班牙交战，使得家国蒙难。[32] 然而，心理学范式仅将这些价值观诠释为个人准则，看成是体现人格障碍的心理症状，有时会将其与传统男权社会的雄性价值观相关联。而在社会学想象力中，我们将探讨的不仅是这些价值观，也是精英和顶层机构所建立的一种欺凌文化。我们认为，欺凌文化与性别有关，但也来源于军国资本主义的其他关键体制。

第四个共同点则在于，对欺凌本身下定义的复杂性。宏观架构范式拓宽了"欺凌者是谁"的定义，心理学范式在对欺凌行为下定义时也不失复杂和困难。两种范式对于欺凌的定义都围绕着力量或权力的不平等以及支配性、控制性的行为而展开，两种范式的定义也都容易模糊不清。两种范式中的欺凌都是个宽泛概念，与暴力和竞争有大量重叠，尤其是在存在着巨大力量差距的社会里。特别是在层级性非常强的社会里，如果定义将所有"不良行为"甚至是所有社会行为都包含进来，那未免过于宽泛。因此，明确什么是欺凌行为，什么不是欺凌行为，这对于两种范式来说都是至关重要的。

动机可以用来辨别欺凌行为和非欺凌行为，但必须小心对待。在大多数美国人心中，控制、胁迫、伤害或支配受害者并在其心中创造一种低劣感的动机，这是构成欺凌的关键，这一动机也的确可以作为定义欺凌的部分依据。因此，如果实施控制行为的人或组织表示他们的动机是友好的，是想帮助别人的，那么他们的行为就不构成欺凌。然而这又涉及另一个问题：这种控制行为是否经过受害者自愿真心的同意呢？

行为是否征得了另一方的同意，这一点在对动机的评价和对欺凌的认定中至关重要。几乎所有欺凌者都为攻击行为辩解，说是为了别人好才这么做。乔治·W·布什和迪克·切尼入侵占领了伊拉克，他们声称这是为了给伊拉克带去自由和民主，而我们与许多评论家持相同观点：石油和美国权力才是真正的动机。然而，即便布什和切尼的花言巧语真的连他们自己都相信了，这场战争依然是欺凌行为，因为占领并没有征得伊拉克人民的同意。伊拉克欺凌可以表明，动机很重要，但征得同意也很重要。校园欺凌者在操场上未经同意而攻击其他学生，这种暴力行径也没有征得他人同意。

然而，如果某个有权之人，例如老师、经理或军队中的长官，要求权力层级较低的人去做什么事，这是否自动就构成欺凌呢？对于这个问题，我们有三个答案。首先要再次重申，这取决于动机。如果经理向下属发出命令，但并不是为了侮辱她，而只是遵守公司规定以及经理本人上司的要求，那就不能充分构成欺凌，但仍可能构成部分欺凌——经理可能是被他人欺凌，进而身不由己也要去欺凌下属。如果一个老师对学生提出要求，也可能是这种情况。经理和老师都可能一而再再而三地对下级或学生发出刁难性质的命令，可能构成欺凌行为，但经理和老师这么做的目的并不是为了羞辱下级或学生，也不是为了让他们产生卑劣感。经理和老师在欺凌体制中充当着代理人的角色，即便他们实施欺凌行为是因为职责在身，并不情愿。此种情况下，利用力量去胁迫他人具有强烈的欺凌性质，但不足以定罪，因为他们的动机并非侮辱他人或使他人产生卑劣感。

因此，欺凌与否并不是非黑即白。在力量的层级里，上层之人行使权力可能出于不同动机。只要牵扯到了权力层级，那么欺凌就很可能发生，但若上层或准上层的人是被迫行使权力，但不是出于羞辱受害者或使受害者产生自卑感的目的，那么就只是部分欺凌。再次强调，欺凌并不仅仅是心理学上的性格特征。在欺凌社会里，一些"善良"人也可能被欺凌机构所欺凌着，被迫去欺凌别人。充分理解可知，欺凌行为是有一个"度"的，可被分为完全欺凌、高度欺凌、低度欺凌和零度欺凌。我们以这种度的眼光去看问题，在本书中一再解释"潜在"欺凌（或称"潜伏"欺凌）与"实际"欺凌（或称"实发"欺凌）之间的区别。离坐标轴的纵轴顶点越近，行为就越靠近实发欺凌，而非潜在欺凌。"潜在"这两个字的意思，即是说该行为有符合欺凌定义的部分，但又并非完全欺凌。然而，一个机构的层级越是陡峭，这个机构的文化就越有可能蕴含着"建立优越感／低下感链条"的内涵，位于顶端的人和位于中端、低端的人也就越有可能陷入完全欺凌关系的泥沼。

第三个重要考量是，即便一种行为中欺凌者本人的行为达不到个人欺凌的条件，该行为仍然有可能是一种机构欺凌。举例来说，上文提过的那位人很善良的经理，他并不想欺凌别人，但却被迫把工作外包出去或者降低下属的工资，因为这是他的职责所在。他威胁下属要外包工作，这可能构成了完全机构欺凌，因为该机构的确想强迫员工屈服，并在员工心中烙下公司所需的低劣感，但经理本人并不想羞辱这名员工，他的行为可能是机构欺凌，却并非完全是个人欺凌。他可能心怀负罪感与自责感。这里的微妙之处其实在于，他有两种身份——作为机构代理人，他是欺凌者，但与此同时，如果他并未被机构的欺凌文化所侵蚀，做出的事与他的良心和动机不符，那么他又不是个人欺凌者。

若要展开说，欺凌与暴力之间关系定义也是一团乱麻。两者确实有大量重叠，但许多欺凌不涉及暴力，而一些暴力也并非欺凌。

通常，两种范式中的欺凌都不涉及肢体暴力，例如口头威胁和谩骂侮辱。事实上，日常欺凌中占到数量优势的并不是肢体暴力，这一点我们将在家庭欺凌一章中生动阐释。非暴力欺凌的影响更加恶劣，因为它隐藏更深，更难以辨别。欺凌不应与暴力混为一谈，一个重要原因就是——大多数欺凌不以暴力方式体现。同样，我们也应将欺凌与犯罪区分开来，因为大多数欺凌，无论是个人实施的还是公司、国家这些机构所实施的，都是合法行为。事实上，法律通常就是有权有势的欺凌组织所制定的，这些人位居高位，有权定义何为犯罪。

两种范式也都谈到非欺凌的暴力形式，例如自卫行为—— 一个人必须迅速实施暴力以保护自身安全，并不构成欺凌。再次说，必须是正当的自卫，因为欺凌者经常声称暴力是出于自卫，不管欺凌者是个体还是机构——比如说，自封的佛罗里达州社区督查大队队长乔治·基摩曼（George Zimmerman），他杀死特雷文·马丁（Trayvon Martin）时可不是自卫；密苏里州弗格森市的警察达伦·威尔逊（Darren Wilson），他杀死迈克尔·布朗（Michael Brown）时也不是自卫。甚至是美国领导人，高举自卫大旗入侵越南和伊拉克时，其行为更不是自卫。欺凌者声称是在自卫，并不意味着未做出欺凌行为，因为欺凌者经常贼喊捉贼。但在某些情况下，的确必须对小偷或者杀人犯进行及时而暴力的自卫，以制止其侵害行为。如果是此类少数情况，暴力就有可能不是欺凌。认为自己正在受到欺凌的人为自保而做出的暴力行径，是偶发而无望的，可能真的是孤注一掷，想要与欺凌者拼一拼。例子可见校园枪击者，他们认为自己被社会折磨、抛弃；以及自杀袭击者，自我牺牲是为了弥补人民或事业的力量不足。

下定义时的另一个问题，是欺凌与竞争之间的关系。两种范式都指出，欺凌经常是赢得竞争的手段，竞争目标可能是地位、钱财或权力。但并非所有竞争行为都是欺凌，尽管大多欺凌包含某种形式的为建立权力或统治地位而进行的层级竞争。

何种竞争行为不是欺凌呢？这取决于竞争是否是一场零和博弈，也取决于人们是否共同建立规则、自愿进入比赛。对于零和博弈（也是典型的资本主义竞争，我们将在第二章中具体说明）来讲，有人赢就必须有人输——想要赢，你就必须"打倒"别人，最终毁灭你的对手。但如果我是个学生或作家，只想尽可能写出最好的文章，那么我的成功就不需要以伤害或毁掉其他学生或作家为代价。当然，如果成绩是以排名来体现的，那么学生之间的竞争就可能成为欺凌，因为我想赢就意味着别人输。如果成绩不排名，我考高分并不意味着别人要掉排名，就不太会去欺凌了。

不过，即便是零和博弈，也不一定就是欺凌游戏。就算你出去跟人约场篮球，那也会有输赢。然而，如果大家都遵守规则，而且都是自愿来打球，那么比赛就不一定涉及欺凌。如上面说过的，是否征得同意和达成共识，这是定义欺凌的关键因素。如果大家都想比赛，那么竞争可能就不会导致欺凌——不过，我们在这里也必须小心说话，因为不是所有"同意"都是真的同意。有些时候，人是被迫同意规则，是无权对规则提出异议。他们可能怕被众人耻笑，怕被说成是废物、胆小鬼。一个很有名的例子是以神枪手闻名于世的亚伦·伯尔（Aaron Burr），他向亚历山大·汉密尔顿（Alexander Hamilton）发出决斗挑战。后者几乎不知道怎么开枪，却被迫接受，尽管心知肚明一旦迎战可能丧命。

我们将在第二章中具体论述，资本主义市场上的大多数竞争都涉嫌欺凌，然而许多传统经济学家还在说参与市场竞争是全凭自愿——大多数员工、消费者以及小公司并不建立规则，市场经济看起来是合作与自愿，实则不然，还是要以生存来论成败。在资本主义市场经济中，竞争取胜通常与欺凌别无二致。

社会学范式的不同之处

心理学范式着重研究未成年人和成年人欺凌所带来的影响，社会学想象力范式并不是要将其缩小化或转移视线，因为这一层面无论如何强调也不为过。社会学范式要揭露的是：欺凌的根源是军国资本主义体制下好斗而暴力的成人世界。首先来看我们提出的宏观范式下几个主要的、与众不同的新观点：

第一，欺凌并不是一个人走错了路或上错了车才发生的行为。欺凌是社会主要机构的运作模式，是我们整个社会的特产疾病。如果想要在这军国资本主义社会中生存或成功，欺凌是有用的，甚至经常是必要的。如果你想向上攀登，你就必须欺凌他人，最终必须与欺凌压迫大众的公司机构融为一体，不容你置疑。个体之间的欺凌，就是这欺凌国度的产物。

第二，欺凌是权力的核心特色，社会体制依傍陡峭的权力层级而建立，欺凌也随之产生。社会、国家甚至物种之间权力强弱的差距越大，体制欺凌和个人欺凌就越会令人习以为常。欺凌即是强大一方随意摆弄弱小一方，并确保强弱关系不变的一种行为。在这个意义上，军国主义帝国以身作则，示范欺凌行为，供公司经理、军队指挥官和校园恶霸学习。这一切都是写好的阴谋剧本——社会生活和国家事务都与权力有关，而欺凌现象也仅仅是权力不平等产生并遭滥用的场景之一。如果说政治学和政治经济学是研究权力，那么社会学想象力就是教导我们——想要理解欺凌，我们必须远离心理学家，走向政治分析家以及社会与环境方面的政治经济学家。

第三，尽管力量与力量的不平等是欺凌的架构根源，创造了欺凌发生的条件，却并不是绝对的决定性因素。两者之间的关系还是要具体情况具体分析，我们下一节将要充分探讨——两者之间的关系由各国和各人关系中种种不同文化与政治因素决定。

说句与学术研究无关的题外话——我们在研究中意外发现的一个因子，是美国社会局部发生并发展的反欺凌运动。尽管权力与财富差距都在拉大，我们却看见了社会许多领域中对于个体欺凌的反感，尤其是在未成年人中间。"文化战争"这个字眼我们不少提，却少有人注意到欺凌这边文化战争的独特风景——对此我们将在第九章中详细分析。我们对此的观点是，偶发事件是真的有。并没有一个简单的公式，可以将所有社会不平等问题或各种公司化社会统统演算为欺凌问题。社会可以越来越不平等，然而，还是会有人反其道而行之，以消除欺凌为己任生出新的价值观，尤其是在学生的队伍当中。

不过，这并不意味着欺凌行为在社会上或学校里不再常见。强有力的欺凌文化依然存在于这个国家之中，美国社会的欺凌问题也有深刻的历史根源——从美洲原住民的覆灭到内战以前统治南方腹地的奴隶制。即便在内战以后，欺凌也没有停息，而是以强盗式资本家为代表继续横行，欺凌着广大无权无势的移民工人。[33] 今天，欺凌现象依然坚挺，因为欺凌价值观和力量的不平等依然深刻地植根在这个国度内部。尽管我们强调偶发性，但也的确很难想象，只要社会中仍存在着巨大的财富与权力鸿沟，那么富人如何能不欺凌穷人？人类如何能不虐待环境？同样，由来已久的军国主义国家又如何能不欺凌弱小国家或本国人民群众？只要严重的力量差距依然存在，精英就几乎一定会欺凌其附庸，使其服从；而力量更大、地位更高的人，无论是成年人还是未成年人，也一定会欺凌每天遇到的力量弱小、地位低下的人。

此前我们已经提出了几个社会学想象力角度下关于欺凌的框架层面论据。为明确讨论，我们在此简单重温：

1. 欺凌存在于未成年人世界中，但也同样存在于成年人世界里。目前的研究只集中在孩子身上，这是对成人和成人机构在欺凌诞生中所发挥作用的有意忽视，导致了研究被扭曲，让欺凌看起来只是儿童心理与行为障碍的体现，会随着他们长大而渐渐消失，一旦度过就不会留下多少永久性影响。社会学想象力对此提出质疑，力证欺凌产生的根源是成人世界以及塑造成人行为的各种体制机构。只研究儿童及儿童心理学是在掩盖真相：欺凌是对我们社会中体制、价值观以及力量层级的一种反映。因此我们要进行新的探讨，这一次要以成年人为重点研究对象，重点研究成年人之间的欺凌现象如何导致了未成年人之间的欺凌之祸。

2. 人会欺凌，机构也会。在美国，公司、军队、警察、体育运

动联盟、家庭等组织都在进行着机构欺凌。而且，某种程度
上来讲，欺凌的发生与任何一位机构领导人的心理或个人性
格无关，而是印刻在机构的 DNA 与法律结构之中。这种情
况并不鲜见。社会学想象力认为，机构欺凌是个体欺凌的首
要成因。如果研究很大程度上集中在个人欺凌者（和他们的
心理问题）上，那么基本会引发更多欺凌，因为这样的研究
不去追根溯源，还转移了人们的视线。

3. 我们国家对于个人和儿童欺凌问题的集中探讨，很大程度上
是精英们故意炮制。他们所操纵的机构本身就是头号欺凌
者——公司，军队，都是如此。他们为了一己私利转移焦点，
使得人们对影响恶劣、波及甚广的机构欺凌视而不见，任其
对社会生活造成极大影响，也导致了成年人以及未成年人欺
凌的频频发生。对舆论如此扭曲的控制，却被人们全盘收下，
因为这样父母和老师就可以相信他们只要通过心理干预就能
保护支持自己的孩子，而不用去挑战那史上最大规模也最强
权的体制，这体制看不见摸不着，却如空气般将我们团团包围。

4. 机构欺凌者与欺凌体制紧密相连，我们将这一体制称为"欺
凌国家"。美国国内，政商军三者交织一处，形成了各种军
事化的机构，共同构成了这军国资本主义社会。这一体制本
身在进行着"体制欺凌"以牟取利益、巩固权力。应运而生
的是美国特色资本主义的欺凌特产；用来对付其他国家的美
国军事理论与实践，以及用来对付本国人民的军队化警察力
量。体制也缔造了其他的压迫控制组织，包括学校、体育运
动组织以及家庭。

5. 军队、体育运动组织、学校和家庭都是"过渡"或者说"传递"式的机构，共同创造着欺凌文化，也将欺凌文化从机构传导至个人。感觉上就像是个厨房，不断烹调出欺凌者的精神食粮，将欺凌的价值观装盘上桌，按照军国资本主义的优良配方荤素搭配，再调制得美味无比，加入了成千上万美国人的每日三餐。

6. 欺凌的攻击对象并不只有成年人和未成年人，也包括动物，还可能包括其他的非人类物种。我们将其称为"环境欺凌"，在这气候变暖的时代里，这类欺凌可能是所有欺凌中最危险的变数。在军国资本主义社会中，公司资本主义教导我们：动物和其他物种都是资源，应该被拿来制造利益，满足我们自己的物质需求。公司企业为了赢利，想要统治全自然。人类这一霸权物种将动物和自然资源作为主要欺凌对象，大行环境欺凌。最终可能导致的种种恶果将报应在我们自己身上，永久地终止人类的暴行。

力量差距与偶发因素：力量的不平等在何种条件下将会导致欺凌？

基于力量差距的社会经济体制是各种欺凌的根源与助推器，无论是机构欺凌还是个体欺凌。但这是否意味着任何机构、经济体制或社会关系中的任何力量不平等都将不可避免地导致欺凌呢？

这一问题极其关键，我们必须详细论述。如果说任何包含力量差距的体制都必然并不断导致欺凌，那么所有社会生活中的所有关系都必将是欺凌关系，因为差距在大多数社会中必将存在。首先说，"欺凌必将存在"这种想法并不荒谬（看几集情景喜剧《人人都爱雷蒙德》就知道，那家人之间各种互动都是欺凌行为）。我们相信，欺凌在任何历史时期都存在，且在任何社会、经济和政治系统中都存在，深深地植根于力量不平等的关系之中。如此说来，欺凌对于任何社会关系都是无孔不入，而社会科学的所有学科都应将欺凌研究视为一门核心课题。

不过，上文已经强调过，我们也相信偶发因素的力量。所谓偶发因素也就是说，并没有一条铁一样的定律可以决定：任何情况下的力量差距都将导致欺凌。永远存在于力量不对等关系中的潜在欺凌或者潜伏欺凌，只有在特定条件下才会成为实际欺凌。一般情况下，这条件是力量差距、政治规则、社会道德和心理倾向激化到了一定程度。我们并不认为有铁一样的定律可以保证力量差距一定会导致实发欺凌，但我们确实看到，力量差距和不平等可以给欺凌的火种添一把柴：让其得以燃烧，或更有条件燃烧，但却不一定真的能让潜伏或潜在欺凌变成实际的欺凌行动。

因此，哪些偶发因素最有可能让潜在欺凌成为实际欺凌呢？下面举几个最主要的例子：

1. 力量的鸿沟：我们主张，无论是机构之间还是个体之间，力量的差距越大，滥用力量和欺凌行为发生的可能性就越大。力量差距拉的越大，发生频发性和伤害性欺凌的概率就越大。体制里力量差距越巨大，强者就越会认为他们欺凌了别人也不会受到制裁，通过欺凌达到了目的也不会有任何损失。

2. 政治规则：举例来说，资本主义社会可能通过法律手段或政治手段来鼓励、纵容甚至要求人们做出欺凌行为。我们稍后将会具体论述，该现象在美国较其他许多资本主义国家更为普遍。与美国相反，一些北欧国家的法律和政治规范可以预防欺凌的发生（后文将具体阐述瑞典的低欺凌率—— 一些调查显示，在所有受调查国家中瑞典的欺凌率最低为34%）。政治文化是由历史不断打磨形成的，可以反映出不同国家的不同价值观。当然，政策并不总能行之有效，国家或者学校大喊的反欺凌口号也不总能实际减少欺凌的发生。

3. 文化和社会价值观：每个社会都有自己的文化价值观，鼓励或不鼓励对于力量的运用方式，这其中就包括欺凌。价值观的不同，体现的可能是不同的家庭结构、宗教信仰、教育与体育运动组织方式、军事价值观、对统治权的看法以及其他历史趋势与观点。即便是力量差距情况相同的社会，对于欺凌行为的认可度或道德观也可能非常不同。攻击与欺凌行为可能是人性的本能，然而关键就在于，人所处的文化是滋养了这种本能，还是消融了这种本能。军事化与竞争化的社会鼓励欺凌，而其他社会摒弃欺凌。我们想找出的即是——是哪些文化动因造成了这种不同。

4. 心理模式：不同社会可能造就人对于攻击和支配的不同心理倾向，具有同等力量差距的社会，造就的人的心理也可能很不同。同样，家庭模式、学校文化和生理质素都随社会不同而有差异，造成"欺凌人格"出现的概率不同。然而，我们同样再次主张，体制中力量差距越大，欺凌人格出现的比率

就越大。不过，任何一种文化中，生理、心理和其他因素加
上力量差距都会导致潜伏欺凌行为；不同之处则主要在于实
际欺凌行为发生的频率和伤害程度，无论是机构欺凌还是个
体欺凌。

上述偶发因素为何如此重要？社会学想象力认为大型机构（例
如公司或军队）是欺凌产生的原因与助推器，我们还会在后文中论述，
该范式也同样认为整个体制，例如资本主义本身，也是欺凌的根源。
这自然带来了又一个问题——是不是所有国家所有形式的资本主义都
是欺凌体制呢？要回答这样一个敏感问题，我们必须表示，偶发因素
总是有很大作用的。资本主义正与所有社会经济体制一样，会发生欺
凌。但是，何种形式的资本主义最容易滋生层次高、伤害大的欺凌？
跟非资本主义社会中的欺凌相比呢？对包括公司、军队、体育运动组
织以及家庭在内的各式机构，我们都能提出相同的问题。欺凌永远会
发生，因为力量差距永远会存在，但最关键的问题是，哪一类商业、
运动或家庭最有可能产生层次最高、伤害最大的欺凌？我们将用整本
书来梳理这些问题。想要剖析这些问题，必须要对社会经济系统本身
有通彻了解，也必须了解可能将潜在欺凌升级为实际欺凌的种种偶发
式文化、社会或心理因素。

军国资本主义

社会学想象力最终使我们的视线转向社会。每个社会都有其特
定的经济秩序、政治结构与文化，也就是我们所说的"体制"。美国

的体制就是军国资本主义,其统治纵横国土,遍及全球,奔向宇宙。正是这种体制铆足了劲打造出了无处不在的欺凌现象,影响着成年人、未成年人和所有物种。[35]

军国资本主义在美国发展最为充分,这是我们选择重点研究美国的原因之一。通观美国的历史和今天,我们将看到一个欺凌国度是如何发展壮大,如何获取了大量的权力与财富以及道德上的高地。

然而,欺凌的成因是国家还是体制呢?在我们看来,两者是难以分割的。军国资本主义是如今统领美国的结构性现状,因此我们分析问题时不可能将美国与其体制剥离开来。

很难说军国资本主义是造就欺凌国度的唯一一种体制。尽管我们将美国这个欺凌国度单拿出来分析,并重点讨论军国资本主义,却不能忽略世界上众多其他欺凌国度也有着多种多样的野蛮现状,却大多不是军国资本主义体制(尽管这些国家可能拥有强大的军事力量和金融权力中心)。不管是否以国家为行动单位,恐怖主义都是令人发指的欺凌,无论是 ISIS 这样的暴力组织(我们将在书中具体探讨),还是对本国人民实施恐怖主义的国家。不管是国家、群体还是个人,欺凌总是为了制造恐怖,而恐怖主义也绝对是一种欺凌。

很多体制存在力量差距、可以滋生欺凌国度,而军国资本主义仅是其中一种。但是,美国是世界上最强大的国家,并推行着本国的体制供世界其他国家学习,因此值得我们注意。然而,我们在研究军事和军国主义时发现,我们不可能单纯从单个国家层面上考虑欺凌问题,因为欺凌是美国全球秩序的运行根基。[36]

第二章将会提到,非军国的资本主义本身也是一种欺凌体制。企业主和工人之间本质的权力不平等推动了相关结构条件,引发了机构欺凌。资本主义和军国主义各自都能独立创造出欺凌社会，但美国资本主义体制的军事化极其深刻，其效力也被放大——机构欺凌的范围与严重程度都达到了压倒性的地步。

我们将目光转向其他社会，例如今天的德国或瑞典，这两个国家都是非军国资本主义体制，那么我们的分析依然会得出结论：欺凌是资本主义驱动力的产物，尽管欧洲资本主义与其美国变体有着极大的区别，体现之一就是前者的军事化程度远没有美国高。而且，因为欧洲国家奉行"社会福利"模式，其欺凌社会效力也远不如美国严重。

想要把美国的资本主义与军国主义分开来看，这根本就是不可能的，因此我们将分析重点定为——军国资本主义。但这绝不意味着我们忽略了欺凌行为的纯资本主义架构根源。第二章会先对资本主义体制如何缔造欺凌社会做一个仔细分析，暂时不提军国主义，而只分析资本主义，因此可适用于其他并不军国化的资本主义社会。其后，第四、五、六章将转向军国主义以及其对美国欺凌社会的形成所做的"贡献"。尽管这些贡献都是军国主义所独立提供的，但在美国，其与资本主义紧密交织。

我们相信，造就了欺凌社会的两个基本政治经济体制构造即是资本主义和军国主义。我们将两者视为美国统一架构中的不同部分，然而我们也必须明确，如果将欺凌社会的宏观范式拓展到别的国家，分析的概念单位就可能是资本主义本身（非军国资本主义社会）或军国主义本身（军国非资本主义社会）。

欺凌国度的基本元素是欺凌经济、欺凌政治（或称欺凌秩序）以及欺凌文化。而在美国，这些元素就是军国资本主义的决定性基础。需要注意，这三个元素正是米尔斯在《权力精英》和《社会学的想象力》中所提出的三大互相关联的力量层级。[37]这三个层级是每一个欺凌国家的基础所在,可能在不同国家有不同形式,但均有共通之处——这些层级将社会分裂成精英统治者和相对弱势的群众。在任何一个国家,有权力的都是一小撮人,致力于保持自身对其他人和自然环境的控制权。

欺凌经济,即是存在着巨大财富和权力差距的经济,其组建的目的是将富人的利益或财富最大化并强迫其余人服从,与此同时依照富人的意愿使动物和整个大自然沦为附属品。第二章将具体说明,欺凌经济体制的一大特点就是不平等,一旦这种不平等被消除,这一经济体制反而不可能长治久安。[38]公司资本主义就是美国特色的欺凌经济,其建立基础是将一小批有产阶级与其他人划分开来,后者必须依附于拥有生产资财或"生产手段"的前者而生存——这也正是资产阶级与无产阶级之间的区别。[39]如果消除这种阶级划分,资本主义体制就将不复存在。阶级划分是资本主义的决定性特点,确保了巨大的力量差距,以使富人可以欺凌不富的人,使其屈服。最近风起云涌的"占领运动"将华尔街视为有产阶级的大本营,并将CEO们称为"那1%",由此即可窥得阶级划分的一斑。运动发出清晰信号——财富聚集和权力差距如雨后春笋般滋生,令人忍无可忍。[40]2013年的热门电影《华尔街之狼》[41]将拉大的财权差距与我国资本主义经济的欺凌元素搬上舞台,还有奥利弗·斯通(Oliver Stone)的经典电影《华尔街》[42],以那句欺凌经济的座右铭而闻名于世——迈克尔·道格拉斯饰演的戈登·盖柯说道:"贪婪是个好东西。"盖柯所象征的即是新式的金融大亨,统治着经济,不断发明新策略去欺凌世界以及本国劳动力,以巩固他们自己的腰缠万贯。

现实世界中，富有阶层推行他们的意识形态和道德准则，而经济学家们也有意无意地为其利益服务，因此欺凌并没有那么显著。这些人声称富人是当之无愧的"创造派"，通过才华与努力赚得财富，还为"伸手派"们创造了工作机会，如此将欺凌粉饰为了某种崇高道德，能够使人走向成功且保证好人必有回报。[43] 精英既然是"好人"，那怎么能是"恶霸"呢？

欺凌政治则是指，政治统治精英通过军事威胁甚至军事入侵等终极手段控制全球及本国人民的政治。此种欺凌可以打着维护民主、社会治安及道德规则的旗号，说得冠冕堂皇。[44] 这种军事政治秩序，美国是迄今为止最典型的例子，无论是对内还是对外。美国军队都自我任命为世界警察，致力于用兵出击来巩固美国和公司权力。布什和奥巴马都奉行该教条，认为只要美国认为其他国家对美国形成威胁，或该国"社会治安"崩溃，美国就有权利和义务进攻该国——这是欺凌军事政治的典型言论，历史上的欺凌帝国英国、法国和西班牙都曾使用。[45] 美国建立起了具有自身特色的帝国，时常对合作国使用武力以确保其"友好"，以欺凌的手段让他们低头。[46] 此种欺凌也打着道德准则的旗号，要么就是"天命所属"，要么就是拯救民主，打击共产主义、法西斯或者恐怖主义。

美国的黩武主义也重新定义了警察、国家与美国人民的关系，证明了军国主义在本国也能成为欺凌的源头。当今，美国服刑人数居世界首位。2004年的迈克尔·布朗案，一名手无寸铁的黑人青少年试图逃避一名密苏里州弗格森市警察时被开枪打死，事件揭露了民众弱势群体面对的令人发指的欺凌。在许多地方，如果你是黑人或棕色人种，或者是贫穷的白人，仅仅走在马路或人行道上都要冒着被警察欺凌的危险。甚至许多中产阶级都有在交通事故或政治抗议中被警察欺凌的经历，尽管相对较少。[47] 与此同时，跨洲与跨国的移民，尤其是跨国移民，都受到日益严重且严苛的军事化欺凌。警察从国土安全局那里拿到过火的军事装备，让军事化欺凌成了成千上万美国城市城镇的日常生活，第六章通过对军国主义对内对外影响的分析将对此进行具体论述。

欺凌文化是欺凌国度的第三个支柱。此前曾说，文化的核心价值和行为准则是竞争、利己与自我防卫、获取物质、寻求权力、强者生存、掌握统治、安全为上、持枪权利以及暴力。很多国家可能有这些价值观中的几个，美国文化却是全部都有，而且还全都赋予了历史关键地位，在奴隶制和开疆拓土的时代就将它们供上神坛；接着是工业革命，再接着是内战以后应用上述价值观去进行军事扩张、扩大公司利益。对这种文化的道德洗白最初是 19 世纪镀金时代的社会达尔文主义，后者造就了今天的"贪婪是个好东西"文化，以及这样的观点——为富而仁的富人有义务去胁迫那些"伸手党"（艾恩·兰德 [Ayn Rand] 的原话[48]），让后者低下头去，"被管着"生活。[49]

美国的欺凌文化与其宗教意识形态有关，例如清教主义，倡导压抑外在及内心的邪念和享乐；也与其经济意识形态有关，市场竞争和市场扩张由来已久；最后还与其军事意识形态有关，要传播美国价值观，要保卫本国以及外国人民免受外部威胁。再次强调，公众舆论将欺凌洗白为上帝或自然所认可的道德价值，认为如不推行这样的价值观就难以在这邪恶世界里绽放文明、走向繁荣。欺凌文化将暴力道德化，打着对抗邪恶和人渣的旗号，隐藏了暴力行为的欺凌本质。[50]

欺凌国度中，欺凌文化也可能与其他"反主流文化"共存。美国自打建国以来就从未停止过各种"文化战争"，不同群体、不同宗教纷纷捍卫自己的价值体系。最起码从 20 世纪 60 年代开始，文化战争就在欺凌文化身上打下了反抗的弹孔——同情、平等、非暴力、摒弃消费主义与物质主义的单一生活方式、和平、与自然和谐共存，都是反欺凌文化的价值观。这些反主流文化尽管自身也难免暴力与欺凌，却能在一些人的心中渲染出强烈的"反欺凌"意识，对此我们将在第九章中具体探讨。该文化的根源在于经济学、人口学和教育的关键转变，可以证明，欺凌国度的任何特点都是可以反对也不会持久的。正因为如此，永远存在改变的可能性。

美国军国资本主义的这三个关键因素——欺凌经济、欺凌政治以及欺凌文化——共同炮制出了最不易察觉但最终影响可能最恶劣的欺凌种类：对其他物种和环境本身的欺凌。公司资本主义将动物与其他物种以及自然本身视为公司或个人所拥有的财产，可为了一己私利而随意使用。[51] 这种阶级差距的划分比资产阶级和工人阶级的划分更要极端，几乎与将工人视为个人财产的奴隶制相仿。因为动物和自然资源是"财产"，所以它们根本没有权利或话语权。这种极端的力量差距所生出的架构性欺凌关系，将人（尤其是富人）放在一边，动物和自然放在另一边。在工业化的农业生产中，该情况尤为明显——大公司拥有并控制着大量动物，将其养大然后宰杀以牟取利益。同样的暴力行径也见于其他公司，在生产和经营中将其他物种或自然资源完全当作"投入"，没有权利也没有话语权。[52]

我们将军国资本主义推行至地球的所有角落和全部资源，导致了成百上千的非人类物种濒临灭绝。我们发动战争，主要是为了获取石油和其他填充资本主义机器的必要资源，在此过程中，我们捕获控制所有物种和自然资源以获取利益。讽刺的是，环境运动倒可能将成为文化转变的最大驱动力，共同创造出一种反欺凌的意识。

我们认为，任何人如果为欺凌之祸感到担忧，就应该理解并去改变我们文化和社会的关键方面。这个要求着实过高，因此人们很容易就会退回个人策略，保护自己、保护孩子。这也是所有社会变革运动所面临的问题。但社会的历史成因很复杂，其经济、政治和文化血脉也不完全同质，最近美国反欺凌文化的崛起正体现了这一点。正如霍华德·津恩（Howard Zinn）在其经典著作《美国人民史》中所说，这个国家历来对社会运动有令人意外的高接受度。[53] 这一历史遗产至关重要——反欺凌力量已经上升为更大意义上的社会变革运动，任何人只要对欺凌国度的形成有所警觉并寻求新的前进方式，都应借助历史惯例，帮助变革运动继续向前——这场运动将揭露欺凌的可怖面孔，让我们整个社会将其甩在身后。

资本欺凌：资本主义、权力与经济欺凌
工人的"腌黄瓜式"困境

2014年10月1日，美国国家劳工关系委员会裁决判定，距离密歇根州底特律市不远的芬代尔市一家汉堡王对其员工克劳黛特·威尔逊（Claudette Wilson）进行了欺凌。该店让她提前两个小时下班回家，只因她不能将腌黄瓜正确地排列在汉堡上。亚瑟·J·安尚（Arthur J. Anchan）法官指出，公司因威尔逊不能"将汉堡中的腌黄瓜排成完美正方形"就命令她回家，此举违反了法律。[54]

对威尔逊这样一名低薪员工进行如此荒谬、凶恶而具有侮辱性的欺凌，实则是种报复行为，起因是她此前一直试图将汉堡王的底层员工团结起来形成组织。几天前，她曾暂停该店营业，让员工们离开岗位填写一份关于工资的调查问卷。一名经理曾书面上报过她的行为，说她违反了店里对"玩忽职守、寻衅滋事"的规定，而安尚法官指出这所谓的规定是"特定保护行为"因此不具有法律效力。威尔逊则表示，她之所以没能将腌黄瓜摆好是出于对此前不公正待遇的愤怒。[55]

事情越闹越大，因为威尔逊其实与罗梅尔·弗雷泽（Romell Frazier）一样，是一个名为D15的组织的成员。该组织是快餐业促进组织的分支，正寻求将密歇根的汉堡王工会化。威尔逊的"腌黄瓜困境"实则体现了广大工人所面临的更大、更严峻的困境。密歇根州的汉堡王加盟店一贯对加入 D15 的员工穷追猛打，威胁手段包括处罚以及辞退。[56]

弗雷泽曾与同事们大声讨论过工会以及罢工的事，一名经理告诉他："如果再提罢工就卷铺盖走人。"这个警告非常明确，对所有想将员工组织起来的人形成了欺凌。公司的辩解是，公司有权禁止员工在上班时讨论工会。然而，上班时间讨论工会的行为是合法的，是"受法律保护的协同活动"。如果因员工讨论工会或形成组织而对员工进行处罚，才是违反法律。而且，正如安尚法官在判决中所强调的，工作单位正是讨论该话题、分发相关材料"格外合适的场所"，因为这一场所是"雇员们最有共同利益的地方"。他还进一步指出："尤其适用于本案，部分员工收入较低，每天乘坐公共汽车来上班。"[57]

这根腌黄瓜的影响继续扩大，该事件发生时美国国内快餐业工人团结起来的运动正风起云涌。D15 和快餐业动员组织部分资金来自国内最大的工会——服务业工人国际工会（SEIU）。该工会是草根阶级的领头支持者，如星火燎原般在快餐业蔓延，不仅汉堡王，麦当劳、肯德基及其他连锁快餐店也被席卷。工人们团结起来争取工会和更高薪资，大公司们也做出了反击。针对威尔逊和弗雷泽们的威胁与报复即可称作"资本欺凌"——此种欺凌已被写进了公司资本主义的DNA，每天都在不同工作场所发生，与学校操场上无处不在的欺凌别无二致。

资本欺凌：资本主义、竞争以及强弱对抗
——富人如何欺凌穷人

尽管社会关注学校中弱势学生所遭受的欺凌，而弱势的工人群体所遭受的欺凌却无人问津。即便大众媒体做了报道，也是鹦鹉学舌般从公司的角度说话，将被激怒的工人视作捣乱分子，认为他们活该受到惩罚。而"欺凌领域"的学者也对公司的非法威胁、恐吓及报复行径视而不见（如果还是"合法"的就更不用说），这是心理学范式的另一个严重失败：仅将欺凌视作校园中的"孩子打闹"。这些学者对我国经济体制中已经形成特色的成年人欺凌和机构欺凌充耳不闻。

针对威尔逊和弗雷泽等工人的欺凌，小到威尔逊的腌黄瓜欺凌，大到朝着工人队伍开枪，我们都将其称为资本欺凌，即是说，西方资本主义尤其是美国资本主义所特有的欺凌方式。为此，我们必须摒弃微观心理范式，改用宏观社会范式来探讨作为一种欺凌体制的资本主义。只有宏观分析才能分析资本欺凌，并提出架构性的改革建议以减少这主要由公司实行的、毁灭性极大的欺凌行为。汉堡王以及其他大型快餐企业的欺凌问题并非经理个人的心理问题，无论经理个人心理如何，欺凌都是由体制所决定并通过实施的。

第一章中我们曾解释，任何以力量差距为基础的经济或政治体制都会产生潜在或潜伏欺凌，并经常能够进化为实际欺凌，可能由个人做出，也可能由机构做出。因此，这并不是资本主义特有的。但资本主义是当今的主流体制，自身具有不为人知的体制欺凌属性。研究欺凌的学术文献并未对此做出探讨，但该问题直接或间接地催生

了美国校园中发生的大部分欺凌行为，成年人和未成年人都受其害。

本章主要讨论资本主义公司的机构欺凌。再次提醒，第一章中我们曾论述过下定义的问题。许多情况下，公司的机构欺凌可能发生了经理威胁或伤害员工的行为，但并不能因此就将其同时视为个人欺凌，因为经理是在扮演机构的代言人。如果从他们自身的角度出发，他们可能并不愿意去侮辱或伤害员工。"正直"或"善良"的经理也可能给人降薪，把人开除，但他们可能是在执行公司的指示和命令，而不是出于个人目的去支配、恐吓或侮辱员工。下面我们会重点研究公司进行的机构欺凌，但要记住这两点：（1）机构欺凌可能包含也可能不包含经理本人的个人欺凌，一些经理本身也在遭受来自上级的欺凌，被迫去进行欺凌；（2）即便是公司最顶层的领导者也可能被更上层的市场机制所欺凌着。我们已知，市场架构如此，逼迫着公司成为机构欺凌者，即便 CEO 本人并无欺凌之意。

资本主义最早的批判者卡尔·马克思笃信，资本主义体制必然存在权力不平等，而且将会形成导致机构欺凌发生的权力层级和市场结构。资本主义将资本所有权置于一小部分人手中，形成了"资本阶级"，在今天常被称为"那 1%"。而剩下的 99% 则是大量收入较低的工人阶级，或者数量越来越多的贫困及失业群体，既无多少资本也无权力。马克思认为，不平等的阶级力量正是资本家获利的重要条件，使得资本家及其公司欺凌工人，使得工人接受有产阶级所决定的工资和工作环境。换句话说，工人必须接受低下地位，这是整个体制赖以生存的欺凌特质。[58]

托马斯·皮凯蒂曾在他的畅销著作《21 世纪资本论》中提到，公众已经意识到资本主义是一台不平等的社会机器。[59] 皮凯蒂在书中罗列数据，说明了资本所有权在过去三个世纪间在 20 多个国家的传播。他认为，资本主义在过去 300 年间制造了广泛、持续并常常巨大的收入与财富的不平等，例外情况只有一个。皮凯蒂指出，资本主义造成的贫富差距并不意味着市场出了错，恰恰相反，这正是资本主义市场的运作方式。[60]

皮凯蒂在该问题上大书笔墨："具体说来，必须注意到这一问题（不平等）并不是因为市场的不完善造成的。恰恰相反，资本主义市场在经济学家眼中越是完善"，不平等"就越有可能"产生并加剧。[61] 他认为，并没有一种自我改正的市场机制可以限制贫富差距，而只有通过难以实现的政治干预来进行调整才可能解决。他说道，"以公共机构和政策手段去应对这难以改变的逻辑是有可能的，例如：对全部资本征收累进税……然而不幸的是，对该问题的实质性回应，包括一些民族主义者的回应，落到实践中却可能太过温吞，也难以行之有效。"[62]

一言蔽之，财富和权力的不平等是资本主义体制的组成部分，也是架构与机构欺凌的根本因素。但这种不平等为何会使资本家们去欺凌工人和穷人以及包括消费者在内的其他群体，甚至其他资本家呢？答案并不在于公司高层们的心理，而在于资本主义市场的结构。

资本主义是一种残酷的竞争体制，所有资本机构和资本家、公司和企业主都别无选择，必须进行激烈的竞争。卡尔·马克思认为，资本家们全心投入经济战场，为取胜不择手段，如果不如鲨鱼一般互相撕咬、拼个你死我活，就会被对手所消灭。资本主义就是经济版的军国主义，与校园欺凌的法则高度一致——要么赢，要么死。

在体制性竞争的激励下，即便所谓善良或"有社会责任感"的资本家也会欺凌员工、消费者和其他资本家（上面提过，基于第一章中说过的原因,这些公司高层进行着机构欺凌,但并不涉及个人欺凌）。如果公司不去欺凌员工，不给他们降薪、不解散工会、不长期给挑战公司权威的员工穿小鞋，就会处于竞争劣势，会被其他能做出此类欺凌行为的公司甩下。究其原因，由麦当劳这样的快餐巨头便可知，只有欺凌才能提高公司利益，才能吸引来自金融市场的更多资本。投资者逐利而来，正如同水中鲨鱼嗜血而上。公司如果不以压缩薪水和福利的方式盘剥员工，不恐吓挑战公司腐化本质的员工，就只好等着利润下降，输给资本市场中的竞争对手。如果不能用欺凌手段使员工接受低薪和低福利，工资和福利就会使利润减少。这是所有资本家们面临的体制现状，无论他们本人性格如何。正是有鉴于此，我们才需要脱离欺凌研究的心理学范式，转而着眼于结构动因。

同样的逻辑还导致了那1%中的资本家甚至也要与巨头对手们展开强烈竞争。如果竞争者不愿威胁、破坏并消灭对手，体制并不会同情他们，他们只有破产的份。由此，资本家阶级内部也有欺凌，我们认为，这种欺凌与资本家同工人进行的跨阶级欺凌战争有相似之处，也有不同之处。但无论是哪一种欺凌，强者都必须打败竞争对手，取胜的方式就是吞噬弱者。

市场上的结构性竞争也滋生了其他类型的资本欺凌，包括对失业者、消费者和政客进行的欺凌。我们接下来将要讨论，这些欺凌关系也是由市场结构决定的。在欺凌的操场上，好人总在最末位。

在继续分析之前，我们首先必须解释：多数资本主义社会中，竞争一般如何导致富人（赢家）对穷人（输家）的欺凌。在美国这一现象尤为常见，因为社会竞争十分激烈，赢家输家的观念更是在关于欺凌的话语中有具体体现。至少从 19 世纪以来，美国资本家就将竞争过程看作是一种社会达尔文主义，强者必须战胜弱者，取得最大程度的胜利。[63] 因此，富人有钱有福都是应该的，而穷人就活该受苦受难。市场被视为达尔文主义的选择过程，那么富人就是证明了自己的价值，富人掌控着整个社会包括本章所提到的其他群体，那就是符合自然规律的、正义的。如果穷人不能正确认识到自己有多活该，体制就不能运转——必须一直欺凌工人，直至他们接受自己的下等人身份，承认命不好都是活该。

这一观点于早期美国清教主义中出现，认为竞争胜利是上帝恩典的象征。赢家证明了自己是上层生物，有权得到优待、特权和地位，而参与市场竞争失败在清教徒眼里才是该死，这辈子和下辈子都别想好活。失败的程度即可用于计算人无能的程度，赢家将输家看作社会制度里的累赘，需要好好控制，别让他们翻身，如此才是正义。[64] 不接受低等地位的工人就是输家，必被欺凌，直到他们认命。这一低劣感是"阶级的隐伤，资本欺凌持久的创伤"。[65]

古老的清教主义观点以各种不同形式存活到了今天，有钱的赢家将成功看作美德的标志，而认为穷人是输家，本质就是下等人、寄生虫。2012 年总统选举，共和党候选人米特·罗姆尼（Mitt Romney）对"创造派"和"伸手派"做出了著名评论，直言不讳地表示，穷人就是吸血的寄生虫，吸的是如他一般资本家的钱。他声称，47% 的美国人是伸手派。他指责将近一半的民众是寄生在政治体上的伸手党，言外之意不用细想：与罗姆尼同一阶级的人必须通过政治手段接管社会，管理伸手派，有时甚至要使用胁迫性的手段，这样才能保证社会秩序的正义与繁荣。[66] 他们必须欺凌伸手派，让后者接受这一观点：创造派对财富取之有道，获得权力是理所应当。

当然，这就是社会的欺凌观点——资本竞争的赢家必须以控制输家为己任，社会才能长治久安。如果通过福利或其他社会津贴向输家提供帮助，那就是将资源浪费在了不值得的人身上，而且还鼓励了他们的依附行为和寄生虫主义。政治上来说，这种观点导致了紧缩政策，对穷人施行惩罚式的政策，以保护竞争选择过程所建立的"自然"而"合理"的不平等秩序。所有人在层级中的位置都是合理的，任何人只要质疑这最原始的假设就必须被欺凌，直到他们接受低等地位为止。现代的紧缩政策是资本主义欺凌的形象代表——有用的富人威胁无用的群众，不给他们福利，好让群众认识到自己是多么低等。[67]

这一欺凌观点在作家艾恩·兰德笔下体现得淋漓尽致，她将其发展成了资本主义价值观的哲学。兰德将人民分为强势与弱势、有用和无用、多产的（或说有创造力的）和伸手的。[68]资本主义的道德就在于，自由的竞争市场必须能够将两种人划分开来，而且能够确保有用之人战胜无用之人，"创造派"战胜"伸手派"。如果想要干预或者颠覆这一秩序，帮助输家，那么就是不道德的，会让社会倒退。只有通过市场来打造、管理社会，允许甚至强迫强者像在达尔文世界里那样统治弱者，社会才能进步。

兰德值得拿出来分析，因为她清晰地描摹出了统治美国资本主义的欺凌哲学与实践，以及作为其基础的社会达尔文主义。强者必须统治弱者，这是导致校园欺凌的关键思想。欺凌者是强势的赢家，因此有权去控制包括娘娘腔、胆小鬼和窝囊废在内的弱者。弱者则必须接受自身被定义为低等人。校园恶霸事实上就是在对边缘人群实施自己的一套紧缩政策，学生中的输家活该被羞辱、被伤害、被排斥，而亲手替天行道的就是核心人群——学生中的赢家。

　　本章接下来的部分将考量资本主义市场竞争为何是一种宏观架构版本的校园欺凌，主要分析依据就是公司对待其他公司的欺凌手段。我们将详细研究在资本主义的运行中极其关键的、公司对员工的欺凌，还将研究利益驱动以及该体系内的竞争大战。并用几个小节来讲述资本主义公司如何欺凌同为资本主义的对手公司以及消费者和政治人士——这一切都已写在了资本主义市场的基因当中。

为利而欺：强盗式资本家教你如何通过欺凌员工大赚一笔

　　1892 年，宾夕法尼亚州，离匹兹堡不远的霍姆斯特德市一家卡内基钢厂中发生了美国历史上最著名的罢工事件之一。安德鲁·卡内基在那个时代以不那么冷血的大亨形象而闻名。然而，彼时一个工会——钢铁工人联合协会在霍姆斯特德市组织罢工，要求更高的工资，卡内基却决定要打破他们的幻想，并永远摧毁这个工会。罢工仍在进行中，工人们遭到了威胁与殴打，一些人甚至丧命。有自尊心的工人只想争取可以活命的工资，享受基本的美国权利，却被残忍欺凌直至战败屈服。霍姆斯特德惨案是资本主义欺凌的鲜明象征，工人不过是想要在工作场所中享有某些权利和正当所得，老板却以财产权、利益和生意兴隆为名威胁并伤害工人。[69]

　　早在 1889 年，工会组织就迅速接管了工厂，建立了工作制度以限制管理层控制每个工作细节的权力。罢工事件以后双方进行了一系列的谈判，而一向接受工会组织的卡内基觉得，这些人应该适可而止。他命令当时身在现场的亨利·克雷·弗里克（Henry Clay Frick）将工人们关押起来。弗里克封锁了工厂大门，建起了高高的铁丝栅栏，装上了几口能喷射沸腾液体的大炮，将现场变成了一座武装营地。

1892 年 7 月 20 日，罢工委员会抵抗着卡内基和弗里克所施加的欺凌压力，发出了如下大胆宣言：

> 任何工人群体因宗教信仰、政治党派或参加工会而被拒绝聘用或遭受任何社会迫害，都有违国家政策，也是对美国自由之根本原则的颠覆。卡内基公司的行为似乎是（对）公众和个人权力的公然蔑视，是（对）公众良心的侮辱。身为美国公民，我们有责任通过任何法律和通常手段对这违反宪法、无法无天、无例可依的行为做出抵抗。（摘自该厂泵房门前的纪念牌）[70]

这来自被欺凌者的公然抵抗令人无法接受。弗里克叫来私人安保公司平克顿公司的数名保安，对罢工的工人发起攻击，与此同时带来了新招的无工会工人。原先的工人拒绝离开，双方发生殴斗，数名工人被枪杀。僵持又持续了数日之久，工会试图从中斡旋，但卡内基和弗里克并不准备让步。他们向宾夕法尼亚州州长罗伯特·E·帕蒂森（Robert E. Pattison）求助，这位州长作为卡内基政治版图中的一粒棋子而当选，因此工人对抗他的企业老板，他是绝不会有姑息之心的。州长立即调用 4000 名军人包围了工厂——不到一天时间，罢工工人全线溃败，其中数名被民兵组织用刺刀捅死。

罢工结束，工厂再度开工，这次换上了没有工会的工人。工会解体，为全美国的工人带来了灾难性的后果。卡内基和与他同样的强盗式资本家摧毁了举国上下包括钢厂在内的各种工厂的工会组织。及至 1900 年，宾夕法尼亚州的钢厂再无一家有工会，劳工运动被彻底打倒。[71]

资本欺凌使工人群体长期处于弱势和被威胁的地位，直到今时今日，霍姆斯特德事件就是一个体现。卡内基自认为是和平主义者，上文也说过，他当时还被视为强盗式资本家中最有同情心的一个。他投入数百万美元（相当于今天的数十亿美元）修建学校和图书馆，他反对美帝国的军国主义扩张，因此提出支付 2000 万美元以"解放"菲律宾人。但霍姆斯特德的危机事件证明，工资和利益必须依靠欺凌体系来维持，必须让工人没有工会，只会服从领导要求，如有必要还要让军事力量来帮助镇压。[72] 无论公司领导个性如何，都不会影响这一真理。卡内基作为一个"仁慈"资本家，依然会在市场竞争的逼迫下加入欺凌。罗斯福新政的体制改革使得最高时有 36% 的美国工人加入工会组织，然而几十年后的里根改革又重启了卡内基等强盗资本家开了个头的事业。及至 2014 年，约 94% 的私营企业工人无工会做主。

在汉堡王与其他快餐公司里，或者沃尔玛这种大型公司里，拿着最低工资的工人努力地想要再开展一场劳工运动，以阻止镀金时代的复辟。工人们意识到，若无工会与公司进行势均力敌的抗衡，压低薪水、压迫工人的公司欺凌将永无终日，美国工人将与校园中被欺凌的弱势孩童落得同样下场。后来我们看到，资本主义社会的公司用工制度对所有员工形成了潜在或实际的欺凌行为，包括有工会撑腰的员工。只要在美国工作，就将不可避免地受到严重的体制欺凌，而图腾柱底端的人最受迫害，还不知为何必须学着将迫害视为公正——正如同学校里处于社交金字塔底部，最"不酷"的孩子。

退出权与欺凌：全球化是一种欺凌体制

2013 年 4 月 24 日，孟加拉国拉纳广场一座有 3500 名血汗工人上班的八层工厂大楼倒塌。大多工人是年轻女性，为贝纳通、普里马（Primark）、乔·福莱士（Joe Fresh）这样的知名服装品牌缝制衣服。共有 1129 名工人死亡，2500 名工人失去了双手、双脚、双臂或受到严重的头部创伤。该事件是史上最惨烈的服装劳工惨案，也是致死人数最多的工业事件。[73]

惨案本来是可以避免的。就在一天前，有工人报告说看见大楼地板和墙壁出现巨大裂缝。他们知道生命受到威胁，然而管理层却拒绝让他们离开工作场所。管理人员威胁道，如果第二天不来上班，就扣他们一个月工资。[74]

工人平均每天工作 13 到 14 小时，工资是每小时 14 到 26 分钱。尽管工资少得可怜，尽管害怕大楼不安全，工人们还是屈从于领导的威胁，第二天继续工作。他们上工时便知道门窗都将上锁，一旦灾祸发生他们将无路可逃。最终，公司欺凌导致了这场大规模死亡事件。

然而，为何欺凌可以得逞？孟加拉国是世界最贫穷的国家之一，工人工资也位于全球底层。可是即便工资如此微薄，成千上万的孟加拉人还是必须进入血汗工厂，否则就要饿死。而各大公司对工人们的绝望处境心知肚明，知道手中权力可逼迫工人们为了保住工作而什么都愿意干。孟加拉国有 350 万名服装工人，既然工人有的是，公司就可以随便挑选，就可以颐指气使。公司坐拥大权，对工人为所欲为，而工人却没有强有力的工会或政府人士来稍作保护。

这是一个经典的资本主义欺凌情境，全球工人的供应数量远大于需求。在这个情境里，公司掌握了压倒性的话语权，制造了大量的潜在欺凌，再由全球市场竞争从体制上发展为大规模的机构欺凌。

然而，在这个全球化的时代里，公司的欺凌权更加如虎添翼，因为跨国公司具有"退出权"。孟加拉国并不是唯一一个可以以每小时几分钱的工资为跨国公司完成工作的国家，公司还可以去越南、萨尔瓦多。任何一个国家的工人如果违抗管理层的要求，公司只要威胁退出即可。想走就可以走，这是欺凌的有力工具，也是全球化经济下资本欺凌的关键手段。[75]

退出权是社会权力最基本的形式之一。[76]以婚姻为例，一方如果有经济实力或情感优势就可以选择离婚，而另一方则不能。不需要是心理学博士或社会学博士也能知道，有退出权的一方对婚姻的影响比另一方要大。很明显，退出权滋生了潜在欺凌，且很容易发展成为实际欺凌——有退出权的一方可以威胁对方满足其要求，否则就离婚。而心理上或经济上较弱的一方很可能会屈从于对方的欺凌性要求。

全球化对于跨国公司来说是一种有组织的退出权体系。公司与强势大国组成同盟，打造出这套全球体系，正是为了这样的目的——有朝一日，如果想在全球竞争中存活而必须离开或威胁离开，那么就有离开的自由。这一体系通常会导致大规模的欺凌，体系本身也必须依靠此等欺凌维持自身生存，如同德伯（Derber）曾说过的：

公司全球化就是一场全球抢椅子游戏——是通过利用不同国家劳动力互相对抗而达到利益最大化的大师级策略。有能力在世界范围内雇佣廉价劳动力的公司可以威胁要走，除非该国工人接受更低的收入或当地政府答应条件，不然公司就收摊走人。此类威胁是一种恶毒的公司欺凌，长久以来一直是公司的商业底牌，马萨诸塞州和新罕布什尔州的纺织厂厂主75年前就曾打过这张牌。北方工人工会化后，厂主将工厂从新英格兰地区搬到了南部。然而随着全球化的深入，抢椅子游戏的舞台从国家变成了全世界——今天的纺织厂厂主已是可以将工厂转移到韩国或墨西哥了。[77]

当然，他们还能把工厂搬到劳动力成本更低的国家。在那里，跨国公司可以以低到不能再低的工资成本获得商品与服务，无论是制造业（生产电脑键盘、鞋帽、太阳能板、汽车、玩具或你能想到的几乎所有产品）还是高科技服务行业，大公司们永远可以以搬去工资更低的国家相威胁。同样可以说外包就外包的国家还有墨西哥、越南、南非、印度尼西亚、圭地马拉、印度。

全球化所建立起的情境里，美国公司可以同时欺凌本国工人以及贫困国家工人。20世纪80年代，美国三大汽车公司——通用汽车、福特和克莱斯勒反复骚扰当时的主要工会——汽车工人联合协会（UAW），要求他们撕毁合同，接受工资和福利的大幅削减。如果工会拒绝，公司就将关闭工厂，将工作转移至墨西哥等低成本制造国。汽车工人们在这样的欺凌面前低下了头，接受了工资的降低以及养老金、健康保险与其他福利的削减，因为如果不这样他们就会丢掉工作。然而，三大汽车最终还是把大部分生产转移至海外，裁掉了超过60%的美国本土汽车职位。裁员对员工和地方所造成的影响，他们毫不关心。他们将底特律这样原本繁荣的大都市变成了贫困潦倒的第三世界贫民窟。正如校园欺凌中的施暴者，公司欺凌迫使相对弱势的"孩子"（也就是工人）屈服，然后实施殴打，最终使其毙命，即便被害者满足他们的要求，也难逃凄凉下场。

与此同时，与孟加拉工人的案例相似，其他贫穷国家的工人也遭到欺凌。查尔斯·克纳汉（Charles Kernaghan）是世界血汗工厂环境方面最具权威的研究者。他曾研究广泛那些跨国公司在第三世界国家的工厂，那里的工人为包括微软、IBM、戴尔和惠普在内的巨头公司制造键盘与其他电脑部件，对于工人的工作环境，克纳汉这样描述：

> "工人坐在坚硬的木凳上，每周 7 天，每天 12 小时，每小时 500 个电脑键盘经过组装线，每月只有 2 天停工。工人们每 1.1 秒装上一个键，每小时重复 3250 次，每天 35750 次，每周 25.025 万次，每月超过 100 万次。"
>
> "工人每个操作的工资是 0.02 分钱。"
>
> "工人不能交谈，不能听音乐，也不能抬头看看周围。"
>
> "所有加班都是强制性的，工人每周在工厂工作长达 87 小时，每小时到手工资仅 41 分钱。"[78]

很难说欺凌受害者究竟是失去工作的美国工人还是得到工作的贫穷国家的工人。可以明确的是，双方遭受的欺凌都惨无人道，并有可能危及生命。对于公司欺凌者来说，这世道简直再好不过，因为这种欺凌可以同时针对国内和海外的工人，而退出威胁更可以针对任何国家的工人重复使用。各国政府应做出干预，制止欺凌，方法之一是修改国际贸易条约中的条款。然而，政府自身也受到公司欺凌，手段包括扣留竞选资金、政治游说等等，个中典型就是制定可以提升退出权的条约，以行使更多公司欺凌行为。

临时工：兼职教授、短期合同劳工与架构欺凌
——当潜在欺凌成为实发欺凌

科尔曼·麦卡西（Colman McCarthy）是一名兼职教授[1]，笔耕不辍，对自身困境毫不讳言。他写道："我们兼职教授就是高学历民工。"[79] 这句话是什么意思？麦卡西给了我们几个提示："福利、退休金、健康保险？特别少。工作稳定性？傻不傻。办公室？看运气。信箱？可能吧。免费停车位？看上帝。给学生当导师或辅导员赚钱？继续做梦。晋升可能性？你逗我。助教？问也不用问。"[80]

然后就是工资。根据美国大学教授协会（AAUP）的数据，兼职教授的薪资中位数是每个三学分的学期课程 2700 美元。科尔曼将工作状况生动地形容为："一群一群的兼职教授在不同学校之间来回迁徙，每年秋季学期教四门课，春季学期四门课，2700 美元一门课，一年挣 21600 美元，在国家制定的一家四口的贫困线下方……这个学年我要教 13 门和平学课程。我的大学给我的工资大概是 28300 美

---

[1] 美国大学盛行的所谓"兼职教授（adjunct professor）"或"副教授"（不可与我国的教授职称混淆），雇佣时间较短，通常只有一个学期。尽管这些兼职教授通常也有较高学历，但形如钟点工，工资较低，工作稳定性没有保障，随时可能被开除。兼职教授与终身教授（tenured professor）形成鲜明对比，后者一般薪资较高，并且不能随意开除。大学大量雇佣兼职教授，多是为了节省成本。

元。"[81] 一学年教 13 门课相当繁重，然而很多兼职教授还会身兼数校，也就是说课程数还会更多！对于那些有终身教职的教授来说，这种节奏几乎不可想象，他们平均一个学期只教两到三门课。

不过，终身教授不再普遍。美国大学教授协会调查显示，高等教育院校 75% 的教授没有终身教职，超过 100 万名教授是兼职教授，几乎没有机会获得终身教职。兼职教授中的大多数工资在贫困线以下，而既为兼职，顾名思义，就是工作没有稳定性，保有工作的时间不会超过当前学期。[82]

兼职教授这一职位值得分析，两点理由如下：

1. 该职位的存在导致了一种潜在欺凌和完全欺凌相交的架构式欺凌。每个兼职教授都在遭受欺凌，因为这份工作的结构形式就是如此。

2. 不仅教授岗位上大多数是兼职教授，其他行业也有数以百万计的兼职员工，美国职业市场的兼职化愈演愈烈。

首先考虑第 1 点。兼职教授位于架构欺凌的特定位置：该职位本身就能导致欺凌，因为其自身就具有依赖性和脆弱性。其核心属性——完全缺失的工作稳定性，就能使职工本人焦虑不安，不知道这学期结束后还有没有工作，收入会不会断绝。作为兼职教授，即是将自身置于弱势地位，一定会在无形中（1）持续性地对工作感到焦虑；（2）因为没有权力而对他人予取予求。如果反抗系主任或校长的任何指示或命令，就要承担极度风险。如果在教学中做任何有悖传统的事，讨论任何富有争议的话题，与预定的教学大纲稍有偏移，即便上级没有声色厉荏或明令禁止，也有可能对自身构成威胁。兼职教授如履薄冰，稍不留神就可能招致严重后果。

兼职岗位让兼职教授蒙受欺凌，即便该教授任教的部门或大学宅心仁厚，也是一样。潜在欺凌可能上升为完全欺凌，善良的系主任即便本人不是欺凌者，也必须实施机构欺凌。系主任是被欺凌着去欺凌别人，违背自己的价值观去行使学校代言人的身份，也就是我们在第一章中所说的，是机构欺凌但不是个人欺凌。

仅因工作的具体条件，所有兼职教授都受着欺凌。究其原因却与当事人的心理问题无关，而是因为潜在欺凌即是机构关系的一部分。对兼职教授动用潜在欺凌的终身教授本人可能也正在被大学欺凌，强制执行的是本人所不认同的规则。终身教授甚至可能对兼职教授产生同情，庆幸自己不处于那个位置。终身教授通常在大学预算或政策上无权可掌，可能是被逼推行某种薪资或薪资计划，本人也觉得这是剥削行为。

兼职雇佣关系本身即可造成欺凌，有如下四点理由：

兼职教授与管理机构权力差距巨大。

巨大的权力差距总会导致稳定性差、工资低、工作环境不佳及言行间的蔑视与侮辱。

无论管理层实际如何处置，兼职职位本身都是个永久性的不定因素，因为丢饭碗的风险就写在岗位描述里。

兼职职位不可避免地造成恐惧与压力，让兼职员工永远担心不管自己如何表现，下学期还是有可能因为跟自己无关的原因而丢掉工作。

换句话说，包括雇佣关系在内的所有力量关系都带有潜在欺凌元素，但对于兼职岗位来说却都是完全欺凌。我们必须要以架构和机构的范式研究欺凌，兼职岗位就是个鲜明的体现——这种欺凌不需要来自上级的干预或公开威胁，本身就存在于工作和机构的体制之中。

可能，这就是人们讨论"临时工"之病的原因。用兼职教职去取代终身教职，就是将架构欺凌深深地嵌入了高等教育和教学的内部。

尽管我国大学有 75% 的教授是临时工，该问题却不仅出现在大学里，似乎是整个美国就业市场愈演愈烈的趋势。全职、稳定的工作渐渐减少，短期合同、临时工及无从选择的兼职工作取其而代之。今天，短期合同工、临时工和兼职工占据了各种工作岗位，占到全部就业者的 35%。一份 2013 年的报告指出，"美国标准协会（ASA）援引美国劳工统计局数据表明，2009 年 6 月至 2011 年 6 月之间的非农业就业增长有 91% 为临时雇员。"[83] 到 2020 年，包括自由职业者在内的各类短期合同工将占到所有美国就业人口中的 40%。[84]

与兼职教授一样，短期合同工也受制于如下因素：体制化的权力不平等、工作不稳定、工资通常较低、无论工作表现如何仍然可能丢工作。这些因素均是临时工之病的不同变体，因此临时工活在恐惧、焦虑与孤独之中。德伯对几位短期合同工和临时工进行了一系列的采访，在他们身上几乎都发现了高度的焦虑、孤独和抑郁情绪。许多人表示，他们对于全职员工来说几乎是"隐形"的。一名临时工因"不能融入集体"而痛苦不堪，吃午饭时也在车库里一个人吃。这种"被内部集团排挤"的感觉也是典型的被欺凌学生特征。[85]

另一名短期合同工是校园警察部门的临时文员，她告诉德伯，每天早晨她来到办公室，走到工位，没人会抬头跟她打招呼，这让她很不开心（尽管有自己的工位对于一个短期合同工来说已经很难得）。另一名临时工则说，根本没给他安排工位，他只能找个椅子或者桌子就在那里工作，有时甚至得坐在窗台上，这让他感觉很耻辱，也不觉得自己是公司一员。德伯采访的员工中，许多人表示没人介绍他们跟全职员工认识，没人知道他们的名字，也没人注意到他们来上班或者再也不来上班。[86]

大学之外，数以百万计的短期合同工和临时工遭受到的架构式欺凌更甚于兼职教授。与兼职教授相比，他们做的更不是自己所热爱的工作。雪上加霜的是，他们的工作有效期只到今天下班，而不是本学期结束。一名临时工告诉德伯，她的工作就好像"一夜情"。不过与其他短期合同工相同的是，兼职教授对于终身教授来说也是隐形人。他们心里清楚，终身教授不认识他们的脸，不知道他们的名字，他们也不能参与系里的决策制定或投票表决。一些短期合同工将该现象称为"终身主义"。[87]

美国所有就业者都处在可产生潜在欺凌的岗位上，因为国家本身的法律结构是"自由聘用制"，这也是大多数当代资本主义经济体的特征（不过后文会提到，也有例外）。这意味着，上级或老板可以以任何理由解聘员工。除了终身教授和一些公务员，几乎所有人都在公司的权力层级中工作，上级享有权威，可以威胁开除下级。在自由聘用的资本主义经济里，即便不是短期合同工也要面临无过错解雇的可能性，理由可能是上级决定，或职位要被外包出去，要么就是要雇机器人来干这份工。然而，鉴于经济全球化、公司控制劳工市场、工会解体以及科技变革，美国的新现状是较高的失业率，失业风险是所有美国就业者的忧患，也是现代美国所有工作岗位的固有风险。

因此，专职工与临时工之间也不过是五十步笑百步。因为自由聘用制，所有员工都面临着架构式欺凌，因为去工作就自动意味着要承受走人的风险。即便有工会保护，大多数全职工也难以免遭风险。但无论怎么说，上文已经提过，美国私营行业94%的就业者没有工会，而公共社会行业的工会还一直深受诟病。另外，即便是终身教授和公务员也面临着潜在欺凌，因为院校及政府的工作合同里有相关条款写明，如果管理高层认为该终身职工违反了道德方面的规定或者没有达到业绩要求，便可开除该职工。

不过，终身教授和公务员在美国社会中有着特殊地位，针对他们的潜在欺凌不一定会发展为实际欺凌。因此，这一人群拥有足够的工作稳定性和人身自由，不必天天担心被解雇，也有基本的（虽然不是完全的）自由去做工作，可以发表观点而不会被开除。有鉴于此，我们可以说针对不同人群的潜在欺凌和完全欺凌还是有本质区别的。只有管理高层发出极其少见且非常明确的解雇警告，终身员工才能感受到非终身员工的那种薄弱安全感。因此，笔者一名同事表示，她在多所大学中担任过可能获得终身教职的副教授，但一直未获终身教职，那段时间，她每天早晨起床想到的第一件事就是终身教职。即便是已经成功获得终身教职的教授也无形中被禁锢着，害怕如果做了有争议的事会被要求自我审查，或被提示要遵循"正统意见"，不得越界。

若是没有终身职位的全职工，潜在欺凌与完全欺凌的界限就更加模糊。如果员工本人很有能力，或者正处于晋升势头，那么针对他的欺凌可能更潜在而不太完全。但对于绝大多数无终身保证的全职员工来说，失业的风险依然很大，尤其是如果没有工会或国家保护的话——这一点很多欧洲资本国家做得很好，有相应的保障制度（欧洲还有某些合法的用工制度，可以不像美国这样受自由聘用制的制约）。美国的全职员工永远处在威胁之下，如果员工在其行业或公司里权力级别较低，威胁就更大。越来越多的全职员工行走在潜在欺凌与实际欺凌交会的悬崖之上。

因此，几乎所有就业者都正在成为临时工，不管他们的合同本身是全职还是临时。在资本主义美国就业，人生重要的一部分就是去体验机构或体制的欺凌。成年就业者遭受的欺凌可能比校园中的孩子还要厉害，可见问题之严重！情况明确表明，成年人世界霸凌横行，强权公司和资本主义经济使欺凌现象成为员工的附骨之疽，正如同校园欺凌在孩子心中种下的切肤之痛。

资本家欺凌资本家：那 1% 内部的倾轧

第一章已经说过，资本家并不只欺凌工人。被市场冷酷的竞争结构驱使着，资本家和资本家之间也会彼此欺凌。一个世纪以前的镀金时代，欺凌更是赤裸裸的。强盗式资本家互相勾结但也彼此防备，不吝恶意。例如这段描述安德鲁·卡内基的文字：

> 卡内基是个中高手，乐此不疲地对竞争对手使诈，对手也如此对他……卡内基……从不喜欢与敌人合作。他初入钢铁行业时，市场已被对手攻占，所剩无几。但他高调的很，大刺刺地说要分最大一杯羹，在各巨头之间巧妙斡旋，对自己公司的运营和成本直言不讳，并威胁对手将以低价击垮他

们。这是典型的卡内基手段，而且行之有效。[88]

卡内基被视为所谓的善良资本家，但他对江湖也很懂。这段评价文字便可以说明那 1% 内部的矛盾关系。一方面，他们沆瀣一气、通力合作、结盟纵横，为了共同的利益而合伙忽悠。另一方面，他们却面和心不和，也在寻找机会打击对手并最终消灭对手。小约翰·D·洛克菲勒(John D. Rockefeller, Sr.)吃铁路石油运输的回扣，以此赚得的财产比卡内基还多。洛克菲勒的标准石油公司所占市场份额足可通天，足以对铁路形成欺凌，如果铁路经营者不遂他所愿，就可能玩完。[89]

今天，资本家之间的欺凌随处可见。亚马逊就电子图书定价问题对大型出版公司阿歇特高调宣战，就是一例。阿歇特不愿降价吃亏，亚马逊的报复方式是将阿歇特新书的上架时间推后，送货时间延迟，销售折扣减少，甚至索性拒绝部分新书的上架——这是公司欺凌的经典手段。而阿歇特的回应是寻求其他出版公司和旗下知名作家的帮助，贬低破坏亚马逊的声誉，指责后者作为服务于消费者和作家的新兴零售商却不走正道。[90]

公司会运用多种欺凌手段取得竞争优势，抢占市场份额，打击竞争对手。一个常用策略就是起诉对手。自从 2011 年以来，仅是高科技智能手机领域的各大巨头就不断地在专利问题上互相控告，宣称对手的热门产品是偷了自己的设计或技术发明，应阻止其售卖。苹果于 2014 将三星告上法庭，指责其新款手机抄袭了苹果手机的功能，索赔 20 亿美元。然后 HTC 也告了苹果。再然后三星又反告了苹果。苹果和微软则告了谷歌、华为、三星、LG、中兴，还有别的公司。

甲骨文告了谷歌。微软告了摩托罗拉。[91]

公司之间互相窃取机密，挖墙脚，还通过广告和诉讼的方式诋毁对方名誉或抢夺市场份额，并通过经常不公正、不合法的交易或采购行为来压缩成本。许多公司索性就实行所谓的"品牌欺凌"策略。如果哪家公司名字敢用"face"或"book"，Facebook 就是告。如果哪家保险公司敢用"蓝"或者"盾"，蓝盾[1]也是告[92]。这些都构成资本家欺凌，施行者是公司，与公司领导者的个人性格无关。

另一种资本家欺凌是大公司欺负小公司，通常是将后者彻底消灭。大型连锁超市沃尔玛用超低价挤垮家庭小超市就是一个例子，待到家庭小超市溃败，沃尔玛就再将价格提回来。欺凌的另一种变体，是小公司想给大型零售商场供货时遭到的价格和合同条款欺凌。一家小型医药公司的 CEO 想将产品批发给包括 CVS[2]在内的大型连锁店。他说，CVS 上架了他公司的产品，然后开始对合同条款百般耍赖，如果他不同意修改条款，就等着商品全部下架。他说，像 CVS 这样的大型连锁零售商的欺凌永无止境，他没有办法只能屈服，不然就会输给已经屈服于欺凌的竞争对手。[93]

资本家的竞争欺凌这就结束了吗？并没有。公司赢得竞争的方法本可以很简单：研发出更好的商品、更英明的领导、更厉害的营销团队，而无须亲手横扫对手。更何况，互相攻讦的竞争公司也会彼此合作，甚至合为一体以便更好地掌控市场或者获得全行业的优惠性规章制度与税收政策。公司之间的关系可谓是相爱相杀，与被欺凌阴影

---

[1] 蓝盾公司（Blue Shield）：美国知名保险公司。

[2]CVS：美国最大连锁药品零售商，在全美有超过 5400 家商店。

笼罩的婚姻别无二致。

资本主义的有力捍卫者们宣称，竞争就是他们的行为准则，然而竞争的本质就决定了必然会有赢家和输家，谁最能欺负别人，谁就最能赢。马克思指出，资本主义竞争自身就是一种自毁的机制。强者消灭弱者，活着的人越来越少。竞争资本主义变异为垄断，垄断公司无所不能，对员工、消费者和潜在敌人实行长期欺凌。[94]

20世纪刚有汽车的时候，曾有200多家汽车制造商彼此竞争。过了没多长时间，就仅剩3家。20世纪晚些时候，个人电脑开始普及，成千上万的年轻有技术的"宅男"在车库、宿舍、公寓里写起了软件。今天，科技市场几乎完全被微软估计还有苹果控制。20世纪80年代大街小巷都有家庭经营的软件音像商店，如今几乎全部绝迹。同样是20世纪80年代，里根政府本想鼓励竞争，于是"放开了"航空行业。然而放开市场并没能鼓励竞争，反而带来了更大程度的垄断，就连美国东方航空、大陆航空、环球航空、全美航空和泛美航空这些巨头也纷纷倒下。活下来的公司不仅欺凌竞争对手，也欺凌着无路可退的乘客。如今航空公司可以卖机票不含餐费，也可以征收上百美元的高昂行李费。

资本家的欺凌，尤其是垄断家的欺凌，不会鼓励创新，反而压制创新，这对其他资本家、顾客和环境都造成了严重的伤害。汽车公司坐拥更高效、更环保发动机的专利权，可以不使用内燃发动机。然而，至少在眼下，如果使用更好的发动机就会分走现有科技的市场，而负责更换装备的厂家已经赚走了大部分利润，如果汽车公司再投入研发就要给装备厂送去更多钱。因此，公司有专利却将其锁在保险柜里，不让别人、别的公司或国家使用。石油公司对于包括太阳能在内的绿色能源科技也是同样应对。[95]

资本主义市场就是残忍无情的经济战场，与军国主义国家之间的竞争如出一辙。强者还要争取更强，争取控制力更大，有时会与其他强者组成同盟，有时会与其互相争斗。为了生存，弱者使出浑身解数进行反击。最强之人将会取胜、统治市场，这与校园欺凌非常相似，学生中的强者为巩固统治而不择手段，打败竞争对手成为校园一霸。而一旦建立了统治，他们还会跟其他霸王结成战略联盟，亦敌亦友相爱相杀。目标是为了让盟军为自己所用，以保证对竞争对手的欺凌格局，对弱势学生的欺凌控制。校霸如果看到公司之间的欺凌游戏，应该会觉得似曾相识，而且也会举起欺凌武器继续打败生意场上的敌人，其中较有效的一种就是对手底下员工的残酷统治。

资本家欺凌消费者：品牌推广与公司的思想控制

加拿大记者与活动家娜奥米·克莱恩（Naomi Klein）曾在经典著作《拒绝商标：瞄准品牌恶霸》中表示，品牌欺凌是当今资本主义的核心手段。[96]上文已经提到了品牌欺凌，但克莱恩说的可不仅是大公司之间为了专利侵权而互相控告。她揭露的真相是，公司现在一门心思地打造标志性品牌，而不是用心去生产优质商品或者提供良好服务。她在书中揭露，如果公司想要竞争成功就必须做好品牌推广，也就是说要将这块招牌深深地烙在消费者心里。

品牌战略是一种核心竞争策略，目的是要引诱消费者对该公司的产品上瘾着迷，如果没有这产品就活不下去。品牌要形成魅力就要积极推广——请明星代言、各种打广告、说没有这东西你就不"酷"、

（花钱）把产品植入到好莱坞电影或情景喜剧里去——只要能让消费者上钩。公司几乎是在逼迫消费者去消费，有力手段即是品牌推广，将产品变成一种"不买会死"的幻象，使消费者（尤其是年轻人）感觉，如果不买就要落伍。这里所言的产品可以是某个智能手机、某个品牌的裙子或包包或牛仔裤，还可能是电脑游戏或者玩具。

克莱恩所说的正是卡尔·马克思著作《资本论》第一章中所命名的"商品拜物教"。[97] 马克思认为，资本主义必须创造一种对公司产品的大量需求，不然就无法生存。产品可以是食物、衣装或娱乐，消费者们以前本可以自给自足而无须购买。为了打造这种消费者需求，公司必须让人"迷恋"其产品，或者将商品鼓吹为一种奇迹。你能自给自足的东西，永远比不上可供购买的品牌那么美好，无论如何比不上后者的神秘吸引力。将商品捧上神坛是一种洗脑行为，使人趋之若鹜、成瘾着魔，形成对商品的受迫性购买，这是对消费者的严重欺凌。[98]

公司通过无休止的广告和策略营销打造这种梦幻，连小孩子都不放过。现在网上常见的针对青少年的营销是 YouTube 视频、电脑游戏以及网站广告，然而"脚踏实地"的广告也不少见。家长带孩子们去麦当劳，让孩子们上钩的不仅有那金色的 M 字母和汉堡，还有玩具反斗城植入到快餐店里的玩具。如果布拉德·皮特戴上哪个帽子，喷了哪款香水，影迷们会冲到店里去抢购。这种欺凌手段比较隐匿，但所形成的力量如此强大，连政府也不一定能做到。品牌欺凌占领了消费者的精神世界，将消费者洗脑，改变消费者的价值观和生活方式。到最后，人的幸福不过是去一趟商场。

公司在欺凌年轻消费者方面所取得的成功令人发指。学生如果不去消费重要品牌，不买那双球鞋、不买那款手机、不剪那个发型，就很有可能被其他学生欺负，被孤立排挤、嘲笑侮辱。公司通过"商品拜物教"进行的欺凌在年轻人中建立起了接纳、成功和自尊的标准，也为欺凌者竖起了靶子。[99]

未成年人正在遭受的体制欺凌被伟大社会学家托斯丹·凡勃仑（Thorstein Veblen）称为"炫耀式消费"。[100] 凡勃仑认为炫耀式消费是成人世界划分阶级、欺凌弱者的主要机制。富有的美国人通过购买昂贵浮夸的产品来炫耀自己的财富、显赫身世以及社会地位，比如劳斯莱斯或私人飞机。炫耀式消费将人们分成了"内集团"与"外集团"。内集团排挤孤立外集团，这是一种典型的欺凌体系。各大公司正将炫耀式消费散播至学校和年轻人群体。这种由公司施行的机构欺凌是导致校园欺凌的重要因素，买不起炫耀式产品的学生被有钱的学生欺负，不配进入内集团。

心理学范式重点研究学生欺凌，却没有提到这出戏的导演——各大公司的关键作用。公司在成年人和未成年人中间推行着大规模的机构欺凌，织出梦想，迷惑消费者，胁迫消费者，施行的是一种思想控制，这是一种无可反驳的欺凌行为。几乎所有公司都在进行着品牌推广和拜物教的行径，这与公司高层的个人思想无关，原因只在于这策略对于获取市场份额、打败竞争对手至关重要。

社会学家斯图尔特·伊文（Stuart Ewen）在经典著作《良心队长》中回顾历史进程，指出资本家实则是亲手为自己造出了消费者。[101] 伊文指出，20世纪20年代以前，美国并不存在全国规模的大型消费，也就更不存在今天导致了欺凌的品牌消费与拜物消费。20世纪20年代，在公关专家的帮助下，各公司开始发展现代化、复杂化的广告策略。早在 19 世纪 80 年代，包括西尔斯·罗巴克公司在内的大公司就开始分发产品目录，但直到第一次世界大战以后这一手段才真正发挥作用。商品目录中的商品，人们以往都能自给自足，那时却被告知如果不买就没自尊。基于炫耀式消费的公司欺凌就这样在大众心中打好了地基。

朱莉·斯考尔（Juliet Schor）在《生而购买》一书中表示，对消费者的欺凌从襁褓中就开始了。[102] 妈妈在孕期中就被铺天盖地的产品所席卷，并在这样的环境里将宝宝带入世界。每个妈妈从医院回家时都手捧各种婴儿专用的梦幻产品。从那时起，家长、医生和教师就成了公司销售，对孩子们灌输"生活和身份都来自你消费的商品"这种思想。

应该补充说明的是，消费者欺凌还有其他重要形式，比如用分期支付的方式将残次品卖掉，消费者不给钱了就转过头来威胁消费者。不久前 2008 年的那场次贷危机就是最恶劣的例子。包括美林和全美金融公司在内的华尔街大银行和公司将房子卖给人民，塞给他们注定要崩盘的次级贷。贷款人还不起贷款了，银行就威胁要收回抵押物。尽管大多贷款人是被哄骗引诱着买房，根本没读合同中晦涩难懂的字眼，不知道利率会上扬，银行还是使尽了各种手段施压受害人，最狠的一招就是没收住房。与之相似，大学生们也从臭不可闻的债主那里拿到有问题的贷款，即便他们借钱上的大学不能提供可靠课程或学位，即便他们最终交不起学费只能辍学，其后数年依然要陷入欺凌式债务的深渊。[103]

公司不但能将非生活必需商品打造成非买不可，还设计出了更多可用来欺负消费者的方式。当然，消费者的行为是自愿的，因此此举是否是欺凌仍有辩论空间。然而，垄断公司可以通过欺凌手段逼迫消费者没有其他选择必须购买它们的产品或服务，这的确是一种胁迫式消费。另外，大公司能够操纵市场，将可选产品变成必需产品。洛杉矶曾有最完善的公共交通系统，位居世界第一，然而标准石油和通用汽车联手将其收购并使其停业，然后向加州立法机关施压，迫使政府兴建高速公路。很快，如果没有一辆车就无法在洛杉矶生活下去。住房、商店、公司甚至学校现在都相距遥远，必须开车才能到达。[104]

公司欺凌消费者的手段之多令人胆寒，但其中最恶劣的一种就是为打造消费迷恋而最先进行的洗脑式品牌推广。

资本家欺凌政治家：有钱能买到的最好民主

金钱与民主并不是良性搭配。最高法院大法官路易·布兰戴斯（Louis Brandeis）曾说过一句著名的话："要么有巨富，要么有民主，就是不能两个都有。"[105] 今天的美国社会证明了这一论断——公司的政治欺凌就是体现之一。公司所盘踞的巨大财富使民主腐化，欺凌着政客与国家本身。

马克思有句经典名言，说资本主义国家和政府就是"小资产阶级的执行委员会"。[106] 他意思并不是说资本家直接经营着政府，而是说，资本家的财富渗入了政治与政策。近代的渗入行为具体说来就是选举资金和政治游说，最终将使得位居高层的政客为公司利益而非人民利益服务，具体体现在，国家领导人拿公司钱手短，被欺凌着施行对公司有利的政策。

新经典经济学理论将市场描述为有自我规律和自我修正功能的唯一财富来源，掩盖了一个真相——政府在创造这种财富中起了巨大的作用，并将市场打造成符合公司要求的样子。公司的一切都须依靠国家力量，大到优惠性税收政策，小到补贴的几十亿美元（通常叫作公司津贴）、利好性的贸易法规、铲除工会、放松管制以及数不尽的其他福利。公司如果不能指挥国家为其服务，就不能生存，因此必须对政治人士进行欺凌胁迫，就好像欺凌工人与消费者一样。[107]

资本家如何欺凌政治家，这个话题可以写一整本书，但这里我们仅举出三种重要手段：

1. 科氏兄弟策略：也称"通过捐赠巨额选举资金来买通政客"。科氏兄弟是资产数十亿的石油大亨，财富位居全美前十位以内，投入选举的资金可谓天文数字，主要目的即是帮助支持石油的保守派候选人入主高位。科氏策略是对具有里程碑意义的"公民联合会诉联邦选举委员会案"以及"麦卡琴（McCutcheon）诉联邦委员会案"判决结果的滥用，两案的判决均允许公司和富豪个人通过不需披露捐献金额的机构一掷千金，进行"观点广告"。这些暗度陈仓的机构常顶着"美国人繁荣协会"这样的名字，为国会大多数议员甚至总统候选人的竞选活动提供资金。"公民联合会案"和"麦卡琴案"两案的判决都属于联邦法院做出的最重要判决，推翻了数十年以来的众多选举金融法律。[108] 两案的判决都成了公司欺凌的工具，纵容公司将种种企图强制灌输给政客，后者若不接受就别想当选。

成百上千的巨头公司实施着科氏策略，企图抢占国家政府、州政府和地方政府的山头。资本家及其公司可能是保守派也可能是自由派，但用的是同一种欺凌策略——如果不花数百万美元做选举活动，候选人就别想进入国会或者其他高位。谁给的钱最多，谁吹的风就最管用。钱给到位，就成为具有绝对影响力的威胁手段，随时可以釜底抽薪。如果政客不听话，公司就把钱拿走，政客的政治生涯也就岌岌可危。[109]

这一招对共和党和民主党都适用。巴拉克·奥巴马总统于 2008 年当选，数百万美元的分散捐赠功不可没，然而他 60% 的选举资金来自华尔街企业和其他大公司。事实上，这些公司慷慨解囊的钱财超过选举资金总额的三分之二。有钱就有路子，有钱就有影响力。最终，拿人钱财就得与人消灾，如果政治家们不扮演好这场戏里的角色，不按照公司的企图行事，那么他们的戏也唱不了多久。

大公司为选举活动提供捐赠资金是最隐蔽的公司政治欺凌手段之一。该种欺凌手段也是体制化的，因为政客如果没有大公司捐的钱就无法生存。奥巴马主张公共筹资、限制私人筹资，但自己却张开双臂拥抱了没有限制的私人捐赠，因为只有这样才能取胜。欺凌是资本主义政治体制的固有元素，与各个政客的心理或观点无关——人人都必须这样。这种现象明显对民主形成破坏，将政客攥在手里的不再是人民，而是政客的公司"老大"。公司欺凌政客、统领国家最管用的方式，就是威胁要在下一个任期竞选时勒紧钱包。

应该指出，此类欺凌也可以是反过来的。德克萨斯州共和党员汤姆·德雷（Tom Delay）曾于 20 世纪 90 年代末和 21 世纪初就任下院立法秘书，被人告发其以收取"过路费"[110] 的形式勒索公司和富人。如果公司不给过路费就不能过路，也就是说，不给过路费就没机会见到会写法案影响他们生意的政治人士。由此可见，资本主义政治的欺凌是条双行线。

2.政治游说：政治游说是选举资金欺凌的一种延伸。说客们成群结队、没日没夜地游荡在白宫门外的 K 大街上，其中大多数是公司花钱雇来的，工作就是缠着立法委员，游说后者写下满足公司愿望清单的法律条文。立法者们还真的会听，而且听了还常会照办。为什么呢？因为这些公司能为他们的选举活动提供资金，想欺凌他们就可以将钱拿走，还可以抹黑他们的名誉。一旦公司与你为敌，你在华盛顿的影响力就将一落千丈。说客走"旋转门"路线，在议会办公室与公司总部之间来回穿梭。他们知道该如何在公司与国会或白宫或州长办公室之间"长袖善舞"。他们还知道，为了确保公司拿到想要的政策或法律，该威胁时就得威胁。

以前强盗式资本家的年代，说客们还对自己的目的直言不讳。洛克菲勒会直接派手下人拎着满满一箱钱去国会大厅，这一行为被当年的漫画家们在报纸中大加嘲讽。立法者们拿了钱，通常会连同洛克菲勒写好的、夹在钱里的法律条文一起收下。收了钱就要马上办事——这种恬不知耻的买卖行为也是"强盗式资本家"得名的原因之一，可用于描述当年的许多大亨。[111]

今天的说客就优雅得多。他们多在幕后操作，西装笔挺，并自称"公共辩护人"或者为社会问题发声者，自称是在向立法者和大众普及公共问题。事实却是，尽管他们可能为不同类型的公司做事，从工会到慈善组织到非政府组织，但最有影响力、挣钱也最多的是代表巨型全球公司的公司说客。这些公司在 2013 年共花了 33 亿美元的游说费（一些调查认为超过 100 亿美元）。一份报告显示："美国一名大学教授詹姆斯·瑟伯（James Thurber）曾帮助奥巴马政府起草关于政治游说的规章，他认为这个行业已经'朝地下转移'，事实上规模远大于区区 1.2 万名登记在案的联邦说客，他表示说客应在 10 万名左右，每年总收入超过 100 亿美元。"[112]

对华盛顿政策最在意的各大顶尖行业雇佣的说客最多，付出的游说费也最多，这毫不令人吃惊。2014 年的排名如下：

医药 / 健康产品	65 420 126 美元
保险	40 008 093 美元
电器	38 288 418 美元
电脑 / 互联网	35 597 059 美元
工商协会	35 448 590 美元
石油和天然气	33 880 219 美元
电视 / 电影 / 音乐	28 511 338 美元
证券与投资	26 670 959 美元
多种制造与分销	23 650 110 美元
医院及护理机构	21 985 808 美元[113]

33 亿美元，或者说送给 10 万名说客的 100 亿美元，能够买到不少影响力，无论在地区政府、州政府、联邦政府还是全球政坛。说客都是战略家、牵线家和实干家，会确保政客拿钱办事。公司是欺凌者，但他们借由老练世故的操盘手来完成任务。这与操场上的欺凌别无二致，当皇帝的欺凌者会利用他有力量的朋友去干脏活，不会脏了他们自己的手。

3. 退出权：此前提到全球化经济下公司如何欺负员工时，我们曾介绍了退出权这个概念。这是权力的一种基本形式，指的是威胁要离开一段关系或者机构合作关系且能够兑现威胁的能力。有能力退出的人，通常拥有的权力也就更大，也更能欺负没有这段关系就不能活的另一方。结了婚的人应该最懂：只要想想这句话——"我要跟你离婚"，就是那种感受。

全球化从结构上迎合着公司的退出权。全球化在手，公司可以威胁在任何一个国家停止运营，搬去另一个国家。工人们不能迁徙，钱却可以在国境内外自由流动。这种资本和劳动力流动性的不对称使得公司具有了高度退出权，可以欺凌全球的劳动力。公司可以对一整个国家说："我要跟你离婚。"[114]

退出权使得公司可以完全像欺凌工人那样欺凌国家。国家依赖于外国公司在其国内投入的资本、就业岗位和基建设施。公司一旦威胁要将资金连根拔走，就对依赖它们而生存的国家启动了痛苦的欺凌程序。如果国家希望公司不要走，公司就会狮子大开口，想要免税期，十年不用交税；想要工厂不遵守环境或劳工法规；还想要不受监管或不负社会责任的出口特区。

如果国家不就范，公司的退出威胁是可以成真的。离开也并不总是容易的，但太多公司在全世界范围内不同国家之间外包来外包去，因此这类威胁无疑具有可信度。只需回想，20世纪90年代数家环球银行在包括泰国在内的东南亚国家中一掷千金，然后突然拔了插头，丢下被投资国建了一半的办公大楼和毁于一旦的国家经济扬长而去。该状况是20世纪90年代末的"亚洲流感"的罪魁祸首，使得泰国及其邻国的经济倒退数年。跨国公司从一个国家撤走投资，导致该国经济一夜之间陷入萧条——这是无论贫穷还是富有的任何国家都应恐惧的可能性。[115] 通常来讲，失去了经济稳定性的人民会责怪国家，国家马上就会失去公信力。政客输掉竞选，政府恐遭推翻。智利前总统萨尔瓦多·阿连德（Salvador Allende）将洛克菲勒公司所持的铜矿国有化，当时世界银行下调了智利的信用评级。阿连德无法募集到运营铜矿所需的资金，不得不关门停业。流离失所的矿工们发动罢工，正好给智利军方提供了良机，在美国中央情报局的支持下，推翻了阿连德的统治。结果，以奥古斯托·皮诺切特（Augusto Pinochet）为首的军政府随后统治智利长达 16 年之久。[116]

校园欺凌者使用退出权的方式有所不同。他可以威胁其他学生，如果不从命就将让小群体中的人无视他或者将他赶出去——彻底的孤立。如果欺凌者跟被欺凌者谈任何条件，前者也可以指使内集团随时退出，以达到欺凌的目的。这样的排挤其实是人类能体验到的最恶劣的惩罚之一。中国古代曾有一种重刑，内容就是禁止罪犯与任何人发生眼神接触，使得罪犯不能与任何人发生真正的交流，陷入完全孤立的境地。一些人认为，正是这种残酷的排斥导致了埃里克·哈里斯（Eric Harris）和迪兰·克雷伯（Dylan Klebold）（科伦拜校园枪杀案中的杀手）这类被欺凌学生的暴行。换句话说，即便完全不涉及肢体暴力，欺凌也能带来致命的后果。有时，仅仅是那一个躲避的眼神，便让人万劫不复。

第三章

环境欺凌：欺凌动物，打击自然

除了将重点放在未成年人身上以外，关于欺凌的讨论还很大程度上假设欺凌只是人类之间的行为。本章将会论述的是，这一概念是错误的。人不仅欺凌其他人，也会欺凌动物。此外，在这环境变化的年代，人类如何打击环境本身，也是个越来越需要探讨的问题。

这将我们的新范式带入了一个未经开垦的领域，至少在关于欺凌的学术文献中无人染指。尽管一些研究欺凌的学者偶尔会提到军队和公司欺凌，据我们所知也无一人曾引入环境欺凌的观点。

然而，大众舆论经常提到动物欺凌。我们许多人认识欺负或虐待狗类或其他宠物的人。我们也听过那些恐怖故事，说包括泰森公司、史密斯菲尔德农场公司和普度公司在内的农业巨头公司是如何经营着虐待牲畜、鸡和其他食用动物的屠宰场。大多数人知道，有公司和个人从事着严重污染空气和水源的环境行为，伤害的不仅是成千上万的人类，还有成百上千的动植物物种。的确，每天有200种动物灭绝。最恶劣的环境毁灭行为是人为的气候变化，威胁着人类文明的生存，也对承载着所有物种的生态平衡形成威胁，无论是否是人类都将遭殃。

你可能迫不及待要问，对环境如此滥用和毁坏，是否该称作欺凌呢？我们从一开始就说了，通常来讲，与人类有关的行为才会被视为欺凌——不包括动物、植物或自然资源。但在日常对话中我们也会说到谁踢狗虐狗，因此，我们将目标从人类受害者推及至动物受害者。然而，即便人类杀死植物或严重污染空气和水，我们一般也不会说人是在欺凌植物或空气或水。当然，许多环境学家会有不同想法，认为万物皆有灵或自然伟大神圣的古文化也可能提出异议。[117]

这里我们指出两类不同的环境破坏行为：环境欺凌与环境打击。环境欺凌是指个人或组织威胁伤害动物。而环境打击则是个人或组织伤害或损毁植物，或包括空气、水、土壤在内的自然资源。

环境欺凌和环境打击紧密相连，也有重要的共同属性。首先，两者都包含力量的不平等。欺凌动物的人比宠物或其他动物力量更强大，而欺凌动物的农业公司的力量更远远大于饲养宰杀的动物。打击植物和自然资源的个人和公司与其受害者也有相同甚至更大的力量差距，至少在短期内是如此。

无论是环境欺凌还是环境打击，较强的力量都被用来制造伤害或破坏。无论是哪种情况，都涉及一种统治的心态，掠夺者相信自己有权利甚至是义务为了一己私利去欺凌动物或打击植物和自然资源。

主要的差别则在于受害者是否有知觉，是否能感受到威胁和疼痛。这个差别对于欺凌行为来说是至关重要的：如果动物察觉不到威胁，或感受不到伤害、疼痛和低劣感，我们就很难主张该行为是一种欺凌行为。

绝大多数动物物种有知觉，可以感受到疼痛和暴力——事实上，可能所有动物都能感受到。然而，即便科学家有了越来越多的证据可说明植物可以"思考"且具有包括嗅觉和听觉在内的多种知觉感受，我们仍不能确定植物有可以感受到威胁或疼痛的机能，至少与人类和动物不同。[118]这就是欺凌和打击之间的决定性差异：前者的受害者（动物）能感知到威胁和疼痛，后者的受害者（植物、空气、水或石头）据我们所知无此类知觉。

差别主要集中在受害者的知觉或者说感知能力上。植物和无生命资源存在着显著的智力、知觉与反射，而且就像古文化所认为的那样，基于与人类类似的DNA，这些条件能够构成某种进化后的知觉。尽管科学探索不断进步，但对此依然所知甚少。[119]我们并不知道此类物种是否有与人类和动物相似的，能够体验威胁或疼痛的感知能力（虽然一些古文化数千年以来一直这样相信着）。[120]既然这些问题尚不明朗，我们暂且保留只有对动物才是欺凌的观点，将对植物和自然资源进行的毁坏行为称为打击。

如果知觉或感知能力是决定性的差异，我们就必须考虑，动物拥有何种程度的知觉时才能够感受到欺凌。灵长类和其他哺乳动物明显有知觉，能够感知疼痛和折磨，包括鱼类和鸟类在内的大多数脊椎动物也是如此。[121]而无脊椎动物是否有这类知觉呢？我们确知章鱼是有的，对于蚊子或跳蚤则不确定，不知其是否有能力或有足够的能力感知到我们所说的欺凌。因此，感知能力较为原始的动物应被视为环境打击的受害者而非环境欺凌的受害者。不过，彼得·辛格（Peter Singer）的研究可以表明，并不排除所有动物都有各种感知力，可以让我们视其为欺凌的潜在受害者。[122]

有人甚至可以对非常幼小的孩子提出同样的问题：幼儿是否有理解威胁或感受疼痛的知觉或感知能力？考虑到摇晃婴儿综合征的存在，那么很明显，即便是非常幼小的孩子也是可以被欺凌的。同样，养老院中的痴呆老人也能被虐待、被欺凌。因此，我们认为任何年龄层的人类都应被视为潜在欺凌受害者。

尽管我们在打击与欺凌之间画了一道分界线，两者却经常同时出现且紧密相连。打击植物或诸如土壤或水资源的自然无生命物体，可能会造成对人和动物的严重伤害，打乱所有人和动物赖以生存的生态平衡。我们将会说明的是，打击自然是强势人群、公司或军队同时欺凌人和动物的主要手段，同时也能使植物和自然资源退化。这个例子即可说明，欺凌和打击密不可分——最终有可能完全合一。

环境欺凌和环境打击，是军国主义与资本主义必不可少的环境毁灭手段。军国资本主义社会，例如美国，将环境欺凌和打击写进了自己的DNA，少一个都活不下去。[123] 而且，就像刚才说过的，两种手段还会彼此加强。战争中以轰炸形式进行环境打击，摧毁人们的土地和家园，这是欺凌人类的重要方式。资本主义的工业化农业、土壤腐蚀与土壤耗竭也属于环境打击，通常导致对人类的欺凌，让人类不得不远走他乡，或别无选择只能吃下不健康的食物。

或许，当下对环境欺凌和环境打击的探讨中最具威力的话题是人类导致的气候变化——人类史上对生存环境造成最大威胁的现象。气候变化不但威胁着人类的生存，也威胁着成百上千其他动植物物种的生存。自然世界的大部分正处于威胁之中。这一切体现了人类与自然的巨大力量差距，也体现了人类对力量杀伤性极强、极其暴力的运用方式。[124]

本章后面，我们将探讨为何人为气候变化是一种环境打击，并将导致多种形式的环境欺凌。这里我们先简单提出三个观点。首先，气候变化是自然界最强大物种人类出于自身目的而使用力量的行为所导致的，即便该行为可能对人类自身造成自杀性的后果，并已经杀死了数以万计的其他物种。这样的行为，体现的是校园欺凌者的统治心态与统治行为。

其次，从历史成因上来看，气候变化是西方公司资本主义的产物，这正是我们全书的重点，也是上一章的主题。环境欺凌可被看作体制化"资本欺凌"的一种延伸。但我们首先要承认，资本主义出现以前，社会也弥漫着对环境的毁坏行径。古代黩武帝国无情地烧焦土地，欺凌依赖土地为生的人，将其推入饥荒的灾难。[125] 通过生物战所施加的欺凌并不新鲜，中世纪的骑士会将尸体钉在城堡和城墙上以招来瘟疫。[126] 据信，人类刚刚到达美洲大陆时曾致使大量生物灭绝，其中就包括多数大型哺乳动物。[127] 当然，从某些角度来看，今天的环境比从前要干净健康。尽管汽车造成了不少环境伤害，却也使城市街道免遭马粪的污染，后者可导致伤寒、白喉、霍乱、肺结核等多种传染性疾病。[128] 事实上，这些疾病今天很少会再致人死亡，至少在发达西方社会不会，在当时却是主要的致死疾病。

资本主义的利益驱动让科技创新的脚步越来越快，而环境则被视为一种"外物"——不是任何人的责任，在任何情况下都不是生产者或公司需要担心或法律要求赔偿的事物。[129] 相应地，资本主义也在着力加快气候变化及其他形式的环境打击。尽管西方资本主义，尤其是美国资本主义，绝不是导致气候变化的唯一经济体制，却的确是最重要的历史成因，而气候变化也深深烙进了美国的资本主义模式。[130] 因此我们可以说，交替发生的环境欺凌与环境打击导致了最严重的欺凌行径，也让公司资本主义形成了特有的法律准则，尤其是在这个气候变化的年代。公司资本主义的法律将自然视为财产，无论是水、空气还是树木，皆为人类所有，也被人类为利益而滥用或破坏。说得更宽泛一些，几乎所有资本主义价值观——增长、消费主义、短期利益——都是导致气候变化的因素。此外，几乎所有公司行为都包含对环境的欺凌，我们将会在气候变化一节具体充实这一观点。公司资本主义与气候变化如此密不可分，我们不解决前者就不可能解决后者。[131] 不考虑环境欺凌这种观点，就是舍弃了对资本主义体制和公司行为的一次严肃研究，也忽略了经济体制与我们对待动物和自然方式之间的联系，而后者对于所有社会都非常关键。

军国主义亦是同理。军国主义国家发动战争，应用碳密集型军用航空等军事技术，为了供应各行业、各国所使用的化石燃料而抢夺占领石油，对动植物及人类进行毁灭性伤害，都对环境造成了严重的打击。战争对人的欺凌几乎总能因环境打击而更加方便。美国在越南犯下的生态灭绝罪行即是明证，其环境打击造成了针对成千上万越南人民的欺凌。其他力证还包括：美国军队在战争中使用陶氏化学凝固汽油弹等化学武器，喷洒对环境有害的毒剂、橙剂及其他脱叶剂烧毁森林土地，尤其是游击地道旁边的森林土地（一位美国司令官曾在越南宣称："树就是我们的敌人"[132]）。该环境打击行为是战争策略的组成部分，指导着美国军人入侵越南，欺凌越南军人和农民。此外，军国主义所特有的权力统治心态与环境欺凌的心态交相辉映：能打败的都是我的——这同样也是校园恶霸的口号。

这里我们必须再进一步提出两个观点：人类的欺凌行为在其他动物物种中也很常见。科学文献记录了动物之间的相濡以沫，也记录了同物种、跨物种之间的相互欺凌。当然，这并不是说欺凌是正常的，动物的不光彩行为与人类仰仗自身能力摧残彼此和动物的行为不可同日而语。不过，我们必须正视生物界的实际情况。伍迪·艾伦出了名的不喜欢将自然界浪漫化，曾在自己的电影《爱与死》中阴阳怪气地表示："对我来说，自然就是……蜘蛛和虫子，大鱼吃小鱼，植物吃植物，动物吃动物……就是个特别大的饭店。"

大自然的行为，我们要取其精华去其糟粕。圣雄甘地呼吁世人："想世界改变，就去改变世界。"大自然的馈赠，我们不能照单全收。我们也许不能消除动物之间的欺凌行为，但至少可以构建一个不鼓励欺凌的社会。

尽管这章几乎全是在讨论人类对环境实行打击和欺凌的种种方式，我们还是要指出，此类行为也存在一些道德上可接受的形式。举例来说，为了治愈人类严重疾病而进行的动物医药实验，通常被视为伤害或虐待动物的可接受例外——多年以来，伦理学家和众多热心人已完全接受了这一观点。同理可证，人类出于自保的目的抽干湿地以消灭携带疟疾病毒的蚊子，或者杀死携带致命莱姆病细菌的鹿，也被视为道德上可接受或可赞成的环境打击或环境欺凌。我们发现，人类受着"人类中心主义"的教育长大，总是太过乐意为自身福利而牺牲其他物种。然而，本章重点讨论的环境打击与环境欺凌明显还是应该停止的，因为这些行为多是由统治心态和利益所驱使，而不是为了自保。而且，这些行为已经对数以千计的动植物物种造成了大规模的生存威胁。在我们看来，这些形式的环境打击与环境欺凌是军国资本主义的核心组成部分。

本章剩余的部分将简要探讨三种不同的可构成环境欺凌的环境破坏类型。第一种是人类为取乐或得利而进行的动物欺凌。第二种是公司在农场内外进行的环境欺凌和环境打击。第三种是体制性的环境打击，将导致气候变化，不但威胁人类和非人类物种的生存，也威胁着水、空气、土壤等珍贵资源——换句话说，自然本身的生存。这种打击行为将在许多方面导致个人与组织对人和动物的欺凌行为。

动物欺凌：我们真的将狗当作最好的朋友吗？

知名橄榄球职业运动员迈克尔·维克（Michael Vick）在 2004 年签下一纸十年期、价值为 1.3 亿的合同，成为国家橄榄球联盟最高薪的选手。是他让动物欺凌成了全国瞩目的焦点。2001 年，21 岁的维克与三个朋友合伙在弗吉尼亚州开了一家斗狗公司，名叫"倒霉狗窝"。维克跟朋友买了地，用栅栏围上以避人耳目，然后开始采购比特斗牛犬等犬种，测试它们的格斗技能和暴力倾向。一份联邦诉状中提到，"大概 8 只狗因在各种测试中表现不好而被处决……手段不一，包括吊死、淹死，（其中一只）被猛撞地面数次直至死亡，死因是脊柱或颈椎断裂"。[133] 为增强狗的格斗能力，他们还使用了其他暴力，"在格斗中失利的狗有时会被处决"。[134] 维克一个朋友处决了一条输掉格斗的雌性斗牛犬，方式是"将狗浸湿后实行电击"。[135]

有幸存活的狗仍然受到欺凌行为的影响，行为发生巨大改变，令人心痛。美国防止虐待动物协会（ASPCA）团队"对其中两只无力回天只能处死—— 一条显示出极度的暴力倾向，另一条受伤过重已无法挽救。另外还有几只成了'煎饼狗'——训练过程给它们留下了严重创伤，它们平平地趴在地上，人类一靠近就瑟瑟发抖"。[136] "煎饼狗"将人类视作暴力欺凌者，这毫不令人意外。警方在"倒霉狗窝"中发现了一个刑房，对场景记录如下：

有大约 54 条狗，多数是比特斗牛犬，其中几只身上有伤口或疤痕，多数饿着肚子。

大约一半被链条锁在车轴上，活动范围刚好能够不重叠，这是格斗犬的典型生活环境。

有一处带有血迹的格斗区。

有动物训练与繁殖设备，包括一个"强暴台"，如果雌性犬攻击性太强，不对雄性犬就范，达不到繁殖的目的，就会被绑在强暴台上，头部被定住。

有一根"分离棒"，或者叫"撑牙棒"，作用是在格斗中撑开格斗狗的嘴。[137]

维克案清晰表明，包括狗在内的动物遭受着人类的欺凌，欺凌目的包括取乐以及获利。为了取乐，维克和朋友有时还会让受过训练的斗狗去咬性情温顺的宠物狗，因为"他们觉得看'倒霉狗窝'的斗牛犬伤害或咬死其他狗挺有意思的"。[138] 他们组织的斗狗比赛累积赌金高达 2.6 万美元，生意足可盈利。

美国防止虐待动物协会纽约分会主席马修·博夏德克（Matthew Bershadker）就维克案先后发表观点，均强调了这一惨案中所涉及的欺凌行为。他写道，尽管今天斗狗行业在全美 50 个州都是非法买卖，却在全国各地区和各阶级屡禁不止。他指出了斗狗活动的关键欺凌元素："（斗狗）代表了对人与动物特殊关系的本质背叛。对狗讨好主人的渴望进行操纵，使狗长期处在严重的生理与心理痛苦之中，这是最令人发指的动物虐待。"[139] 该观点表明，该行径中所体现的权力不平等——主人将狗视作个人财产，或者可以说是个人奴隶，对其进行控制、威胁或操纵以使狗做出主人想要的行为。狗试图"取悦主人"，却无论怎么做也不能免遭令人发指的虐待和暴力。这种感受，校园中被欺凌的孩子会懂。

科学研究正在发现人类欺凌与动物欺凌之间的紧密联系。包括暴力罪犯和谋杀罪犯在内，欺凌者的罪恶生涯通常是从欺凌、虐待动物开始的。善待动物组织（PTA）的一份报告指出：

> 有研究表明，与非暴力罪犯相比，暴力罪犯幼年欺凌动物的概率更高。调查显示，持续虐狗虐猫的精神病人对人类也有相同等级的暴力倾向。一份新南威尔士报纸报道，澳大利亚警方研究发现："在受调查的性侵杀人犯中，100%的人曾有虐待动物历史。"学者认为，喜欢凌虐动物是连续杀人犯和强奸犯的一个重要特征。美国联邦调查局的莱斯勒（Ressler）表示："这些孩子从不觉得把狗的眼睛挖出来有什么问题。"[140]

该报告也称，被欺凌过而犯下校园谋杀罪行的孩子也曾欺凌动物，并跟同学谈起欺凌行为：

> 近年以来使校园震动的致命暴力案件大多是从虐待动物开始的。俄勒冈州斯普林菲尔德市的基普·金克尔（Kip Kinkel）、密西西比州珍珠市的卢克·伍德汉姆（Luke Woodham）等高中杀人犯在开枪扫射之前都曾虐待动物。

科伦拜高中学生埃里克·哈里斯和迪兰·克雷伯开枪打死了 12 名同学，之后饮弹自尽。他们曾对同学提到切断动物四肢。[141]

与之类似，殴打妻子或孩子的男人也通常会虐待动物：

> 新泽西州 50 个因虐待儿童而受到调查的家庭中，有 60% 的家庭有动物且动物也被虐待。另外三个研究中，遭受家暴的女性有一半以上表示施暴者曾威胁或伤害过家里的宠物。其中一个调查表明，四分之一的女性说她留在施暴者身边是因为不想留下宠物独自受虐。[142]

事实上，欺凌动物可以成为传递欺凌价值观的方式——人们通过这种方式学会欺凌他人，并认为欺凌是正常的、可接受的。欺凌人类的人也多会欺凌动物，这一事实可以证明动物欺凌与人类欺凌是紧密相连的。归根结底，欺凌就是欺凌，无论受害者是人类还是动物，行为都是相似的，都是由力量差距造成，都有威胁行为以及通常是暴力伤害的伤害行为，都意味着，如果我们能阻止动物欺凌，那么就能减少儿童欺凌行为，甚至人类欺凌行为。

动物欺凌的不同之处在于力量差距的大小。虽然无论是校园中还是公司中的人类欺凌者自身力量或权力都要强过受害者，但动物主人拥有的是"压倒性"力量——受害者是他们的个人财产。宠物及其他动物没有任何权利，其法律地位如同奴隶，使其受到的架构式欺凌严重而稳定。与临时工或短期合同工（奴隶就更不用说）遭遇的相似之处是，体制所决定的人与动物的力量差距大如鸿沟，潜在欺凌事实存在，并且经常转化为实际欺凌。一名斗狗行当拥护者告诉记者，狗是他的财产，所以他想干什么就干什么。大多数宠物主人不会说这种话，但他们作为主人肯定也具有超乎一般的力量，就像过去的奴隶主一样，因为狗是他们的财产。即便是亲切善良的主人也具有体制力量所赋予的潜在欺凌权。校园恶霸一定会理解斗狗业的捍卫者，因为他将操场视为个人财产，并享受作为执法者管教其他学生的权力，可以对别人为所欲为。

公司的环境欺凌与环境打击：农场内外

上一章讨论了公司如何欺凌员工、竞争者、消费者和政界人士。然而，公司也进行着针对动物的环境欺凌行为，以及针对植物的环境打击行为。几乎所有公司行为都涉及环境污染，可以视为自然打击，通常会对人类造成伤害，也会导致人类之间的欺凌行为。

这种行为是由架构所决定的机构打击与欺凌，因为无论公司高层个人是否对保护环境感兴趣，恶行都会发生（第一章我们讲到，公司经理可能本人并不是欺凌者，但还是会由于公司的需求而违心地实施机构欺凌）。由于第二章中探讨的竞争结构，机构打击行为不断发生，花必要的钱去保护环境的公司就会失去竞争优势——可能是因为花费巨大，有时还因公司所生产产品的特殊性而无法实现，从石油到工业化农业再到航天业，莫不如此。环境破坏是可以治理的，但资本主义生产的自身逻辑将自然资源变成了私人利益，将几乎所有东西变成了可批量生产获利的商品，这导致了不可避免的环境恶化。[143]

促使公司做出这种行为的是一种征服与统治的心态。公司将环境视为可拥有、支配和控制的财产。这与操场上恶霸的想法一模一样，但却与公司管理人士的个性无关，而是深入公司的骨骼，与生俱来。公司文化，以及公司洗脑管理者的成功与否，也会影响欺凌程度。

还有更多事例，从中可更明显地看出欺凌现象，其中最令人胆寒的就是我国工业化农业体制中所固有的欺凌元素。我们食用的动物有 90% 由泰森、嘉吉、斯威夫特、普度、荷美尔等工农厂巨头养殖，这些公司饲养动物是为了屠宰售卖，而该过程是环境欺凌的鲜明范例。皮尤研究中心一份报告显示："当今美国养殖食用动物的系统不可持续，对公共健康形成了难以接受的风险，对环境造成了损害，并对我们饲养以食的动物造成了不必要的伤害。"[144] 我们将要看到，所有这些行为都涉及环境欺凌，理由是这些行为威胁并强迫动物以一种可导致痛苦和伤害的方式生活，目的是使利益最大化。

该行业每年屠宰数十亿头动物。另一份行业报告对惨痛现状进行了总结：

> 奶牛、小牛、猪、火鸡、鸭子等动物的生活环境压力极大，而若这些动物反抗，就会遭受威胁和暴力的迫害：
>
> 将动物关在密不透风的棚屋或肮脏不堪的饲养圈里，空间狭小，动物甚至不能转身或舒适躺下。
>
> 禁止动物运动，以使其体能完全用于长肉、孵蛋或产奶，以满足人类消费。
>
> 向动物喂药，以使其更快长肉或在不可能生存的环境中生存。

修改动物基因，以使其产更多奶或下更多蛋。许多动物因为体重过重而瘸腿，或在距离食物和水仅几步的地方倒地而死。[145]

一旦这些动物可以宰杀，公司就会提高暴力等级。很明显，体制欺凌决定了动物必须受到统治和镇压，只要是能挤出来的利润，人类必会不择手段去挤：

食用动物终于长大可杀时会被赶上卡车，顶着各种恶劣天气运送到千里之外的屠宰场，通常不给水也不给食。挨过这噩梦之旅的动物将会被割喉，通常是活活割喉。许多动物在被丢进滚烫的除毛发池中时、被剥皮时、被拦腰斩断时还有意识。[146]

工业化农业不仅对动物实施残酷的欺凌，也对植物和土壤施行着严重的环境打击，行径包含了许多欺凌元素：以胁迫的方式获取利益与对其造成长期伤害的统治心理。此类打击行为比比皆是，包括使用危险化肥农药，以及采用单一作物制危险种植。单一作物制即是在同一片土壤上年复一年地种植单一作物，可以是玉米、大豆或小麦，而不交替种植不同作物以补偿土壤。单一种植在短期内是有效的，并有巨大利益，因此各公司以此为由实行该做法。蕾切尔·卡尔森（Rachel Carson）的批评性著作《寂静的春天》对工业化农业和农药具有先驱性意义。作者在书中指出，随着时间推进，单一种植造成的环境成本同样巨大。[147]自从这本经典著作面世以来，许多环境学家记录下了单一种植的危害。举例来说，单一种植让寄生虫有机可乘，使农作物更易受疾病感染，需要花费更多化石燃料和农药，这就进一步造成附近水体和土壤的污染。没有多种作物补偿关键土壤养分，单一种植也可能造成土地耗竭。此外，单一种植需要更多灌溉和化肥来抵消工业化农业的影响。[148] 实行有机种植的农民已经转而使用极其不同的种植耕作方式，但此类农民的生产规模通常较小，利润也相对较低。有鉴于此，"大农"们依然会使用"打击式科技"进行生产。

有趣的是，卡尔·马克思和弗里德里希·恩格斯等资本主义早期批评者大书笔墨，指出资本主义农业将会导致包括土壤侵蚀在内的重大环境破坏。社会学家、环境学家约翰·贝拉米·佛斯特（John Bellamy Foster）先后撰写多部重要作品，记录马克思和恩格斯对于环境开发和恶化的看法。[149] 恩格斯曾写道："而那最初的教训——一小批人对于地球的垄断……其不道德程度与其后所发生的地球买卖行为不可同日而语……地球是我们的唯一和全部，是我们生存的首要条件。将地球变成买卖对象，下一步就是将我们自己变成买卖对象……该行为过去是，时至今日也依然是唯一一种不道德程度可超越自我异化的行为。"[150]

由此可知，这两位最著名的资本主义批评家看到了剥削人类与剥削环境之间明显的相同之处。从恩格斯的评论可以看出，他和马克思认为资本家与劳动和环境各自的关系交织在一起，分析时很难分开来看：因为要征地，所以要征人，而环境的"营销论"或者说滥用环境也与欺凌人类同样严重。马克思和恩格斯将对人和环境的统治意识视为资本主义两个密不可分的基础。因此，讨论资本欺凌时说到统治和剥削时所使用的词语也可以用在动物欺凌上，对于包括庄稼和土壤在内的环境打击，也是生动的体现。两者都被体系所驱动，目的在于寻求短期利益和竞争优势。

然而，虽说公司的环境欺凌和环境打击大概在农田上体现最明显，但在农业领域之外也同样显著。任何一个领域的公司都会研制对环境有害的产品，研发过程也会使用破坏环境的方式，使得环境打击成了公司行为的长期特征。而且，公司的环境欺凌几乎与第二章中提到的，针对员工、消费者、竞争对手和政治人士的一般"资本主义欺凌"一模一样。不管我们讨论的是不是罪状最明显的欺凌犯——大型石油煤炭公司或者化学、制药、航空、高科技、零售等行业，所有公司都在持续地扩大生产，耗尽有限的资源——土地恶化、空气恶化、水源恶化，所有公司也都在成为导致气候变化的共犯。所有公司都为了利益而实行环境打击——体制如此，如果想在市场中存活就必须这样。[151] 在此过程中，这些公司还会提升人心中欺凌他人的倾向，比如说零售商将会对消费者人身健康造成伤害的食物、药物、汽车等产品廉价贱卖。上文说过，资本主义的环境打击一般会导致更多人类欺凌行为，无论是欺凌式生产流程的其他环节，还是贩卖对人类使用者有害商品的销售环节，都是如此。

美国市场对大多数环境影响视而不见，经济学家们将其称为"外部效应"。[152] 温室气体排放等环境影响是市场定价产品时根本不会考虑的成本（或利润）。生产商通常不用为污染付出成本，污染的效应也总是在生产流程结束后很长一段时间后才浮现。公司无节制地破坏土壤，开采煤炭、石油、天然气，砍伐森林获取木材，为了生产包装而制造塑料又倾倒塑料，将废水倾入江河湖海中（还记得奔流入五大湖的河流曾因污染而燃烧起来吗？），为了商业航空而耗费燃料。一些生产方式明明比其他方式破坏性要大，然而美国有权有势的公司们却可以让规章制度无效、污染税收很低，这样一来几乎所有公司的生产过程都可以去打击环境、伤害环境——而为这一切埋单的却不是公司本身。再次重申，对自然环境的打击经常会导致对人类的欺凌，人们会比着卖有害产品，或者为了躲避有毒水源、占领安全土地而反目成仇。

　　所有经济体制的生产过程都会对环境产生有害影响，但其中一些国家体制的问题较为突出。美国资本主义模式下，公司活动制造了高层次的环境伤害，究其原因：（1）公司无须付出代价；（2）公司寻求短期利益而不考虑长期成本；（3）美国生产过程是"攫取式"而非"再生式"的，即是说，公司攫取资源，报以废品，然而却不会让资源再生，使环境回到原来的样子，更不用说让环境更加健康。[153]

　　几乎所有大公司都在实行此类环境破坏行为，大多是环境打击而非环境欺凌。对于"农场外"的公司来说，这种打击也涉及很多欺凌元素，都和力量的不平等、统治和破坏有关。公司对环境和产品享有财产权，在法律范围内有法律权利和政治权利按照自身意愿去进行生产。美式资本主义的竞争体制要求的是对生产过程的低成本快速扩张，为了抢占市场份额、获取利益而对环境不加考虑，除非是法律有特殊要求。与其他欺凌行为相同，公司权力会带来伤害，对竞争对手的欺凌导致了对环境的打击。

　　由此带来的资本家竞争和人类欺凌反过来会再次导致对环境的打击，周而复始，恶性循环。公司忽略环境外部效应所进行的最低成本生产将对人类动物的健康与生命产生不良影响，于是形成了对人类和动物的欺凌。即时利益的驱使，催生了环境打击和环境欺凌，彼此增强，呈螺旋式上升，对人和自然环境形成更多伤害。

公司的打击和欺凌都反映着校园欺凌者的心理。将山炸开，将树砍光，将生产过程中产生的有害污染物和废弃副产品倒入人类水源体现了校园恶霸的心态。好像校园恶霸一样，公司一切行为的目的都是巩固权力位置，人挡杀人，佛挡杀佛。

气候变化：危急关头的环境打击

今天，只要谈到环境破坏，气候变化总是个终极话题。气候变化的现状，本身就是论证环境欺凌和环境打击观点的最强论据。气候变化也可支持"资本主义即是欺凌体制"这一观点，就像上一章所说，这所谓不足挂心的外部效应将会对人类文明和自然本身带来史无前例的后果。

越来越多的研究将资本主义与气候变化联系在一起，其中包括娜奥米·克莱恩的畅销书《一切因此改变：资本主义对战气候》，约翰·贝拉米·佛斯特的作品《生态裂谷》和《生态对战资本主义》，以及查尔斯·德伯（Charles Derber）的作品《从贪婪到环保》。气候变化与核战争一样，是有史以来对人类文明的最大威胁。如果我们还想有一分一毫的机会去控制气候变化所带来的恶果，就必须先了解其成因。[154]

资本主义的价值观和结构力量驱动着针对地球的破坏行为，想要缓解气候灾害就必须做出改变。环境和气候打击以各种方式导致着人类欺凌的加剧，我们也必须遏制其势头。就连五角大楼都曾指出，不仅是环境破坏，连同针对稀缺土地、食物或水源进行的人类战争在内，气候变化正在成为导致这些现象的一个关键成因，将会极大加剧国家和地区之间的军事欺凌行为。[155]

我们并不是要说，资本主义是实行环境打击或环境欺凌的唯一经济体制。资本主义也不是导致气候变化的唯一经济体制。前文已经说过，所有经济体制都对环境有有害影响，苏联、委内瑞拉和玻利维亚等社会主义国家也曾做出破坏环境的行为。但是，从历史上来看，气候变化是从工业资本主义于欧洲和美国扎根后才开始发展的，而美国今天实行的资本主义模型人均温室气体排放量居世界之首——目前为止还是这样！

我们已经据理论证，美国社会中所有经济领域的公司欺凌都在导致大规模的环境破坏，其中"居功至伟"的即是温室气体排放。世界观察研究所发现，通过工业化农业饲养供消费动物所排放的温室气体占到总量的51%，令人震惊，因此可知是气候变化发生的一个主要原因。[156] 想要真正遏制气候变化趋势，就必须从根本上改变我们的资本主义农业模式以及其他行业模式，终结资本欺凌。想要终结欺凌就必须培养一种新的社会和道德思维，也要鼓励更多尊重生命的经济机构与生活方式——其中之一就是转变饲养食用动物的方式，因为该方式是导致气候变化的最重要原因。

我们已经指出美国资本主义中导致气候变化的关键因素：市场对环境成本视而不见；公司采用低成本生产、忽视环境恶果以赚取竞争优势；金融市场驱使公司通过无限生产以换取短期利益最大化，以及由此而来的销量扩张和大规模消费主义；最后是私人财产至上、财富大于公众福祉的生活方式与社会观念。

我们已另行解释过资本主义的这些特征如何导致了环境变化，

因此这里我们仅重点讨论为何资本主义价值观和实践会导致对动物的欺凌以及对植物和自然资源的打击。这里有三个基本因素在发挥作用：美国资本主义体制的总体思维、体制的基本价值观，以及市场思维和体系所决定的公司行为。

资本主义思维的基础就在于统治。其目的是控制市场和社会来为持续性的权力和利益创造条件。资本主义下的所有个体都是为了争夺统治权，若非如此，体制就会实行优胜劣汰，将其换成更乐意争夺统治权的竞争者。[157]

气候变化是统治思想的一种延伸，所笃信的正是人类对于自然不受限制的统治。西方资本主义哲学正是围绕着统治的概念而构建，因此很难想象包括人与自然关系在内的任何关系会不以权力为基础，会不制造权力层级（自然本身即会创造力量关系，但毫无疑问，人类因自身所累积的超强力量而让这种层级的规模和影响进一步扩大）。一些文化（尤其是古文化）所创造出的哲学是以与自然和谐共处为基础的，会将人类看作是生命生态平衡的一部分，共同生活在这个由成千上万独立物种所组成的星球上，没有任何一个物种处在统治地位。[158] 这些文化不一定能终结所有环境欺凌或环境打击，举例来说，美洲印第安部落的文化就不大以统治为导向，但依然从事对水牛等动物的捕猎活动（一些人认为该行为是对动物的欺凌，但这种捕猎进行得很有节制，能够维持自然生态平衡）。不过，不奉行统治至上主义的文化导致气候变化的可能性较低，因为该类文化会"扪心自问"：人类是否有能力、有必要去统治自然世界？人类又是否有资格、有权利去进行环境打击？[159]

气候变化所体现的是一种力量与控制的思想——如我不能控制，

也绝不留给他人控制。暴力等一切手段都被用来获取和巩固控制权。我们强调这一方面是因为这就是所有欺凌行为的核心思想，校园恶霸正是本着这种思想在学校里划出了一片小小的统治区，与人类对全自然的统治如出一辙。统治本身是不需要理由的，欺凌者获取力量，对对手、弱势学生、弱势物种使用力量，无须找理由为自己的行为辩解。这就是欺凌世界的"自然法则"。

　　资本主义统治导致了统治环境和自然世界的想法，其思想背景扎根于资本主义文化中心，将环境打击和环境欺凌合理化。最本质的思想即是人类中心主义。人类位居物种层级顶层，这就意味着权力形态与自然排序必然是人类控制其他物种。这一定论即是统治思想的内核。也是欺凌的关键成因，因为导致欺凌的原因是力量差距以及因层级和统治而来的对力量的滥用。不是只有资本主义才奉行人类中心主义，但人类中心主义与资本主义体制紧密相连，大概比其他任何体制都要紧密，因为利益思想和竞争统治的重要内涵就是对自然的统治。资本主义经常被认为是社会达尔文主义，资本主义的理论学家正是基于后者而宣称：正如生物进化的适者生存一样，一切社会和自然关系都反射着适者的生存和统治——适者是自然与上帝所挑选的统治者，所以也要统治环境。[160]

　　社会达尔文主义的总体思想以及适者统治的思想，植根于至少三个更具体却依然很核心的资本主义价值观中：第一，私人财产的概念，市场和私营企业的所有价值观都以其为基础。资本主义将财产概念推及环境与自然世界，认为自然纯纯粹粹就是私人所有物，并可以在市场上售卖。这里的自然包括了土地、空气和水，以及所有非人类物种。如果这些元素可以被私有化，成为人类的所有物，那么人类物主就可以依法控制自然，也就可以为了一己私利强加应用，方式也就可以是环境打击和环境欺凌。[161]

认为自然是所属物，主人有权打击或欺凌——这种想法的合法性或者说行为的必要性，即是气候变化现象产生的基础。如若不然，大自然会被认作是"公有物"的一部分，不必受人类统治、占有或利益的控制。因为欺凌和打击来自资本主义关于私人所属或私人财产的法律框架，所有人才能像统治私有财产一样，统治动物和全自然（符合社会准则）。[162]

财产的概念在资本主义中是一个关键概念，根据财产概念，价值观和财富只有在私人所有的体系里才成立。其他的经济模型中，私人财产是受到限制的，而且在创造价值和保护环境中提出了这一命题：环境为公有物，不受私人控制。然而，私人财产体制中价值只能由市场和私人有者创造，所谓公有物并不合理：既然不是私人所有，就不能具有或创造价值。正是因为这种想法，"最本质的"资本家认为只有公有物被摧毁，地球被私有化，自然中的一切才能产生价值，也就是说，只有私有化才能产生真正的财富。打倒公有物是气候变化的本质成因，也是动物欺凌和环境打击的成因之一。

当然，校园欺凌者并不一定拥有任何学校财产。但归根结底，他创造出的是一种他是唯一重要物权人的校园秩序。换句话说，欺凌者手握的是控制权与服从权。他将自己视为操场上的"自然"统治者，并利用自身力量将该看法强加在所有"弱势"的同学身上。归根结底，这就是社会达尔文主义，反射出的是更大的资本主义世界的结构特点，只不过没有成文的法律规定而已。

资本主义各体系的第二个具体价值观是增长。这个概念也植根于资本主义意识形态的哲学模型与结构模型之中。至少到目前为止，资本主义不可以是静态或静止的，不可以是没有增长的体制。竞争结构要求资本家尽量通过降低生产成本、加快生产速度、提高生产效率的方式去掌握统治权，毁灭对手。增长的生产意味着增长的市场份额，也意味着竞争的削弱。达尔文的生物进化即是竞争使强者消灭弱者，于环境而言，也就是人类统治剥削非人类的动物物种和全自然。[163]

至少从今天的增长观来看，无节制的增长会引起气候变化。生产越是扩大，所需要摄取使用的有限资源就越多，耗费的能源就越多，排放的温室气体也就越多。即便在一个能量可完全再生的完美体系中，商品增长为我们的资源有限的星球所带来的压力也将导致自然恶化。[164]

以不破坏自然的其他方式重新认识增长，这是有可能的，但必须来自美国资本主义所不具有的两种驱动力：首先是公有物的增长——教育、舆论、集体，以及至少在富有国家中终结私人物品的增长。[165]想在美国做到这一点极其困难，因为只有私人市场所创造的才叫财产，政府或公共单位所创造的则不能叫。事实上，如同著名经济学家约翰·肯尼思·加尔布雷思（John Kenneth Galbraith）所说，美国缺乏一种对于公共物品的坚定信念，也不认同所谓"公共物品的缺失"，但实际上这才是美国社会的一大缺失。[166]

其次，想要实现非环境破坏、不需要打击或欺凌的增长，就必须实行再生式而非攫取式的生产流程。[167]因此，任何对自然环境的攫取都必须以此为结构：生产完成后，废品可循环利用，自然资源可再生以使生态平衡。美国资本主义很难实现这种流程，因为会对许多不同形式的低成本生产产生限制，不能满足短期投资者的需求。再生式增长所需要的是一种长期的经济框架，能够承认攫取式生产因环境外部因素而产生了真正成本，并向着一种生态更平衡也更稳态的生产模式转移。

美国模式所认知的增长是与欺凌紧密相关的。增长与对力量的主张和扩张充分交织，而对力量的主张和扩张正是欺凌的核心目标。校园中，欺凌者对增长的胃口之大可谓贪得无厌。他削弱敌手以尽可能地控制学校，接下来还可能统治街头和家附近。同样的胃口与力量齐增之趋向，在公司欺凌中甚至更为显著，公司总是在寻求扩大市场份额，尽可能地打倒更多竞争对手。

美国资本主义体制的第三个核心价值是消费主义。[168] 该体制的生存与消费主义息息相关，如果消费者个体的需求下降，整个美国经济都会"瘸腿"；而如果人们的消费胃口急剧萎缩，美国经济将会轰然倒塌。美国经济总量约 70% 由国内消费需求所推动。不停扩张的消费主义不但能够拉动经济，也是导致气候变化、环境打击和环境欺凌的关键因素。越多人消费，我们的星球就越危急。

消费主义对美国资本主义极为关键，支持着史无前例的气候变化将会带来的环境破坏。[169] 美国模式之下，我们无旁路可走，因为除军事以外的政府公共投资和消费行为都被视为非法行为，被视为社会主义的苗头。[170] 政府在扩大教育、健康或环保基建方面所进行的投资消费，也就是公共需求，只要花费达到一定规模就会被认为没有必要、多此一举，因为只有市场能够创造财富而国家不能。由此，增长与繁荣的发动机必须只能是美国消费者，身负着支撑经济发展和促进气候变化的双重重任。

第二章已经解释过，资本主义的消费主义是如何产生欺凌的。

消费主义公司文化导致了炫耀式消费，一种区分有权内部集团和无权外部集团的强有力方式。这种机制在校园内极为常见——内部集团欺凌外部集团。社会中也是如此，上章说过，购置豪宅、大把珠宝或游艇的高消费群体抱成一团，踩低过不起奢华生活人群的地位。

不受限制的消费主义推动了扩张行为，后者又推动了资本主义的环境打击与环境欺凌。扩张就意味着要萃取更多资源，实现更多增长，耗费更多能源，产生更多废品。扩张使得公司欺凌有利可图，让公共物品无据可依，让不可持续的私人物品消费名正言顺。

对于环境欺凌所导致气候变化的讨论必须考虑到如下因素：不仅是动物、植物或自然资源，人类自身也受到环境破坏和气候变化的严重威胁和损害。今天，人类中首当其冲的是穷人，尤其是发展中国家的穷人，可以说是受到富裕国家通过环境打击和气候变化所带来的政治欺凌。资本主义环境打击及其所导致的气候变化（环境打击损毁土地，导致干旱或洪水，进而又导致了相关机构对弱势和穷困公民的欺凌）清晰地表明，环境欺凌也是经济公正的问题，能够体现全球的权财不平等。当然，美国的穷人及其他富有国家也面临着同样的命运，同样也能体现美国社会的极大权财差距。[171]

当今，无论在美国还是发展中国家，最弱势的人类是穷人。人有钱才能逃离危险地区，才能前往高地，在食物和水稀缺时才能凭钱买到，才能在大部分不够富裕的人危在旦夕时依旧过得很好。再者，最有权力的精英们也会制定导致气候变化的政策，并在气候变化带来环境破坏后借此欺凌穷人。

新奥尔良州的卡特里娜飓风便是这一行为的惨痛教训。科学家认为，是气候变化所导致的水温变暖和风力变强致使飓风更加具有破坏性。汹涌的洪水造成了下九区史上最严重损失，而下九区正是穷困有色人种的聚集地。他们的家园被摧毁，宠物被淹死，老人病人失去生命。大量居民被迫逃离家园，警方将他们安置在新奥尔良体育馆。居民们只有供量不足的水、食物和医疗服务，生活在炎热拥挤、容易致病的难民营里。因为新奥尔良市政府预算不足，没法重建社区，在长达数月的时间里不能让居民回到家园，许多穷人被迫永远离开这座城市。与此同时，新奥尔良富有白人的财产和健康却几乎毫发无伤，不用被迫离开城市。即便有富人自愿暂离，也得以很快回到家园，重新投入生产生活。飓风将城市大大"洗白"，至少 20 万贫困人口被流放他乡，这是气候变化所带来的惨痛环境冤案。[172]

只要看过电视上新奥尔良灾难中的景象，就不会怀疑，穷人受到了官方的欺凌。早在卡特里娜之前，布什政府无视陆军工程军团的几次紧急请求，多次削减了防洪坝的资金，而防洪坝本可以防止洪水的蔓延。由此可清楚看到，环境欺凌与政治欺凌是相互关联的。精英们创造了环境，让城市和最底层的居民受罪。人们断粮断水，站在屋顶上挥旗求救，脚底是被洪水吞没的家园。然而他们的求救却常常徒劳无功，这鲜明地反映了警方、当地政府和国家领导人的欺凌行为，以及联邦应急管理局（FEMA）的冷漠无情。信教的领导们宣称新奥尔良的穷人活该被欺凌，然后更落井下石，提出上帝是在惩罚市民，因为是市民将新奥尔良变成了"罪恶之城"。[173]

从全球来看，今天因气候变化而受灾的人口大多居住在贫穷国家，例如地处低洼的孟加拉；或者炎热地区，例如非洲和中东。这些地区的人民遭受着干旱、饮用水匮乏、作物歉收的折磨，被迫迁往其他地区，进而造成了新的土地或用水争端。五角大楼官员及其他旁观者认为叙利亚、伊拉克等国的骚乱是由当地的气候变化所导致的，达尔富尔和卢旺达的种族灭绝也是如此。[174]

富裕国家正在欺凌贫困国家，命令后者制止会导致气候变化的增长，否则就要扣留发展援助、外国投资等资金投入。然而，即便所有国家马上大幅减少二氧化碳排放，将重担压在本身已经很穷而且并不是气候变化元凶的国家身上也是明显不公平的。富有国家通过化石燃料工业化一手制造了危机，才应该付出代价，掏出大量国际资金来替所有人化解这步步逼近的灾难，而这笔钱应该来自富人的赋税以及国际资金交易和烟尘排放税，用于资助贫困国家的绿色发展。富有国家最大的能源公司及其他碳排放污染源头才应该拿出类似于马歇尔计划的绿色资金，对高人均碳排放量的较富有国家进行大规模公共投资，建设新清洁能源基础设施，尤其是美国。

与所有欺凌相同的是，减少环境欺凌最终是一个公正问题。我们基于社会学想象力的新欺凌范式可以看出，该问题植根于围绕着军国资本主义而建立的不公正社会。想要减少环境欺凌等欺凌行为，必须要转变因不公正而得利的经济体制和政治体系。

这并不只是学术问题。无论是贫穷还是富有，有一些国家已经开始将宪法权利赋予自然。2008 年，厄瓜多尔将动物以及植物、土壤、空气、水，甚至河流和森林的权利写入宪法，必将在法庭中得到捍卫。宪法写道："自然，或说帕查玛玛（Pachamama）[1]……有生存权，必须得到尊重，同样需要得到尊重的还有其维护和再生重要生态循环、结构、功能和进化过程的权利。每个人、每个集体、每个国

---

[1] 帕查玛玛（Pachamama）：印加神话中的大地与时间女神。

家、每个民族都可向政府当局提出要求，满足自然的种种权利。"[175]来自不同国家公民社会的 3 万名代表也通过一份《公民协议》肯定了同样的原则，该协议于 2010 年在玻利维亚世界气候变化公民及地球母亲权利会议上拟定。[176]

自然权利的概念也在欧洲和美国引起注意。欧洲一些机构正致力于将生态灭绝定义为违反国际法的罪名，美国数个城市首先积极响应。2010 年，匹兹堡市议会通过了禁止萃取天然气的条例，声明自然在该市有"不可分割的根本生存权与发展权"。[177]

自从 2000 年以来，美国律师托马斯·林西（Thomas Linzey）一直专门从事帮助美国社区（多数位于宾夕法尼亚州乡村地区）制定地区性条例，禁止工厂式农场、水力公司等污染公司在该市进行经营活动。尽管各大公司操纵州立法机关，成功通过一道法律宣称此类地区活动违法，还是有超过 100 个社区团结起来、共同前进，目的是为了捍卫社区禁停公司的权利，并在当地保护自然所应享有的权利。[178]

此举显然可能引发一场世纪辩论，焦点即是宪法权利以及谁有权行使宪法权利，同时也将挑战美国宪法由来已久的神圣私人财产权。随着气候变化的加剧，越来越有力量的环境学家和平民百姓群体与宣称自己具有公司人权和财产霸权的各大公司将因生存问题而对立起来。这样的对立将决定的不仅是资本主义的未来，也是人类命运以及成千上万其他物种的生死存亡。

第四章

军国主义欺凌：超级大国与校园欺凌

当今世界，各国穷兵黩武，前所未有地针锋相对。我们眼见着天底下最强权国家最丧心病狂的欺凌行径：俄罗斯对波罗的海各国的威胁、对乌克兰的侵犯；以色列占领加沙和约旦河西岸；阿拉伯什叶派和逊尼派之间的威胁和血战；巴基斯坦和印度之间就克什米尔地区而进行的核威胁。还有美国，当今世界的压倒性超级大国，在布什"主义"和奥巴马"主义"的带领下，对中东各国及其他美国视作威胁或恐怖主义的任何国家进行威胁、空袭、入侵和占领。[179]

军国主义社会是国家成为欺凌国家的必要条件。如果一个国家武装力量强大，并且作为超级大国行使着这种强大的军事力量，那么就一定会去欺凌弱小的国家。毕竟，之所以要建立强大军事力量，最首要的目的就是对其他国家进行威胁、恐吓和攻击。目标是展示国家实力，抢夺物资领土，磨刀霍霍胁迫弱国服从，满足其优越感——这种优越感包括位居人上以及武力逼服的满足感。

在这个军国主义世界中，单一民族国家的大型竞赛与校园操场上的角逐并无二致。本章将讨论世界上军事力量最强大的各国——尤其是最强的超级大国美国——如何像最强大的校园恶霸一样欺凌他人，只不过规模要大得多。

军事欺凌不仅仅体现在对外政策上。美国国内军事武装的警力以及庞大的羁押体系联起手来，针对本国国民犯下的欺凌罪恶可谓罪大恶极。本章将分析美国对外政策中所含有的军事欺凌元素，下章则将评论如瘟疫一般通过警察、监狱、其他国家胁迫手段等"镇压机器"进行的军事欺凌，针对的主要是美国贫困人群以及有色人种。

如本书首章所说，资本主义社会的军国主义造就了一种双重打击，将体制欺凌的两种结构成因融合在一起。本章将研究的是军国主义如何构成了资本主义内部欺凌力量的一部分，使得美国军国资本主义中冉冉升起的体制欺凌愈演愈烈。

超级大国和校园欺凌（上）

我们已经论证过，欺凌的根源是力量差距。每当一个国家（或者如 ISIS 这样自封的国家）使用优越的军事力量对别国进行威胁、恐吓或袭击以使后者就范时，该国所进行的就是一种"架构式"欺凌或者说体制性欺凌。欺凌者并非个人，而是国家及其武装力量。国家领导人本人并不一定是疯子，也不一定"特别爱欺负人"，而是体制要求他们必须这么做。[180] 奥巴马总统当选时是一位和平候选人，被认为是励志、冷静而富有同情心的人，然而他的行为与包括乔治·W·布什在内的前任总统们并无差别。军事欺凌根源在于体制结构，领导人的性格可能有所影响，但到了最后都将沦为机构命令的附庸，这也体现了以心理学范式研究欺凌的薄弱之处。

如上结论对于帝国主义超级大国可谓是一针见血——拥有世界级统治军事力量的霸权国家，其体制力量压倒了领导人的性格倾向。欺凌国家倾向于打造富有雄性魅力的领导人，安德鲁·杰克逊（Andrew Jackson）和泰迪·罗斯福均是例子，皆因进攻和战争而"流芳千古"，然而像伍德罗·威尔逊（Woodrow Wilson）和巴拉克·奥巴马这样性格要温和得多的总统也是对着同一部欺凌剧本唱戏。这种现象体现的是军队等精英阶层的首要体制利益，他们的权力和利益不会因个人性格而转移。[181]

迄今为止，美国具有全世界最强大的军事力量，仅 2015 年五角大楼就花费了 5000 亿美元，[182] 比我国所有潜在敌国加起来还要多（这还不包括伊拉克和叙利亚战争、CIA 其他拨款，以及发展核力量所花费的一万多亿美元）。只要军事力量的巨大差距存在一天，结构欺凌的对立局面就将继续存在。即便美国不高调威胁别国，其巨大的军事优势也会对其他各国形成压迫与限制。换句话说，即便该国本身并无此意，军事力量的不平等依然会具有欺凌效应。

21 世纪以来，诸如乔治·布什总统和副总统迪克·切尼在内的新保守主义者不断倡导发展美国国力，几乎毫无节制，目的是为了确保他国绝无可能挑战美国的统治、反抗美国的威胁。众多经典宣言写入了这种想法，例如威廉·克里斯托尔（William Kristol）和罗伯特·卡甘（Robert Kagan）成立的新保守主义组织新美国世纪计划（PNAC）于 2000 年发布的《重建美国国防》。[183] 该文宣称："当前美国没有国际敌人。美国宏大战略的宗旨应该是在未来尽可能长的时间里保护并扩大这种优势地位。"[184] 该计划呼吁美国建设军事力量"以能够在多场战争、多战区同时作战的重大战争中作战，并取得最终胜利"。[185] 因此必须进行大规模的军事力量建设，包括增进美国的"核战略优势"，[186] 并制订总体军事计划以"保护并扩大……美国军事力量的优势地位"，并"履行塑造关键地区安全环境的'警务'职责"。[187]

美国军方政界均痴迷于发展万无一失的欺凌力量，以确保没有国家敢于挑战。9·11 事件仅仅 9 天之后，新美国世纪计划组织向布什总统发出一封信，敦促其"即便没有证据显示伊拉克与袭击事件直接相关，任何旨在消灭恐怖主义及其支持者的策略都必须包含决绝的努力，必须去除萨达姆·侯赛因在伊拉克的权力。如不能实现，就是对国际恐怖主义战争的过早投降，甚至是彻底投降"。[188]

换言之，美国必须入侵伊拉克，必须推翻与 9·11 毫无关联的敌对政权，尤其是萨达姆·侯赛因政府，因为他胆大包天，海湾战争以来一直在反抗美国的强权行为。新美国世纪计划组织毫不避讳地表达了这样一个观点——国际舞台与校园操场非常类似，欺凌者必须捍卫自己的统治，确保任何发出挑战的人最后都将服从，无论对方其实是多么弱小——"如国防力量不能达到要求，真正严重的后果是导致美国国际领导地位的削弱，失去对美国原则和美国繁荣尤其有利的世界安全秩序"。[189]

布什总统密切贯彻这一方针，投入大笔资金进行军事建设，入侵阿富汗和伊拉克，在世界各地壮大美国军事力量，表现出了他与切尼副总统誓要称霸学校操场的决心。

强大军事力量与欺凌的关系显而易见，在今天大众媒体的报道和人们的日常聊天中，只要谈到军事和世界事务，"欺凌"这个词总会自动冒出来。尤其是提到俄罗斯、中国、叙利亚、伊朗等对手，以及基地组织、ISIS 和任何国家的恐怖组织时。然而，学术界研究欺凌时却鲜少分析军事大国针对他国进行的欺凌行径。这体现了该领域中心理学范式所占的优势，以及心理学范式的局限性。大型军事强国欺凌别国，并通过暴力文化以及勇士形象将欺凌价值观灌输给国民。军国主义导致了本国内成年人与未成年人中间由来已久的欺凌问题，所有军事化社会都是如此，但在军国资本主义社会中尤为严重。

为美国外交政策辩护的人认为美国的军事干预与欺凌正好相反，他们眼中的美国军事力量是在稳定世界秩序，打击恐怖主义，推行文明价值，保卫弱势国家。[190] 包括布什和奥巴马在内的此类人还会宣称美国有权利也有义务去单方面针对他国使用力量，名义是自我防卫或者监管保护世界、传播自由的道德责任。[191]

与之相反，世界上许多国家将美国视作地球上的最大恶霸，为了达到自己的目的、建立起统治地位而运用军事力量威胁、恐吓或袭击他国。有投票表明，中东、拉丁美洲、非洲以及亚洲大部分人民对美国感到恐惧，认为美国是对他们国家的最大威胁，也是对和平的最大威胁。当亨利·基辛格（Henry Kissinger）说"权力是最强力的春药"[192]，他说出的是世界诸多人民的心声，他们认为美国领导人和美国本身就是最大的欺凌者。

我们须指出，大多数军事强国，尤其是超级大国和霸权国家，通常会积累并运用军事力量以巩固自身的统治地位。我们对于欺凌的定义是使用优越力量去建立控制和统治地位，这与上述行为不谋而合。然而，如同上文所说，军事强国几乎总能为自身行为找到理由，可能是道德理由也可能是宗教理由，认为自己运用军事力量是为了保护、稳固他国，为他国带去文明，而不是为了统治他国。[193] 在某些情况下这种说法可能是成立的，例如多国联合起来打击 ISIS，但在我们看来，更常见的是强国为了维护、稳固并扩大自身力量与统治地位而进行的欺凌。当然，这种结论总会掺杂对军事行为背后动机进行的主观臆测。

情况很复杂，因为美国等霸权欺凌国家经常对其他国家或群体发动攻击——伊拉克、伊朗；ISIS 和基地组织，而这些国家或群体本身也是令人发指的欺凌者。弱国也在以自己的方式进行欺凌，然后强国再去欺凌弱国，造成一种欺凌的恶性循环，2003 年布什总统入侵萨达姆统治下的伊拉克即是鲜明的例子。据称，美国动摇了这位独裁者的欺凌行径（以及据称他所掌控的潜在核威胁），但此举也是为了在关键地区保卫石油资源以及美国力量。然而，通过推翻萨达姆政权、废除他的逊尼派武装以及逊尼派长期以来在治理伊拉克方面所发挥的作用，华盛顿为 ISIS 和基地组织等团体在阿拉伯半岛的崛起提供了条件，该类团体在萨达姆时期的伊拉克和叙利亚本不存在。一些流离失所的逊尼派成了新恐怖力量的核心，最终导致了 ISIS 的产生。及至 2015 年骇人听闻的巴黎恐袭，ISIS 在西方成为最新的全球头号威胁以及欺凌敌人。

导致战争的美国军国主义被粉饰为针对独裁欺凌者萨达姆·侯赛因进行的打击行动，却造就了更邪恶的欺凌力量 ISIS，这很能说明一些问题。这就是霸权欺凌所造成的后果。即便其目的是为了推翻欺凌者，仍会导致各地霸权力量的发展，并必将带来新的占领、战争及恐怖主义。尽管美国不是唯一的国际恶霸，却的确造就或促进了一些国家或恐怖集团的发展，对美国自身和该国当地人民均造成了严重威胁。

相互矛盾的主观信念，不知谁才是真正的欺凌者，我们由此可以了解军事欺凌国家和校园恶霸之间存在的相似之处。就像第一章所说，谁在欺凌，什么行为是欺凌，要判断这些问题总是会有主观成分。被认为是欺凌者的学生往往会说自己的行为是正当的，因为他们受到了威胁或攻击。他们可能宣称，是他们太厉害而弱势学生太嫉妒。他们还可能会说，他们是在维护秩序，调解争端，只不过行为稍微过了火。一些欺凌学生（及其家长）说，他们是自我防卫，或者是在保护学校的价值观，对行为不合规范或违反校园价值的学生进行惩治。学校被多方言论所淹没，无从判断谁是欺凌者，欺凌行为是不是被动的、正当的，甚至连欺凌事件中到底发生了什么都搞不清楚。到了最后，欺凌总是一种罗生门，无论在校园操场上还是国家战场上。

欺凌国家和被欺凌国家的控诉和反控诉与校园环境中的家长和学生是一样的。上面提到过，欺凌国家说他们运用武力是为了恰当、合法而光荣地进行自我防卫、维持秩序、保护价值观及保护必要的社会制度。英国的借口是"白人的负担"，美国的借口是替天行道。霸权国家宣称自己是在惩治不符合文明要求的野蛮国家和不道德国家。本章的重点是，如果对军事恶霸与校园恶霸进行比较，你会惊奇地发现二者之间的相似点比不同点要多。

超级大国和校园欺凌（下）

想要理解军事欺凌，我们必须从心理学范式转移到社会学想象力范式。社会学想象力着眼于体制欺凌，以及体制欺凌如何塑造了个人欺凌。既然美国是世界上的超级军事大国，我们就将继续对美国进行重点讨论，但我们也承认，包括美国实施过军事打击的萨达姆·侯赛因和一些弱国本身也是可怕的欺凌者。

不过在重提美国问题之前，我们先来细观军国主义国家的行为与语言。霸权主义或帝国主义的意识形态不过是校园欺凌者准则的宏观版本。秉承这种原则会让欺凌者（也就是超级大国）赋予自己一种控制权，可以决定打击谁、什么时候打击。与校园欺凌一样，这种关系的形成有赖于欺凌者所拥有的优势力量，或者说是欺凌者做决定的权力，而做出决定的内在原因欺凌者最懂。没人有资格抗议他的行径，不服从他的命令，他不需要任何许可证。

欺凌国度在整个地球层面上遵循效仿着校园欺凌那一套公式。强国不断针对弱国行使威胁、恐吓和暴力。欺凌国家会为自己的行为找各种道德理由、战略理由，但归根结底，是因为自身有足够力量，才能为所欲为。而被欺凌的国家，就像被欺凌的孩子一样，只能二选其一：要么乖乖听命，要么忍受持续的威胁和最终的攻击。

自从第二次世界大战后，包括英国在内的欧洲帝国崩溃倒塌，美国成了全世界的军事最强国。针对美国的霸权主义有很多讨论也有很多争论，但没人会质疑德国、日本以及后来的苏联相继倒台后美国军事实力的长盛不衰。"二战"结束后，美国动用这种军事实力在各大洲欺凌各国，而对此记述最有力也最精确的是诺姆·乔姆斯基的众多作品。

9·11之后不久，乔姆斯基进行了名为"美国——全球欺凌者"的演讲，演讲中提到：

> 将近 200 年以来，美国驱逐或者说在大多数时候消灭了许多原住民，那可是数以百万计的人民。美国征服了半个墨

西哥，对加勒比海及中美洲大行掠夺，征服了夏威夷和菲律宾（其间残杀了10万菲律宾人）。自从第二次世界大战以来，美国的手在世界上越伸越长。然而，战争总是在别国，被屠杀的也总是别国人……

世界在不同人眼中有不同的样子，你是持着鞭子还是被鞭打了好几个世纪，是不同的。可能这就是原因——为什么其他国家的人也认为九月袭击很恐怖，但看待这一事件的角度却与我们不同。[194]

乔姆斯基所描述的"二战"后欺凌包括美国为了巩固霸权而对大小国家实施的干预行为，包括美国在尼加拉瓜、萨尔瓦多、洪都拉斯、古巴及中美洲几乎每一个国家进行的干预，目的是建立或扶植独裁者政权。独裁者指使暗杀小组及其他形式的国家恐怖主义，背后依靠的正是美国的支持，作为回报，将自己国家放在了美国的手掌心里。此举为美国公司运营创造了友好环境。[195] 在门罗主义的保护伞下，干预行为即是对试图脱离美国控制的任何国家或反对行动进行欺凌式威胁。这样的民族主义对于霸凌美国造成了最大威胁，主要由各大洲穷困人民所构成的民主与大众控制的幽灵即将袭来——美国建立血汗工厂，将一定资源和利润送回本土，并认为该行为是正确的，而反抗行为是对正确行为的进犯。民族主义抗争行动，从尼加拉瓜的桑地诺解放阵线（Sandinistas）到萨尔瓦多国民解放阵线（FMLN）游击队，都可以视为是对自身权利的维护，而校园恶霸对此绝不会容忍。他们对挑战自己的学生进行威胁殴打，正如同美国对任何国家或尼加拉瓜人、萨尔瓦多人、危地马拉人、洪都拉斯人所筹划的所有民主起义进行的镇压。[196]

乔姆斯基表示，美国为了维护全球霸权地位，对各大洲都使用着同样的欺凌力度。然而，虽然乔姆斯基的权威评论最为全面也最有说服力，但他绝不是记述美国欺凌的独一家。只要想想其他写过美国军国主义的作家，查默斯·约翰逊（Chalmers Johnson）、丹尼尔·埃尔斯伯格（Daniel Ellsberg）、史蒂芬·金泽（Steven Kinzer）、安德鲁·巴切维奇（Andrew Bacevich）也是其中几个较著名的。担任过很长时间《纽约时报》总编的国际记者史蒂芬·金泽曾在其作品《推翻：美国一个世纪以来造成的政权变迁，从夏威夷到伊拉克》中记录了美国主导的 14 次军事干预和政权变迁，都与欺凌模型相吻合。[197] 其中包括了 1953 年中央情报局推翻经过民主选举产生的伊朗总统穆罕默德·摩萨台，只因后者不愿在伊朗油田问题上屈从美国的指令。书中也提到了乔姆斯基曾描述过的美国在中美洲进行的多次干预，不仅是尼加拉瓜、萨尔瓦多和洪都拉斯，还有小国格林纳达和巴拿马。这些小国被迫服从美国在"我们地区"的经济与政治统治。另一个例子是 1973 年，美国推翻了民主选举产生的智利总统萨尔瓦多·阿连德，后者拒绝就采矿公司所有权及智利经济规划问题屈从于美国的命令，其后被杀。1954 年，美国驱逐了民主选举产生的危地马拉总统雅各布·阿本斯（Jacobo Arbenz），后者想将联合水果公司的香蕉园国有化，经美国施压后仍不退缩。阿本斯的罪过就在于，他拒绝接受将危地马拉定位为"香蕉共和国"的欺凌，并因此招来杀身之祸。[198] 一名亚马逊读者在阅读金泽的作品后写道："美国现在可能是国际校园里的'老大'，但绝不该成为国际操场上的'黑老大'。"[199] 可以这样总结金泽对于美国对外政策的审视：为了一己之利和公司利润而使用并滥用权力，成为在各大洲上实施威胁和入侵行径的超级大国，改变政权，任务达成，不需要道歉也不需要许可证。

布什总统和奥巴马总统都曾声称，总统有权对世界上任何一个他们认为是威胁的国家进行先发性或防御性的打击——如今主要的威胁是伊斯兰恐怖主义。尽管奥巴马经常运用多边主义的修辞来进行掩饰，但实际上他跟布什一样，经常在不获取他国同意或美国国会同意的情况下抢先行动。包括耶鲁法学教授布鲁斯·阿克曼（Bruce Ackerman）在内的许多学界知名学者曾指出，奥巴马声称自己有宪法赋予的权力，可以仅凭个人判断全权发动攻击或战争，那么实际上他的执行权已超过了布什。阿克曼写道："奥巴马先生现在牵头的是一场无止境的战役，从伊拉克到叙利亚，可能持续多年。如果这都不叫发动'敌对行为'，什么叫？"他继续表示，奥巴马"行为所依据的主张是，总统作为最高指挥官有单方面对外宣战的权力……人民选奥巴马先生当总统是因为他承诺终结布什时代对于执行权力的滥用，然而他迈出了这一步，那么不仅背叛了两次选他当总统的大多数人民，也背叛了他发誓要捍卫的宪法"。[200]

美国的军国主义领导人却被许多强烈反对校园欺凌的美国人捧成了英雄，若是校园恶霸看到这一幕，怕会嫉妒不已。然而在现实中，校园恶霸和军队领导人进行的都是随心所欲的欺凌，只不过一个在微观层面，一个在宏观层面。

核欺凌

随着美国进化为世界上最强大的军事帝国，世界承受的是更加危险的欺凌方式。"二战"末期，一种极其危险的军事欺凌形式出现——世界进入了核时代。1945 年，美国使用第一枚核弹攻击他国，将广岛夷为平地，意在逼迫日本投降。不久之后，美国在长崎投下了第二枚核弹，成千上万日本人失去生命、承受辐射，目的是为了快速结束战争。许多历史学家认为，核打击是为了阻止俄罗斯在日本投降前到达日本，就投降条款对日本实施欺凌。加尔·阿尔佩罗维茨（Gar Alperovitz）发现证据可证明，广岛原子弹投放之前日本正在进行投降谈判。[201] 但哈里·杜鲁门（Harry Truman）总统宣称："是上帝让我这样做。"一段视频采访中，他誓死为自己的决策辩护。他说："那枚核弹是日本投降的原因，也是战争结束的原因。爱哭鬼们想说什么说什么，必须要做出个决定的人，不是他们。"[202]

这是史上唯一一次，一国以核威胁的方式对另一国进行欺凌，并且真的兑现了这种威胁。从军事欺凌策略的层面上来讲，很难想象还有比这更残暴的手段。该事件作为大规模杀伤性武器时代军事欺凌恐怖后果的证据，永不会被遗忘。

没有任何一个国家对别国实施过核打击，然而美国在核欺凌中却持续发挥着特别的作用。鲜为人知又难以忽视的真相是，在广岛长崎事件之后，几乎每任美国总统都曾用核打击威胁过他国，扛着种种宽泛且不断变化的主义大旗，为美国对外政策中至关重要的核武器使用进行辩护。

校园恶霸可能霸占地盘、朋友或其他能帮助他继续欺凌的资源，他人则无权拥有可用来反抗欺凌的资源。真正厉害的欺凌者甚至会控制人们的思想，绝不允许任何人质疑他的欺凌权。2015 年，奥巴马政府与伊朗"谈判"以阻止其发展核武器。就像其他所有欺凌者一样，美国给了伊朗"难以拒绝的许诺",以及不言自明的进攻威胁。共和党及其他敌对党攻击奥巴马和国务卿约翰·克里,说他们退让太多。然而大众媒体却几乎对一个关键问题避而不言:美国是世界上唯一一个使用过核武器的国家,拥有的核武器也超过其他国家之总和,这样一个国家,是否有权裁定别国不该拥有核武器? [203]

军事分析人士约瑟夫·格森(Joseph Gerson)和约翰·费弗(John Feffer)指出,二战以来,核欺凌是美国总体军事战略的重要部分。他们认为:

> 最近60年以来,美国使用核军火库的方式有五种,常常一环扣一环。第一种很明显是战场使用,"战场"概念很大,包括了广岛和长崎的人民。学界已达成一致观点,认为结束对日战争本不必要首先使用两枚原子弹。设计原子弹是为了满足美国核军火库的第二个功能:通过高调威胁美国的敌人及盟友(用前国务卿兹比格涅夫·布热津斯基[Zbigniew Brezinski]的话来说是"各诸侯国")以设定全球(混乱)秩序的各项因素。第三个功能由哈里·杜鲁门于伊朗北部阿塞拜疆危机中首次应用,其后又在美国对亚洲和中东各国的战争以及柏林危机和古巴导弹危机中频繁使用,即是说:威胁敌国将首先发动核打击,以使其在恐怖震慑下就美国可接受的条款与美国进行谈判;或者说,像布什对伊拉克战争中那样,是为了确保处于绝望状态中的政府不会拿起化学或生物武器进行自卫。自从苏联加入了核俱乐部,美国军火库开始发挥第四项作用——用前美国国防部部长哈罗德·布朗

（Harold Brown）的话来说，是要使美国的核力量成为"有力的军事和政治力量手段"。诺姆·乔姆斯基解释道，布朗的意思是说美国明里暗里不断使用各种核威胁是为了恐吓他国，目的是断了别人使用军事干预手段来帮助我国决意要打击的国家的念想。[204]

杜鲁门之后，下一位使用核威胁的总统是德怀特·艾森豪威尔。1954 年，法国殖民军队与胡志明的民族主义者在越南奠边府最关键一战打响的前夕，形势明朗，胡军将胜。为帮助法国继续控制越南，艾克提出赠送巴黎两枚核弹。幸运的是，法国人是明智的。他们意识到，决不可接受核欺凌。他们拒绝接受艾森豪威尔的核弹，然后输掉了战争。然而，他们拯救了世界，使其免遭另一场核灾难。

艾森豪威尔还实施过其他核威胁。上世纪 50 年代，中国曾想要收复金门、马祖诸岛，艾森豪威尔政府直言不讳地表示，美国随时准备使用核武器来控制台湾。1955 年 2 月 20 日，国务卿约翰·福斯特·杜勒斯（John Foster Dulles）宣布，美国正在严正考虑在金门马祖地区使用核武器。次日，艾森豪威尔总统本人声称，"可以用原子弹……就像用子弹一样。"[205]

为维护冷战优势而强调使用核武器，这是艾森豪威尔"新面貌"战略的一部分。"新面貌"主义强调，核武器比传统兵火要便宜，这是事实。艾森豪威尔主义则将结合核威胁的推广使用，使得美国通过核欺凌确保霸权地位成为一种原则式手段。[206]

越战时代，艾森豪威尔之后继任的约翰·肯尼迪、理查德·尼克松等总统也曾对别国发出的核威胁。最有名的核欺凌事件是 1963

年的古巴导弹危机，当时肯尼迪总统威胁，如果苏联不撤出其秘密安置在古巴的数枚导弹，美国就会对苏联进行核打击。肯尼迪手底下最鹰派的顾问鼓吹应马上对苏进行先发核打击，而其他顾问也积极认为如果赫鲁晓夫不撤出导弹，肯尼迪应该对苏联进行核打击。肯尼迪本人明确表示，如果苏联企图穿透美国部署在古巴周围舰队所形成的海上封锁，他离宣布战争就又近了一步，使用核武器的可能性也就又强了一分。后来一架美国间谍机在古巴上空被击落，对苏核攻击几乎势在必行，若不是赫鲁晓夫同意移除导弹，几将成谶。许多人认为，这是肯尼迪一次成功的核欺凌。然而，鉴于苏联本身也在实施欺凌行为（暗中在古巴部署导弹违反了已有协议），造成了全球战争的空前威胁，许多分析人士认为，在那一刻发生核战争的概率已经达到三分之一。[207]

导弹危机之后，美国在同时代实施过的最过火的核欺凌是尼克松总统对越南北部发出的多次核武器打击威胁。尼克松奉行"疯子理论"，认为自己能够说服胡志明美国真的会对北越使用核武器，因为总统已不能自控，使用核弹的冲动越来越强烈。尼克松威胁道，他将用核武器轰炸海防港，让越南大部陷入滔天洪水。

1972 年春，北越军队进犯美军，其时尼克松对基辛格说道：

> 我们要动手了，我要毁掉这个该死的国家。相信我，该毁就得毁。而且我还得说，该用核武器就得用。虽然现在还不该用，但我就是说啊，我告诉你，要是真走到那一步，我是愿意的。所谓"用核武器"，我意思就是说，我要把北越的命都炸没，谁要是敢插手，就也威胁对他用核武。[208]

一周后尼克松再次与基辛格交谈，继续抒发同样的看法：

> 尼克松：我宁愿用核弹。你准备好了没有？
>
> 基辛格：我觉得用核弹过分了。
>
> 尼克松：就一个核弹你都不行？……天啊！亨利，我就希望你能往大处想！你跟我唯一的分歧就是轰炸这件事。你怎么就非得考虑平民？我就想也不想。我就不关心。
>
> 基辛格：我考虑平民是因为我不想世界因为你是个屠夫而反对你。[209]

罗纳德·里根总统治下，核主义变得更激进。里根大幅提升了军事支出，并认为美国应建立一面保护盾，以使美国可以有理使用核武器而不怕别国会做出相等的报复。里根相信，他可以通过欺凌的手段让苏联在全球范围内全面退却，然后再激苏联为赶上美国的疯狂军事升级投入大量武器资金，从而使苏联国库空虚。核武器也是里根军事战略的关键一环，赞成杜鲁门和艾森豪威尔起头的先发核打击就是一种体现。随后，乔治·布什总统也敞开怀抱拥抱了这一策略。

《原子科学家公报》撰文称："这是自从罗纳德·里根第一任期的冷战回潮以来，美国国防政策最突出核武器的一次。"[210]9·11事件后不久，布什在其《核态势评估报告》中阐述了核欺凌政策。约瑟夫·格森和约翰·费弗认为："《报告》重申了美国在战争中使用先发核打击的决心。首次指名道姓地提出了七个头号核目标：俄罗斯、中国、伊拉克、伊朗、叙利亚、利比亚和朝鲜。"[211]

奥巴马主义与欺凌国度

2014 年 9 月 3 日，奥巴马总统在联合国进行演讲，阐述了"奥巴马主义"的具体内容，明确程度更胜往日。其内容并不令人意外，无非是他将在叙利亚和伊拉克开展一场新战争，而伊拉克本来就已经遭受了 25 年多的美国军事欺凌。总统还特别提到了来自极端伊斯兰组织 ISIS 的威胁，ISIS 已占领了伊拉克和叙利亚北部和西部的部分地区。他说道：

> 我知道许多美国人为来自 ISIS 的威胁所困扰。今晚，我希望大家知道，美利坚合众国正以力量和决心应对着此等威胁。上月，我命令我国军方进行针对 ISIL（ISIS）的专门行动，以停止其继续进犯。自那以后，我们已在伊拉克实施了 150 次以上的成功空袭。
>
> 首先，我们将对这些恐怖分子进行一系列、系统化的空袭战役。我们将与伊拉克政府合作，扩大努力范围，不仅保护我国人民、进行人道主义任务，也将在伊拉克军方进行进攻的同时打击 ISIL 目标。此外，我已经明确表示，我们将追捕威胁美国的恐怖分子，直到天涯海角。也就是说，就对于叙利亚和伊拉克的 ISIL 采取行动而言，我绝不会犹豫。这是我治国的核心原则——如果你威胁美国，你将无处藏身。[212]

最后一句是演讲的关键，换句话说是这样的："作为总统我最重要的信条就是，美国有权对世界上任何国家进行军事打击，只要我认为应该打击，只要我认为该国是个威胁。"

这观点并不创新，自从美国建国起，历任总统就一直奉行这一原则。但就陈述观点的方式来看，还是有些意思的。首先，这句话喊出了欺凌者惯用的语言："我才是控制者，我能威胁任何地方的任何国家，而且我还不用获得任何人的许可。"总统声明一言千钧，因为，就像校园恶霸一样，他是有权力真正去实施威胁的。

其次，总统明确表示，在美国看来，整个地球均受美国力量的制约。任何国家都是美国光明正大的军事打击对象，依据就只有美国总统对于该国威胁的判断。这使得全球成了美国的校园操场，美国则是操场上的校霸老大。

再次，奥巴马发言使得美国仅凭借"威胁"即可进行的欺凌行为合理合法，而该"威胁"在当前形势下便是"恐怖威胁"。"威胁"就是欺凌者本人精神世界中的货币，而欺凌者的惯用伎俩就是不断使用残酷无情的威胁。奥巴马基本上是在说，世界充满了欺凌者与想要成为欺凌者的人，无论是国家还是非国家组织，比如 ISIS。是因为有了其他霸凌国家和组织的存在，才使得美国可以光明正大地去威胁别国、对别国使用军事力量。

总统最终要说的是，国际体系就是一座霍布斯式丛林，而他说的并不完全错。各国及许多非国家组织是欺凌者，也只听命于更强的欺凌者。唯一想要存活和成功的方式，就是比别人更强硬，欺凌别人以使其服从。这差不多就是校园恶霸看世界的方式：要生存，要成功，你就必须成为这块地盘上最强的男人。

总统也在别处声明了自己的权力——不需国会授权而发动他所预见的新长期战争。他宣称，9·11 事件之后，2001 年和 2002 年允许乔治·W·布什发动战争的授权协议应该也使他（奥巴马）有权做出行动。然而，他此前曾提出，协议已不再对新战争具有法律效力。因此，他基本上就是在说，他想打仗并不需要联合国、美国盟国、美国国会或美国人民的许可。[213] 这与校园恶霸的逻辑纹丝合缝：我的行为不需任何人的许可，因为我有权为所欲为。

无人机的研发为奥巴马提供了科技手段，可以在全球范围内实施欺凌行为，对美国人民不形成太多危险，但将全球平民的生命置于严重威胁之下，令他们可能被作为"连带损伤"而丢掉性命。无人机使美国有能力轰炸全世界任何国家，而不用提前宣战。使用无人机的借口经常是"打击恐怖组织"，然而在现实中，无人机袭击可以是欺凌任何国家以使其臣服于美国种种要求的手段。无人机的首次应用是在9·11事件以后的阿富汗，其后又在伊拉克、叙利亚、也门等中东国家，利比亚、索马里等非洲国家过度滥用。其中在也门造成的平民伤亡最为严重，2012年9月的一次空袭造成了当时在小镇市场的12名平民死亡，其中包括一名怀孕妇女和一个12岁的孩子。空袭后，也门平民曾说："我们活在持续的恐惧中……没人能保证，我们不会成为下一个袭击目标……美国政府应该来这里亲眼看看他们伤及的是什么目标。"[214] 无人机被证明是美国这类欺凌霸权国家的完美武器——就美国而言，无人机造价不高，避免了美国军人的伤亡，威胁的是平民，而且在全世界范围内制造恐慌，对全球各国领导人施加了巨大的压力，逼迫他们臣服于美国的种种要求。

奥巴马总统还为该行为编织了一种强大的道德话语。他着重指责 ISIS，这斩首了数名西方记者的极端恐怖组织。奥巴马指出其他欺凌者是野蛮的恐怖分子，而同样是欺凌者的美国却是好人，因为美国拯救世界于他们创造的水深火热中。[215] 单一民族体系中挤满了欺凌国家和欺凌组织，他这句话说的当然没错，但他同时也持这一观点：美国将最强大也最致命的欺凌行为视为"核心原则"，同时还可以站在道德高地上——这就有失偏颇。人们只要看看 2014 年 12 月 9 日美国参议院发布的关于中情局虐囚事件的详细报告，就会知道。这份报告有数千页之巨，记载了中情局长期实施的刑讯事例：水刑、"直肠灌食"、剥夺睡眠、强迫在押犯在有自己粪便的地板上裸体坐躺、狠推囚犯撞墙使其骨折甚至死亡、将囚犯裸体关押在寒冷的牢房中（一些囚犯冻死）。这份报告清楚表明，美国正在接受"野蛮"敌人们的道德标准。[216] 中情局的审讯主管说这些手段都是为了行使"对在押犯的全面控制"，[217] 这可以说明刑讯是可以想象到的体制欺凌最极端的形式。美帝国主义的对外政策与校园欺凌者隐含的心态不谋而合，从本质上来讲是将权力等同于正义。

越南、军国主义以及欺凌文化：国家服众力、永不退缩以及永不示弱

越南战争时至今日依然是军国主义欺凌的最鲜明例子之一。越战揭示出许多军国主义文化的真相以及国际关系的真正要旨。越战可以表明，军国主义国家是如何在世界事务中推行欺凌行径，它们又如何与校园恶霸具有相同的价值观与行为。

法国对越南实行的长达一个世纪的殖民占领中，美国一直在提供支持。"二战"以后，法国与胡志明领导的反殖民力量在越南作战，大部分资金也是由美国提供的，直至 1945 年胡志明在奠边府的关键

一役中击败法国人，取得了胜利。

美国随后继续欺凌胡志明政权，逼迫其将国家分成了北越南和南越南，并安插了一名名叫吴庭艳的傀儡军事独裁者，在其治下南越成了美国的地区友好基地。艾森豪威尔总统曾承认，如果吴庭艳掌权时美国曾允许越南进行选举，"可能有 80% 的越南人民会投票给共产党胡志明，选举他成为人民的领导人"。[218] 民众痛恨吴庭艳的独裁统治，为使后者加强武装以打击恐吓民众，华盛顿提供了数以亿计美元的资金。诸如此类，为美国打造或扶植的冷酷军政府提供支持，是美国整个冷战期间对外政策的典型特征。[219]

20 世纪 60 年代，在授权刺杀吴庭艳后，约翰·肯尼迪派 1.5 万名顾问到南越维护军政府的掌权。吴庭艳的残暴让肯尼迪颜面尽失。不久之后，肯尼迪自己也被刺杀，接替他的是林登·拜恩斯·约翰逊（Lyndon Baines Johnson），后者在北部湾挑衅后，对北越宣战。及至 1967 年，约翰逊以强大的海上力量为后盾，将美军人数扩容到约 70 万人。然后这支军队没能取得胜利，于是约翰逊辞去了总统之位，理查德·尼克松接掌国家，威胁胡志明将对越南首都河内使用核武器，并威胁将要对北越撒下漫天花雨般的炸弹袭击，数量超过"二战"中使用炮弹的总和。这一残暴威胁虽然没有成功，仍是现代军事历史上所罕见的冷酷欺凌，几乎摧毁了越南本身。一名美国将军在提及顺化时曾说过一句很有名的话："为了拯救顺化，我们必须毁掉顺化。"

就像校园恶霸一样，美国为了欺凌当地人民无所不用其极。美国空军参谋长柯蒂斯·E·勒梅（Curtis E. LeMay）将军曾说："我怎么解决？告诉越南人他们要不乖乖听话，我们就把他们炸回石器时代。"[220] 事实上，这种态度成了美国指挥官和士兵的统一心态。那时越南游击队员潜伏在农村里，因此越南人民本身也成了敌人，想要取得胜利就必须以极端暴力欺凌他们，以使他们服从：

> 村民们会为国民解放阵线提供人手、食物，还会帮他们埋地雷。美国军人最怕的就是地雷，然后就是埋伏。军人们巡逻好几周，平安无事，放松警惕，然后就被地雷爆炸或者埋伏的游击队打个措手不及。被激怒的军人会回到刚巡逻过的最近的村庄，被种族主义的怒火驱使着，对村民实施残酷暴力。跟一国人民打一场彻底战的后果就是，所有越南人都是可以杀的。其中最有名的案例（但绝不是唯一的案例）就是 1968 年 3 月的美莱村屠杀，查理连队（Charlie Company）在厄尼斯特·梅迪纳（Ernest Medina）上尉和威廉·卡利（William Calley）中尉的带领下残杀了 350 名手无寸铁的妇孺。[221]

一名军队精神医生后来报告道："卡利中尉曾表示，他并不觉得自己是在杀害人类，他只觉得那些是不能说话也不能讲理的动物。"[222]

这种态度在驻越美军之中很是普遍。一位名叫詹姆斯·达菲（James Duffy）的机枪手曾这样描述一起与美莱村事件类似的事件：

> 我掉转机关枪口对准一群农民，对他们开火。幸运的是，枪之前打过一两轮，堵了。真是挺走运，因为这些农民其实

是政府雇来清理现场的工作组，当时大概 50 米外就有大兵在保护。可我当时冲昏了头，就想杀越匪，就想杀他们。后来我还心有余悸，怕的是如果动手就违反了那条不成文的规定——想干什么都行，但别被抓到。我想，美莱村就是这么回事儿。那伙人干的就是我们在那儿干了十年的事，只不过他们太倒霉，被抓个正着。[223]

约翰逊在 1968 年辞去职位时，美国的败势已经十分明显。然而尼克松拒绝接受失败，加大了威胁与暴力的攻势。尽管大势已去，他不可能胜利，还是不带任何恻隐之心地继续使用更加残暴的手段，不断重申：美国不能退缩，美国一旦退缩将会危及的是国家与世界的安全。约翰逊总统曾在 1964 年表示："只要在一个战场上投降，就会在所有战场上败退。"——这与校园恶霸的想法分毫不差。[224]

历史学家加布里埃尔·柯尔克（Gabriel Kolko）对约翰逊和尼克松的话做了进一步阐释。柯尔克认为，两位总统都是为了美国在全球的统治地位而努力。想要维护统治，就不能略微示弱。只要退缩就暴露了美国不过是"纸老虎"这一事实，而且还是被北越南这种弱国的领导人打败，那么美国的权力和地位都将轰然倒塌。[225] 用当时的话来说，会引发一场"多米诺效应"，该地区所有美国控制下的国家会纷纷起来，挑战这头"纸老虎"。

柯尔克认为，美国在越战中志在必得的是一种"服众力"。一个国家是否能服众，是通过其在敌国等所有国家身上获取的恐惧和尊敬来衡量的。美国想要能服众，就必须不择手段降服越南以及可能起来反抗美国的其他国家。而如果美国退缩，在越南民族精神的鼓励下，其他国家也会发生叛乱。用肯尼迪总统的话来说："现在我们的问题是要证明我国的权力，而越南就是证明的地方。"[226]

校园恶霸一定能懂这种"永不退缩"、用尽一切力量的概念，因为这就是恶霸维护个人统治地位和权力的方式，分毫不差。校园恶霸的统治地位与权力，也必须建立在服众力的基础上。

换句话来说，国际关系游戏就像是一场懦夫博弈。懦夫博弈是我国一个历史悠久的高中游戏，两个学生来到乡村道路上，各驾一辆车冲着对方开过去。谁先打转向、离开路，谁就输了。谁能眼都不眨，正面对撞，谁就赢了。

美国在越南就是在玩一场懦夫博弈，对手是胡志明和苏联。博弈的目标即是获得服众力。哪个国家"眨眼"了，退缩了，就失去了信誉。哪国想要保全力量，就别无选择，必须不择手段欺凌对手，保证所有敌人会首先退缩，接受超级大国的统治和服众实力。用约翰·克里（John Kerry）的话来说："必须有人要死，这样尼克松总统才不会成为他自己口中的'第一个战败的总统'。"[227] 助理国务卿约翰·麦克诺顿（John McNaughton）曾在 1965 年这样总结美国在越南的目标："美国的目标 70% 是避免作为担保人的名声因战败而蒙羞。"[228] 再换句话来说，要不惜一切代价确保没人敢在你头上动土。

校园恶霸玩的正是同一场游戏，懦夫文化与对服众力的追求组成了最关键的价值结构。校园恶霸想要保持权力，就必须从不在任何一场战斗中退缩，绝不示弱。只要一次退缩示弱，他的信誉就将毁于一旦，进而带来多米诺效应，波及至学校每条走廊每处场地，鼓励别人对校霸进行挑战嘲讽。这是不能容忍的，因此校霸与超级大国一样，绝不眨眼，要不择手段征服消灭地盘上的所有挑战者。

　　懦夫博弈和信誉的概念为我们提供了思路，以此去思考国际军事体制与军国主义文化的架构。体制的运行方式就是权力竞赛，而服众力就是第一要义。游戏的目标是要维护服众力，以及这种服众力所带来的所有力量。无论是国家之间还是校园之中，欺凌的核心文化正来源于此。核心价值便是权力与服众力，这要求欺凌者永不退却、永不示弱。强硬与恐惧是王国中的流通货币，为了统治取胜而最不择手段、最强硬的人，就是恶霸。

第五章

奴隶之国与恶霸之乡：种族与军事化欺凌

美国的军国资本主义集种族欺凌与阶级欺凌于一身，而军事化的国内警察欺凌如同美国对外国军事化欺凌的镜面映像。两种欺凌都由美国精英阶级实施，具有相同的目的：巩固对国内外低等种族和阶级的控制。美国的全球力量有赖于对世界大量贫困有色人口进行的全球体制性欺凌，而同样的贫困有色人口在国内也遭受着最残酷的军事化欺凌。就像校园欺凌一样，美国的国家欺凌用精英管理思想来使欺凌正当化，也使种族层级和阶级层级中的潜在偏见正当化。校园恶霸会说："我有权控制你，因为我更强、更聪明也更酷。"而通过警察和军队实施权利的美国官方也对国内外的贫困有色人种使用着同样的辩词——"我们更努力，我们已经证明了自己的才能，我们将自己的文明秩序和价值观强加你身，这是上帝的旨意"。

本章我们将从历史的角度对军事化种族欺凌进行分析。我们将说明，自从建国以来，种族就是军事欺凌的一部分，无论在美国本土还是其他国度都在进行。种族军事欺凌是美国军国资本主义基因的一部分，从对印第安人进行种族灭绝到奴隶制，从吉姆·克劳（Jim Crow）到21世纪体制化的种族主义，已成了美国及全球公司秩序的一部分。种族灭绝、奴隶制、种族隔离、因排外情绪而排斥出生国不同的人，如果这些行为不是欺凌，那"欺凌"这个词还有什么意义？

"唯一的好印第安人就是死了的印第安人"

最开始，即便自己还是个英国殖民地时，美国就已经种下了军国主义帝国的种子，肆无忌惮地随意降伏其他国家人民，尤其是其他种族的人民。自从英国白人渡过大西洋抢走了北美原住民的土地，美国就成了英国的附属地。因为印第安人没有枪，不懂什么叫作私有财产，也不信基督教，他们就被看作是低等种族、弱势种族、未开化的野蛮人。定居在北美的外来者就像校园恶霸一样，认为可以对美洲原住民及其土地为所欲为。起初时，英国人企图奴役这些原住民，但没有成功。因为欧洲人带来的疾病，原住民数量减少，而没有染病的人则逃往白人不熟识的地方。

白人定居者基本上是在大西洋的这一边复刻了英国文化，但随着日子越过越好，他们也发展了自己的产业、商贸网络以及人脉资源。于是他们感觉，自己再也不需要祖国了。英国的一系列动作导致了美国独立战争，其中最初的动作就包括《1763 年公告》[229]，该公告限制了白人越过阿巴拉契亚山定居。不管英国人究竟如何看待印第安人，但起码短期来看，英国的干预是在保护印第安人及其土地免受白人定居者侵害。《独立宣言》中托马斯·杰斐逊对英格兰国王（其实是英国国会）做出的控诉之一就提到，英格兰国王"妄图鼓动边境居民——铁石心肠的印第安野人"。[230] 美国一朝独立，白人继续西上，蚕食原住民土地的势头一发不可收拾。他们认为自己的行为完全合理，因为是在"替天行道"，跨越大洋，打通大洲。[231]

校园恶霸总告诉你不要"敬酒不吃吃罚酒"。墨西哥拒绝允许美国白人将他们的奴隶带进德克萨斯州，然后又拒绝以3000万美元的价格出售北部海岸（今加利福尼亚州），于是，作为对墨西哥这种"不识抬举"行为的回应，美国对墨宣战，用武力抢走了墨西哥近一半的土地。华盛顿更"慈悲为怀"地给了墨西哥1500万美元的回报[232]，数额当然是由美国强制规定的。

"我们如何'赢得'西部"的历史众所周知，在此不需赘述。北美原住民被枪指着，快要被饿死，在这样的欺凌下终于签署了各项条约，"自愿"将其领土拱手让给了白人当局。如有抵抗就骑兵伺候。如果白人定居者需要土地来种田，如果土地上发现了金矿等珍贵矿藏，如果拟建的铁路需要穿越该地区，那么即便有条约规定该土地属于印第安人，也会被撕毁。就像拉科塔酋长红云（Red Cloud）的泣血控诉，"他们做下许多承诺，多到我记不住。然而他们只信守了一项承诺——他们承诺会拿走我们的土地……他们做到了"。[233]

尽管美国最初岁月的历史埋藏许多惨痛真相，世世代代的美国人却是看着牛仔电影长大的，电影中北美原住民被塑造为野蛮恶霸，攻击无辜的白人定居者，烧毁他们的农田家园，用箭射穿他们的心脏，用战斧剥掉他们的头皮。只有约翰·韦恩（John Wayne）这样的演员扮演的勇敢主人公能够摆平这样暴虐的野蛮行径，重塑自然秩序——白人理所应当高高在上，印第安人理所应当低低在下。这就是权力与阶层的欺凌层级。

当然，从白人的角度来看，被原住民攻击的危险是真实存在的。然而，双方对彼此形成的威胁却并不平等也并不对等。从约瑟夫

（Joseph）酋长的投降演讲中我们可知原住民被美国白人欺凌到了如何绝望的地步：

> 天气寒冷，我们没有毛毯，幼小孩童快要冻死。我的一些人民已逃往山中，没有毛毯，没有食物。没人知道他们身在何方——可能也要冻死。我没有时间去找我的孩子们，我想知道，我还能找到几个。或许我将在死尸中找到他们。族长们，听我说！我已疲惫；我心疲惫，我心已死。太阳在上，我将永不再战斗。[234]

"没人在地里唱歌"

17世纪初，北美原住民未能适应白人的奴役，于是白人转而将魔爪伸向非裔。据估测，约2000万非洲人被迫离开家乡，被运过大西洋，身陷奴隶交易，其中半数还没到达美洲就死在了"中途航道"之上。[235] 一个幸存者这样讲述他在中途航道运输船上作为人肉货品的经历：

> 我知道，现在自己再无一线机会可回到祖国……岸上囚室恶臭扑鼻，稍微停留都很危险……但现在这条船的货物都关在一起，环境更是极其不健康。空间密闭、气候炎热，船中人又太多，拥挤在一处，连转身的空间都没有，我们几乎要窒息……每个人都汗如雨下，各种恶臭交织在一起，让人不能呼吸。奴隶因此染病，多人死亡——在我看来，他们

是因为买主的贪得无厌而死。这惨状又因锁链擦伤而雪上加霜，如今已难以承受。同样雪上加霜的还有污秽不堪的恭桶（厕所），孩子总是不小心掉进去并窒息。女人的尖叫和将死之人的呻吟让此情此景的骇人程度难以想象。[236]

幸存的人一旦到达美洲，就成为待买卖的商品。他们被剥夺了身份、信仰、语言、文化与历史。那个时代似乎也流传下一些描述一种"良性奴隶制"的画面，画面中黑人高高兴兴地在田地里唱歌。当然，还有一些奴隶很认主人，并认为自己的低等地位是顺应自然的，合乎礼法的，就好像被欺凌的人也会对欺凌者产生认同感一样。然而，即便是"善良"的主人，将奴隶视为"家人"的主人，也手握着潜在的欺凌权。无论主人是怎样的人，奴隶知道自己身为财产没有权利，如果"僭越"，主人总可以将其卖给他人或者对奴隶更严苛。

所罗门·诺瑟普（Solomon Northrup）是一个自由黑人，他被抓并被迫为奴超过十年，后来在《为奴十二载》中讲述了自己的经历。他笔下的种植园并不太和美，欺凌也有发生：

> 白天天刚亮，奴隶的双手就必须在棉花田里劳作。每天只有十或十五分钟得闲——中午时吃下自己那份冷培根。除此之外，奴隶必须一直工作，直到天黑不见五指、满月挂在天上。好几次，我们劳作到半夜……一天的田里劳作结束了，篮子被……搬到轧棉厂，在那里给棉花称重。不管多么劳累困顿，不管多么渴望睡眠休息，奴隶来到轧棉厂时提着的不是一篮棉花，而是一篮恐惧。如果这篮棉花重量不够，如果

他完不成指派给他的任务，他知道自己必将受苦……违旨的责罚不外乎是鞭打，于天亮后在宿舍前面执行。然后，又一天的恐惧和劳作就开始了，直到暮色将合才有休息的机会。[237]

白人也受到奴隶制的欺凌。比如说，奴隶制不允许相对慈善的奴隶主教育他们的"财产"，以确保奴隶不会了解种植园以外的生活后就有信心想要去争取独立。教奴隶识字是一项罪名。帮助奴隶逃走或者收留叛逃奴隶，是一项联邦罪名。自从内战以来，南部一直试图保卫"各州权利"，宣称北部利用联邦政府来欺凌南方人，逼迫南方人抛弃自己的文化、生活方式和经济基础，抛弃他们认为是上帝或自然所确立的种族秩序。然而，内战前夕，南方人并没有保卫各州权利，而是设法对国家政府进行更多控制，企图利用政府来欺凌北方的奴隶制反对者，加强自己的"特殊体制"，并对此毫无内疚之情。

尽管有人认为良性种植园是存在的，但奴隶制仍然是一种经济欺凌体制，让白人上层阶级大发横财。

在南方上层社会，奴隶买卖比种植烟草利润还高。奴隶价值不一，根据身份、年龄从 50 美元到 2000 美元不等，但值钱的奴隶可以非常非常值钱……棉花成了关键作物，国家命脉中的关键收入来源。一段时间里，密西西比河狭窄河岸上的百万富翁比整个国家其他地区的加起来还多。棉花的利润高到令人发指。及至 1840 年，棉花出口价值比美国全部其他出口产品的总值加起来还要高！因此，除了土地本身，奴隶成了全国最有价值的东西。[238]

吉姆·克劳还活着

内战的直接后果是，北方军队暂时占领了南方。那段时期名叫"重建"期，南方白人一想起就咬牙切齿，重建期是一段穷困、屈辱而堕落的时期。南方人看着自己的生活被翻了个底朝天，被迫实行北方人那套违背自然的怪异秩序。北方人的"暴行"包括企图赋予前黑奴完整公民权，甚至允许黑人从政。黑人和富有同情心的北方白人认为重建期是为了努力保护刚解放的黑人免受此前遭受过的欺凌，而南方白人认为自己在这段时期内遭受了贪婪北方人及其黑佣的残忍欺凌。从这两种不同的看法可知欺凌的概念有多么主观。

重建期结束，北方军队撤退，此时联邦政府不允许南方白人恢复奴隶制。然而，一种全新设计的欺凌体制取代了过去的种族层级，剥夺了黑人大多数公民权利——种族隔离，昵称是《吉姆·克劳法》。种族隔离有一系列的规则：（1）黑人儿童和白人儿童不得上同一所学校，（2）黑人和白人不得使用同一个厕所或饮水机，（3）饭店中黑人服务员不得与白人服务员服务同一片区域，（4）黑人不得主动与白人握手，因为该行为含有种族平等的暗示，（5）在公共汽车上，黑人必须坐在后排，（6）黑人不得接近白人妇女。[239] 就这样，有权有势的白人恶霸制定了书面规则以确保黑人仍是附属品，这样的行为与年轻的欺凌者在校园中制定不成文的规则极为相似。

南方的正式白人警力无疑是支持《吉姆·克劳法》的，但还有一些私人暴力民兵为种族隔离上双保险，尤其是三 K 党（Ku Klux Klan）。《国家的诞生》经常被认为是史上最伟大的默片，片中将三 K 党塑造为光荣的英雄。影片结尾，几行戴着兜帽的党员用枪口抵着数名黑人，阻止其进入投票亭。影片所暗示的是，三 K 党皆是英勇子弟，南方需要他们来阻击恶毒的欺凌者——也就是重建期来到南方的北方人及其对白人妇女充满无耻肉欲的黑人爪牙。如果没有三K 党，这些入侵者（野蛮人）就会欺凌白人妇女使其屈服。影片主张的是北方白人和南方白人应该团结起来，"保卫雅利安人与生俱来的权利"[240]——这种话德国纳粹也会说。保卫雅利安人与生俱来的权利，最保险的方式就是将敌人私刑处死——从 1882 年到 1968 年，总共3446 名黑人被私刑处死。[241]

一段漫长的民权运动后，法律规定的种族隔离被废止。然而，及至 2011 年，"白人家庭收入的中位数（是）黑人家庭的 20 倍"，自从 21 世纪初开始，白人家庭与黑人家庭的收入差距一直在急剧拉大。[242] 今天，种族形象定性和警察对黑人的骚扰行为依旧是例行公事，2014 年在密苏里州弗格森市被射杀的手无寸铁的黑人男孩迈克尔·布朗就是明证。[243]2015 年，同样是手无寸铁的年轻黑人艾力克·加纳（Eric Garner）在纽约斯丹顿岛被警察锁喉，也是明证。视频记录中，加纳在尖叫："我不能呼吸了，我不能呼吸了！"[244] 警察杀死手无寸铁的年轻黑人，在全国各地都有发生。这一极端警察欺凌夺去了数条人命，"黑人的命也是命"。而这只是穷困黑人聚集地日常发生的众多种族欺凌行为中的一种形式。刑侦调查中，黑人总被特殊关注；黑人驾驶时经常因为微不足道的违章而被拦下，最终总会被罚款或收押，甚至可能被杀，例如 28 岁的非裔美国人桑德拉·布兰德（Sandra Bland），其于 2015 年 7 月 7 日在德克萨斯州亨普斯特德被警察命令停车，起因是没有打转向灯。桑德拉在询问警员时被电棍伺候，并遭到逮捕，她后来死在了维勒县的监狱中，情况可疑[245]。即便黑人只是在街上走着，无任何不良行为，也会被警察骚扰。如抵抗或向警员质询，那么经常会被报以口头威胁或肢体暴力等欺凌行为。黑人年轻人可能只因穿了连帽衫或松松垮垮的低档裤就被警察拦下，这意味着，每当孩子出门上学或运动时，父母都会担心孩子穿着如何，是不是低头走路，甚至如何走路。这例行公事般的欺凌是对非裔美国人多项基本权利的侵犯，尤其针对年轻的黑人男子，这违反了他们最基本的安全与归属需求。最有效的校园欺凌不过如此。学校本身成了警察欺凌黑人学生的舞台。南卡罗莱纳州里奇兰县一名黑人学生拒绝离开教室，教师找来了副警长。这位白人副警长将女学生从桌子旁拽走，拖在地板上拖出了教室。[246]

自 1976 年以来，美国被执行死刑的黑人比率是黑人在整个人口中所占比率的两倍：34.6% 对 17.9%。及至 2015 年 4 月，2257名美国人被关押在死囚室中，其中 1189 人为黑人，占到总数的52.7%。[247] 黑人法律学者米歇尔·亚历山大（Michelle Alexander）指出，监狱中的 200 万黑人形成了一种新的"吉姆·克劳"种族隔离，甚至可能更加残酷。[248] 如果不允许重罪犯投票，那么该状况就成了一种新机制，可确保黑人被剥夺选举权，一种奉行种族欺凌层级的体制手段。

自从民权运动时代开始，黑人中产阶级就在发展壮大，甚至出现了黑人上流阶级，包括非裔美国总统。然而，数据显示，底层黑人的生存状况可能比以前还要差。及至 2015 年 3 月，黑人失业率为10.4%，是白人失业率的两倍。即便是受过教育的黑人也不能幸免：23.7% 的黑人失业者曾上过大学，15.4% 大学毕业，4.5% 持有高等学位。[249] 为缓解问题，教育和工作培训项目纷纷出台，但如果本来就没有职位，那么培训项目也很难有效解决问题。如果丝绸手套不管用，就要铁拳出击。为防止城市黑人贫民的不满情绪外流，危及资本主义机构（多数由白人组成），警察在街头巡逻。

众多 20 世纪 60 年代和 70 年代黑人解放运动的领导者，诸如学生非暴力协调委员会与（SNCC）黑豹党的斯托克利·卡迈克尔（Stokely Carmichael）[后改名为克维恩·图尔（Kwane Ture）]将警察称为"内部占领军"。[250] 今天，警察从事着本质的"种族欺凌"行为，有如军队。他们手持多余的军事武器，比如刺刀、M-16 来复枪、步兵战车和枪榴弹发射器 [251]，与美国陆军游骑兵团和海豹突击队一同受训。

凯托研究所（Cato Institute）调查表明：

> 州警和地方警越发认同军队模式成为自身的行为与观点准则。共同受训、共享科技造就了他们共同的思维模式。问题在于，军人的思维模式对于公民警员来说根本是不合适的。警员面对的不是"敌军"，而是受《权利法案》保护的个人。将警察职能与军事职能混为一谈可能导致危险而始料未及的后果——包括不必要的开枪与杀人。[252]

上层黑人并不会幸免于种族欺凌以及刑侦过程中针对黑人的重点调查。亨利·路易·盖茨（Henry Louis Gates）是哈佛大学著名非裔教授，是推出过包括《寻根》（2012）和《非裔美国人：过关斩将》（2013）在内的数个美国公共广播公司特辑的王牌制作人。2010 年，盖茨在自家门前的台阶上被以"非法闯入"罪名逮捕。[253] 尽管这位黑人人到中年、衣冠楚楚，在场警察还是不能想象他居然会居住在麻省剑桥的富人区，然而那里就是盖茨的家。为平息事态，奥巴马总统邀请盖茨和那位警察一起到白宫草坪上跟他喝啤酒。然而，如果涉及的是不那么富有的黑人，事态就没那么容易平息了：佛罗里达州桑福德的特雷弗·马丁，密苏里州弗格森的迈克尔·布朗，或者马里兰州巴尔的摩的弗雷迪·格雷（Freddie Gray），他们都在手无寸铁的情况下成了警察或"社区督察队"的暴力冤魂。

"恐怖婴儿"：从哪儿来的回哪儿去！

军事化的种族欺凌是美国对待移民手段的重要组成部分。2015年夏天，唐纳德·特朗普崛起，成为共和党党内领先候选人，这意味着共和党摒弃了任何意义上的移民改革——允许非法移民通过工作来获取公民权——转向了边境问题的军事化以及对"抛锚婴儿"及其父母的强制遣返。[254] 2012年总统大选宣传活动中，共和党候选人米歇尔·巴克曼（Michelle Bachmann）提出美国应警惕"恐怖婴儿"。怀孕在身的母亲通常是穆斯林，进入美国生下孩子，孩子自动获取美国国籍。婴儿们被培养为恐怖分子，长大后，在国境以内对他们出生的国家发起攻击。[255] 特朗普、巴克曼等共和党人提出了一套会导致对跨国境移民、已经在美国境内工作生活的数百万移民进行军事欺凌的实际政策。其目的在于，让跨越国境及在美国生活变得十分艰难，用米特·罗姆尼2012年的原话来说，以使移民"自我遣返"。[256]

至少一位保守派电台主持人认为，移民如果过了几个月还不走就会成为"国家财产"，即合法奴隶，[257] 必须被作为"国有资产"

而强制工作。而这类工作只提供生存级别的食物和住宿，没有任何人权。这位主持人是詹·迈克尔森（Jan Mickelson），她高调发问："唉，奴隶制有什么不好呢？"这即便不是实际意义上的种族欺凌奴隶体制，也至少是一次倒车以回到吉姆·克劳时代的企图。而今，欺凌的对象从非裔美国人扩展到了其他移民，主要是非法墨西哥移民。

夹杂在共和党种种排外提案中的奥巴马总统和民主党继续维护"移民改革"，然而他们所推行的政策实际上代表了他们自己的军事化种族欺凌方式。奥巴马政府遣返的非法移民比此前任何总统任期内都多[258]，并对"守卫"边境的军事行动极其看重。奥巴马为边境巡逻队提供了攻击性武器等军事硬件，包括无人巡逻机。许多人讨论过用无人机对墨西哥跨境者进行射击，特朗普将这些跨境者称为"强奸犯"。

墨西哥人成了新的军事种族欺凌的主要对象，让人们想起了印第安人和非裔美国人的遭遇。印第安人被军队欺凌，不得不让出土地和主权，接受定居者的殖民主义。同样地，我们须回想起德克萨斯州、加利福尼亚州和其他西南州曾属于墨西哥，直至1848年墨西哥战争及种种其他冲突中才被美国人征服。现代政府以军事手段欺凌墨西哥移民离开美国，其实是在重复当年针对印第安人的种族灭绝。移民祖先的家是德州和加州，如果告诉他们"回老家去"，那么其实是在说"不要留在你祖先的真正老家"。针对墨西哥人的军事欺凌，排外共和党人叫嚣着"回老家去"，这其实是第二次冷酷而残忍的放逐，这一回是要逼迫墨西哥人离开他们的故土。

第六章

向着欺凌进军：军方如何在军队内外培养欺凌者

我们已经说明，美国军国资本主义是一种欺凌体制，借鉴的是罗马帝国、大英帝国等国的欺凌传统。我们研究欺凌的方式与其他学者不同，因为我们不将重点放在欺凌的心理学成因上。但我们并不否认心理甚至生理因素对欺凌的影响。显然，欺凌社会需要欺凌型人格。将研究重点放在个体或者心理欺凌上面，同时也研究体制欺凌或者说架构欺凌，这并不矛盾。应该说，这两个方面彼此依存而互相加强。精英阶层利用各种体制机构来塑造其他人的态度、价值观与行为，以使他们温顺而愿意接受自身的从属地位，行动和思考的方式都将维持现有地位体系，让统治阶层的财富越来越多，权力越来越大。要做到这一点需要的正是精英阶层和其他阶层之间的种种体制机构，由这些体制机构来传输恰当的态度行为，并将其正当化、正常化。体制机构有效传递着价值观和期待值，以下三个章节将会研究各种作为"传输带"的机构，本章首先着眼的是军队本身及其各同盟机构。

欺凌被揉进了织成军队的每一条线。军队的目的就是利用暴力和好斗性来将它的意愿强加于他人身上——尽管军队以守护卫士、美德象征、保护弱者的形象出现。学校操场上，弱者若抵抗欺凌者的保护就会彻底激怒欺凌者。军队的行为方式与此类似。想想抵抗美军保护的越南、阿富汗、伊拉克人民，或者抵抗美英白人带来的文明的殖民地人民。帝国的作用就是欺凌弱国，使弱国臣服，因此如果没有军队帝国就不能生存。难怪奥巴马总统会承诺："只要我还是最高指挥官，我国就会保持世界最强的军事实力。"[259]

美国将自己视为世界警察，并对此毫不避讳，自认为有义务将本国的利益和价值观强加给世界其他国家，不管是轰炸村民、杀害公民还是推翻政府，做任何事情都是正当的。美国对北美原住民进行了种族灭绝，扫荡非洲搜寻奴隶，夺走墨西哥约半数领土，征服夏威夷和菲律宾，入侵越南、伊拉克和阿富汗。受害者们有可能将这些行径视为残酷的欺凌行为，我们也都能看出，这些行为与校园欺凌者的核心价值观和统治不谋而合。美国政府宣称其行为在道德上是正当的，要么是替天行道，要么有其他原因——比如说为野蛮人带去文明，强者有义务保护弱者，或者在全球范围内进行自我防卫——我们稍后将会说明，这些主题也毫无疑问地反映了未成年人欺凌的思维模式。"二战"中美国为自己贴上了世界警长的徽章，"二战"后则将作战部改名为国防部。"国防"二字听起来大概没有"作战"那么激进，然而，作战是偶尔的而国防是永恒的。[260]如果瑞士、瑞典这类小国需要国防，那还说得过去，但对于美国这样的统治帝国来说，军队所扮演的角色必然非常不同。

美国资本主义是围绕着军队而运行的。五角大楼通过武器合同为许多大型公司做着担保，在美国公司抛弃美国工人转投外国工厂、巩固外国原材料和市场时，也是军队在为其提供保护。如果没有人支持，甚至在战争中杀人或被杀也在所不辞，美军事帝国就不可能存在。

相应地，美国也必须通过军队本身和其他机构传递军事价值观，这种军事价值观基本上就是暴力欺凌价值观的不同形式。

"礼貌"（civility）与"平民"（civilian）具有相同的词根。资本主义依赖于武装力量，但军国主义却与民间日常生活的基本规则相悖。人们普遍认可，普适道德最根本的一条规则就是"汝不可杀戮"。武装力量却必须让杀戮行为变得可以接受，事实上是将杀戮行为光荣化、英雄化，并使这种价值观渗透整个社会。下一章将会具体论述，包括美国步枪协会（NRA）、童子军、各职业运动队甚至一些学校在内的其他机构都在传递这种价值观，方式通常是与军队的直接或间接合作。

西奥多·罗斯福总统曾使用"天字第一号讲坛"（Bully Pulpit，特指白宫）这样的字眼来真实表达全社会的欺凌价值观。甚至在"一战"之前，罗斯福总统就坚持认为，如果美国想要统治世界，如哈佛这样的精英大学就必须加强训练橄榄球队。他宣称："我们培养出的大学男生不能躲避体力训练，也不能经受不住身体上的疼痛。"国家需要的男人要"能够勇敢迎战灵魂和身体两种敌人"。[261] 童子军是公民生活中又一个军事和欺凌价值观的领先推动者，其承诺，童子军学员将会骄傲地宣布："美国，我站在这里，身体强健，为你作战！锻炼精神，护你民主刚健！"[262]

军事价值观似乎本身就自我矛盾——军队需要的是暴力、好斗的欺凌者，但同时也需要他们愿意服从指挥系统，因此又必须要驯服而听话。军国主义陷入这种两难境地之中：如何能够训练出恶霸但又同时控制恶霸，确保恶霸之攻击被认定为敌人的人，而不会转头攻击将他们造就为恶霸的人呢？换句话说，做恶霸没问题，只要能制服坏人的好人就行。美国步枪协会的执行副总裁韦恩·拉皮埃尔（Wayne LaPierre）的说法是："唯一能阻止有枪的坏人的是有枪的好人。"[263] 这就提出了一个问题，即我们如何分辨好人和坏人，特别当他们的行为别无二致，都是持枪的欺凌者。当然，普通军人并不被允许去担心这个问题。英国著名诗人阿尔弗雷德·罗德·丁尼生（Alfred Lord Tennyson）曾在克里米亚战争中写下这样的诗句："我们不问缘由，我们至死方休。"[264]

欺凌者的训练

下面来看军队如何欺凌招到的新兵以使他们接受丁尼生笔下的冲劲。一参军，一般要被送到新兵训练营接受基础训练，在那里，中士和军官会试着转变你的整个身份。军队大多数人员坐在办公桌后面，或者从事技术工作，所以我们可以问这样一个问题：为什么大多数军人还是必须受下文所描述的训练？答案或许是，训练就是体制欺凌的一部分。训练会强化军队价值观，培养服从感，并引导军人接受他们在指挥系统中的位置，无论他们是否会真正用到枪。

美国海豹突击队狙击手克里斯·凯尔（Chris Kyle）是 2015 年热门电影《美国狙击手》中的主人公，[265] 他一人杀死了 160 名伊拉克人和阿富汗人，创下纪录。然而，近些年多数杀戮行为并不是由这些狙击手完成的。无人操纵的无人机、操作板看起来像是电子游戏控制台一样的坦克完成了多数杀戮任务。此类武器所需的科技技能很可能掌握在所谓的技术宅手中，他们中的大多数童年和青少年时期遭受过欺凌。令人惊讶的是，这一现象却使得更多军队人员的职业生涯经受欺凌行为。

体能在现代军事中不复当年重要，因此可能入伍的人也不再限于体能强大的人，这使得军队的欺凌价值观渗入了新人群。今天，女性和同性恋也能参军，还经常会参战。然而，军队文化依然仰仗于恐同情绪和阳刚主义，以此为基础来欺凌新兵，迫使新兵证明自己是名副其实的、服从命令的军中欺凌者，直到最近情况才有所改善。改变还很微小，但这样的传统仍在受到挑战。

军队接收的新兵已不再限于传统人群，与此同时，军队内部正在成为文化战争的战场。我们在其他章节中讨论过这类文化战争（尤其是第九章），服役官兵们也正在进行一场关于欺凌本身的战争。奥巴马作为最高指挥官，他本人就代表了军队文化中一些新产生的内部冲突。因为奥巴马企图制定在军人看来侵犯了军队基本传统和价值观的新政策，他被许多军人视为开明派敌人：

> 在穿军服的男人和女人眼中，奥巴马是个不讨喜的总统……（他）主张废除具有争议的"不许问，不许说"政策。他还与植根军队最深的种种传统决裂，发誓要解除不允许女军参战的禁令。军中的性侵犯和性骚扰问题多年以来一直被低估或忽视，而这位最高指挥官要打击这些现象，力图由此来改变军队文化……在批评者眼中，他的举动不啻大手笔的社会动工，将会侵蚀那些根深蒂固的传统，并有可能破坏良好的秩序与纪律。[266]

不过，军队对传统欺凌价值观的执着程度难以撼动。尽管"不许问，不许说"已被废除，美国海军陆战队依然用恐同主义来恐吓士兵，以证明自己不是"哭哭啼啼的窝囊废"，而属于"骄傲的少数人"：

> 我们每天有 10 到 50 次被骂是基佬。"你以为这就叫骂人？你挺萌啊基佬。""是，也就你觉得那叫俯卧撑，基佬。"……"你他妈的蠢货。那事儿你干得比两个男的在一起搞还不对。"一位上尉在上道德课时讲到，一个错误就可能改变你的整个人生、整个人，他对所有人说，"你可能本来是个挺好的桥梁规划师，但你要是吃一次鸡巴，那你这辈子到死就是个吃鸡巴的。"[267]

白人兵源的紧缺使得平民政府试图招揽更多有色人种以填充军队。美国入侵中东国家时也迫切需要懂得当地文化的穆斯林军人，这导致了军中因必须增进多元文化而倍感压力。然而种族主义和排外情绪，尤其是反穆斯林的排外情绪依然是教官们欺凌本领中的绝杀招数。

> 团里那个长得像印度人的孩子（每）天都被教官找茬……"（该士兵名字）你他妈的是不是恐怖分子？""不是，长官。""呵，如果你是恐怖分子你也不会承认，是不是？""不会，长官。""所以你还是有可能是他妈的恐怖分子。""是的，长官。""因为你长得就像他妈的恐怖分子，你怎么就不能像你们其他族人一样去开他妈的出租车呢？"[268]

一般来说，基础训练中的欺凌行为已经存在了数十年。一名新兵报告说，"他们让我站在镜子前，指着镜子说：'你是个白痴。'然后指着自己说：'不，我才是白痴。'就这样，得说 30 分钟"。[269]

男兵新入伍的第一件事就是剃头，而且他必须自己花钱剃（女兵幸免于这条规定）。这种做法就是为了剥夺他的个人身份，让他成为大型军事机器中无足轻重的螺丝，与别人没有任何分别——使他成为没有个人欲望或需求的人，融入集体，给什么任务就干什么任务。花钱剃头代表了他已经同意这一要求并加入了这个过程。此外，一般老百姓会为了礼貌而保持低声讲话，但新兵不行，军人必须要喊着说话：

> 教官：从现在开始，没人跟你说话你不能先说话。而且每说一句话，你那张臭嘴说出的第一个和最后一个词都必须是"长官"。你们这帮臭虫听懂了吗？
>
> 新兵：长官，是的，长官！
>
> 教官：混蛋！我听不见。带点儿种，说话大声点儿。[270]

士兵的男子汉气概经常被挑战，目的是刺痛男兵，逼迫他们证明自己是传统意义上的有种的男人——既能强硬、有"担当"又不能有自我思考或者质疑权威。称男兵为"女士"已经成为一种规范做法。斯坦利·库布里克的电影《全金属外壳》中，新兵们被训斥："你们这些女士如果离开我的岛，如果你们能活过新兵训练，就能成为一件武器。你们将会成为死亡使者，祈祷着战争的发生。但直到那一天来临以前，你们不过是渣渣！你们是地球上最下等的生物。你们连他妈人都不是！你们就是毫无价值的爬虫。"[271]

《全金属外壳》的故事背景是越战，而今军中服役的女性已比那时要多。美国现在还有志愿兵，新兵想走就可以走。但教官依然不会提供归属感和支持感，仍然使用欺凌手段来恐吓新兵，无论是男是女，以使他们不会逃跑：

> （一名新女兵的）头几次训练中，教官正在骂她，她突然哭了起来，说"我想回家"。教官听到她的话，大步走至她面前问道："你说什么？"她回答："我想回家。"他盯着她说："转三圈然后立正。"她做完后，他说："接下来 8 周的时间你是我的，多罗西。现在再给我做 20 遍！"[272]

士兵们的经历可谓生不如死，但这就是训练的组成部分，一些人甚至可将其归为严刑折磨。这套程序旨在让他们强硬起来，学会欺凌别人并接受被欺凌：

> 现在，至少对于军队来说，训练中前几项"真格的"任务之一就是进入毒气室。试想一个混凝土盒子，里面装满了"该死的进我眼睛里面了"的毒气，就是那样。那个见鬼的小方块，我们走进去，然后他们把门关上。我们扯掉面具，吸入那来自地狱的甜美大烟……那鬼东西灼烧着你的眼睛、鼻子尤其是肺——就好像你被恶魔的爪牙按着脑袋给深喉了。不管怎么说，大家都在吐，要不就在哭，然后他们终于把门开了，把你们放出去。我们出去，脚步跌撞。[273]

事实上，虽然美国会使用凝固汽油弹、橙剂和神经毒气，但自从"一战"以来没有任何一个其他国家对敌方军人使用过毒气。

尽管基础训练的最初目标是训练出强硬、暴力但服从命令的欺凌者，另一个目标是为了筛掉不够稳定、不能信任他去使用欺凌力量的人，也要筛掉可能不去迎战既定敌人、调转枪头指向己方领导或战友的人。

> 一个高级教官举起一副实弹（基础训练中，实弹是绝对、绝对不可以离开射击场的），把二等兵 P 揪到了整连前面。P 在哭，教官开始骂他。我们当时完全不知道发生了什么事，然后军警来了，把他带走……后来我们才知道，他偷走了 6 副实弹，他在笔记本里面写好了计划，要杀掉他排里 3 个教官、我们连长还有一级军士长，然后自杀。[274]

欺凌与暴力：同时存在于军事基地以及公民生活中

在役和退伍军人所受的训练使他们认为暴力是应对挑战的合理手段，使他们相信欺凌是可以的，只要实施欺凌的一方是好人就行。社会将许多军队价值观视为禁忌，而军人无论是在役时还是退伍后重新适应社会时，一旦面对极端压力他们就会诉诸暴力来解决——欺凌的一种极端形式——而暴力对象要么是他人，要么是自己。平均每天有 22 名退伍军人自杀。[275] 克里斯·凯尔是《美国狙击手》中的主角，在射击场上帮助一名被诊断为创伤后应激障碍的老兵时被杀。[276] 在胡德堡，技术兵伊万·洛佩兹（Ivan Lopez）杀死 3 名士兵、打伤 16 名士兵后自杀。[277] 几年前，同样在胡德堡军事基地，军队心理医生尼达·马里克·哈桑（Nidal Malik Hasan）少校杀死 13 人，并被怀疑事实上杀死或伤害超过 40 人。他共打了 146 发子弹。[278] 奥萨马·本·拉登袭击世贸中心的 6 年前，曾在第一次海湾战争中被授予铜星勋章的蒂莫西·麦克维(Timothy McVeigh)杀死 168 人——略多于克里斯·凯尔杀死的阿富汗人和伊拉克人总数，其后麦克维炸掉了俄克拉荷马市联邦大楼，又造成至少 500 人受伤。[279]

克里斯托弗·多纳（Christopher Dorner）是一名前海军上尉、水下作战技术专家、步枪神枪手、手枪专家，曾供职于洛杉矶警署，后被解雇。2013 年 2 月 3 日，他进行了一场疯狂屠杀，开枪将其律师的女儿及其未婚夫打死，向至少三名警员开火致其中一人死亡，并发表宣言声称至少要再杀 12 人。洛杉矶警署发布声明，称多纳在海军中受过武器训练，因此有能力造成严重威胁。[280] 就在他发动残杀的同日，有线电视新闻网（CNN）播出了一段长新闻，赞扬刚获得国会荣誉勋章的克林顿·罗梅沙（Clinton Romesha），称其为"勇士中的勇士"。罗梅沙指挥了一场 12 小时的作战，阿富汗"敌军"死亡超过 30 人，美国士兵死亡则为 8 人。[281] 我们可以问的是，多纳和罗梅沙之间或者麦克维和凯尔之间究竟有何不同？似乎只要杀的人够多就能拿到国会荣誉勋章——不管怎样，欺凌就是胜利。

军队通常通过公民生活中的欺凌行为来传递其价值观，方式可能是学校、枪火公司及其他与军队有联系或者至少受到军队强烈影响的机构，异常努力地寻求将军队的价值观散播到公民文化之中。高中生可能没有任何军事经验，但军官会来学校中招募他们参军。许多高中生受到军事文化的鼓舞，一些人变成日常生活中的欺凌者，另一些成为暴力杀人犯型的欺凌者。已有多起案例，学生带枪上学并将枪口对准同学、老师或他们自己。这些杀人犯通常热衷于军事器械、战争故事及学校附近的军事基地。最有名的案例之一发生在科罗拉多州利特敦的科伦拜高中。事发之后，迈克尔·摩尔（Michael Moore）拍摄了电影《科伦拜校园事件》，影片揭示，枪击者之一曾住在一个空军基地，那里陈列着一架飞机。飞机上的纪念区表明，该架飞机曾于某年平安夜在越南村庄中执行杀人任务。摩尔质问："你就不觉得孩子们会这样问自己吗——'爸爸每天都去上班，他制造的是大规模杀伤性武器。那种大规模杀人跟在科伦拜高中大规模杀人有什么不一样？'"[282]

　　军队及其军备行业同盟利益相关，必须推行一种暴力欺凌文化，使武器成为普遍事物。枪火制造商知道，美国 50% 的活跃步枪持有者要么是现役军人、退伍军人，要么是执法工作者。枪火行业正在积极致力于提高持枪者所占比重，广告宣传的重点对象就是老兵及其家人，特别是军人在役时使用过的各种突击枪。各大制造商认为此类枪支有其必要性，无论是为了家庭安全还是日常生活中的娱乐活动。他们强调，使用枪支符合美国的宪法精神和道德精神，并使得美国社会具有道德优越性。与此同时，他们却对另一种现实避而不谈（可能是他们自己也没想好怎么谈）：在"坚守阵地"法律保护下武装起来的全民，是一定会实施欺凌行为的。枪火行业的宣传期刊颂扬着"美国现代老兵"的社交平台，人群包括"成千上万的父亲、兄弟、叔伯、妻子、姐妹、姑姨、表兄弟姐妹及其他亲友，他们都曾在伊拉克和阿富汗服役或现在仍在服役。他们广受社会的尊敬与爱戴，他们携带枪火是为了保卫国家。这样一种因素，这样一种画面，对我国如何看待枪支有很大的积极影响。"[283]

军队造就了枪支暴力的极端欺凌形式，却不是单枪匹马在战斗。枪支暴力很大程度上是由贫穷引起，但根源是在美国文化中。在美国，持枪被视为第二修正案所规定的基本权利，因此，枪支欺凌是被宪法所推崇的行为。南部和西部尤其热衷于枪支文化，用于使黑人和印第安人不敢进犯。事实上，第二修正案通过的动机之一就是为了建立起巡逻制度以抓捕逃走的奴隶。[284] 当今，南部和西部的家庭枪支暴力发生率居全国前列，同样居于前列的还有服役人数比率、军事基地个数和对军事冒险主义的支持率。甚至在内战 150 年以后，南方白人依旧因北方人摧毁了他们的"独特体制"而隐隐作痛。在他们看来，他们是北方欺凌的受害者。南方文化很大程度上认为枪不只是一件器械——更是南方欺凌身份的徽章：

> "他们处心积虑地想改天换地，"一个人参加查尔斯顿枪展时说道——他们想带走南方男子汉气概仅存的硕果。……至少在枪展上，他们还能做自己，好像在参加一个严格入会且没有窗户的俱乐部……枪展并不只关乎枪支或持枪，关乎的更是男人的自尊——主要是南方统治种族白人的自尊。再加上一丝悲戚感（"南部身份的内核"。一位精明的历史学家说道），那种挫折感，时至今日仍被迫害的感觉，被外部敌视力量算计的感觉，共同构成了这极富象征意义的负隅顽抗。[285]

麦克维、多纳和洛佩兹可能是精神失常或者心理变态，但心理变态的人不是真空生成的。他们生活在社会之中，而美国社会的谋杀率居世界前列。一些社会比其他社会更能激发人去杀人。美国的谋杀率几乎是瑞士的 8 倍。[286] 军国主义帝国必须鼓励人民去实施暴力，也必须奖赏最极端方式的欺凌。国家可不能保证战场上的暴力欺凌者在国内就能友善健康、爱好和平。一个日常活动就是欺凌他国人民的国家，该国人民不可能不欺凌彼此。军队是欺凌方式最暴力的机构，几乎不可能免疫于暴力欺凌。军事基地中将会有欺凌，招募新兵的社会中将会有欺凌，退伍回到社会中的老兵中也会有欺凌。将暴力和欺凌视为个体病理学是不会终止欺凌的。病的是整个社会，而不是某一个人。

军队与心理学范式

近几年来，社会专注于为军人和老兵提供心理咨询服务。尽管已经得到退伍军人事务部和国防部批准，提供心理咨询还是存在问题的，因为病理学与军队所扎根的文化非常不同。我们已经说过，针对成年人与未成年人的欺凌行为，心理学范式仅讨论个人问题而不考虑更大层面上的、对欺凌有推动作用的体制和社会力量，因此是不完善的。与其他机构相比，这一点在军事机构的体现更加明显（尽管军队一直是各种欺凌研究的讨论重点）。没有任何一个机构像军队这样通过推行欺凌来受益。然而，如果军队中的心理治疗师提出真正的病理——真正的欺凌与暴力之源在于机构本身，他们就是违反了职业道德，并可能丢掉工作。许多心理医生穿着军服，如果他们提出这种诊断意见，甚至只是认真想一想这种说法，就会因不服从上级安排而面临军事法庭的审判。

我们已经看到，军事训练的目标就是让军人暴力但不要太暴力，让军人成为"持枪的好人"，只将枪口对准"持枪的坏人"或"不承认我们是好人的坏人"。军人的身份是一个"好恶霸"的悖论，必须精确地出于所谓高尚目的而使用欺凌手段。军事基地中和退伍老兵间的暴力犯罪，媒体每每以震惊的态度提起，发布的种种消息席卷了普罗大众。这些人本来受训就是为了要暴力，而他们真的暴力了，我们却大惊失色。军队官员派人进行了一项心理调查，希望调查能帮他们更有效预测哪些人更有可能对军事基地的战友暴力相向，然而结果出来，他们自己却失望了。[287] 报告突出的重点是，军人不愿意报告个人问题，各军事机构的信息共享也有不足。调查者及军队官员们似乎想也没想过，训练军人的目标就是使他们暴力。心理学范式认为，一个人无法在服役后重新适应社会是一种疾病，尤其是在参战后，在见识过无处不在的血腥、屠杀和死亡之后，在经历过成为受害者的恐惧或被欺凌着成为行凶者之后。"一战"时，我们将这种病症称为"炮弹休克症"。"二战"时，又称为"战斗疲劳症"。越战以来，又改名为"应激障碍症"，或老兵的"创伤后神经失调症"。

前几章说过，心理学范式将社会视作基本假设，个体不能挑战只能适应。体制本身是不会有错的——包括这里探讨的军队体制。军队的压力日益增大，因为经典的训练方式通常会带来恶果，因为社会担心退伍后老无所依，军队招兵越来越困难，所以必须依靠于心理学范式。军队其实是不情愿的，因为更倾向于将心理学视为"自由派"的职业，与战争文化背道而驰。在 20 世纪六七十年代，冥想这种心理锻炼在反主流文化和反战运动中极受欢迎，但到了 2010 年左右，美国海军开始引入冥想作为让军队更强硬也更"正念"（mindful）的手段。用梅尔文·斯派斯（Melvin Spies）少将的话来说："教军人射击能使他们成为更好的战士，但教他们正念能帮他们减压，让他们成为更好的人，这是有持久作用的。"[288] 如果海军也要念经，那要念的经估计会是这样：嗡 [1]——炸弹！炸弹！嗡——爆炸！爆炸！嗡——杀人！杀人！嗡！

从历史上来讲，在职军官一般会对个体不能融入军队文化的心理学解释嗤之以鼻，认为这不过是在为"无病呻吟、哭哭啼啼的懦夫"辩护。"二战"时，四星上将乔治·巴顿（George Patton）会给被诊断为战斗疲劳症的军人一嘴巴子，此举流传甚广。看到军人因心理疾病被送进医院，他下了一道命令：

> 我注意到，极小一部分军人因为太紧张而不能打仗并进了医院。这些人是懦夫，败坏了军队的名声，使队友同志蒙羞。他们撇下同志，让同志们独自承担战争危险，自己却以医院为借口逃避战斗。你必须采取措施，不要让这些人去医院，在各自部队里就解决。不愿打仗的人要受军事法庭的审判，罪名是在敌人面前懦弱胆怯。[289]

他命令一名被诊断为战斗疲劳的军人回去执勤，宣称："你必须回到前线，你可能被枪打死，但你必须战斗。如果你不战斗，你就

---

[1] 此处的"嗡"是美国人眼中佛教等东方宗教念经时经常发出的类似于"ong"的鼻音。

贴墙站好，我会找行刑队故意把你打死。"[290]

巴顿的做法在军中激起了严重争议。包括艾森豪威尔在内的其他将领想要承认诸如战斗疲劳这类精神疾病的存在，尽管历史上曾有这场争论，但军队心理医生通常还是会努力融入军队，为军队奉献，很大程度上因为心理医生的职业道德认为质疑机构体制不是他们该做的事。心理医生应当为任何需要他们专业知识的机构服务。

美国心理学会曾与布什政府秘密合作，为后9·11时代针对恐怖分子战争中虐待战俘的行为提供合法性与道德性辩护。[291]

为了合乎职业道德，如果心理医生治疗的是现役军人，那么他们的目标是要让军人回到前线上去。如果治疗的是退伍军人，目标就是帮助他们克服在役时打死人等一切经历的悲痛。同样，问题只在于个人身上，而与体制无关。如果你是一名军人，心理医生在帮你适应的机构可能是全世界最变态的机构，身处这样的机构之中，最正常的回应可能就是变得不正常。机构本身可能极其变态，根本就没有不变态的运作方式。

"二战"小说及同名电影《第22条军规》将这一问题体现得很清楚，或者说，尽量清楚地体现了这混乱而矛盾的问题。一个心理医生认为在作战任务中开飞机是很疯狂的，他应该组织人这样做。然而，他对军队的职责，以及他意识到这种疯狂的行为实际上是正常的表现。因此，他必须强迫那些要求被禁飞的军人去执行飞行任务。

丹尼卡医生（陆军航空兵团心理医生）：当然。第22条军规。不想去打仗并不是神经病，所以我不能把他关起来。

约塞连上尉（战斗机飞行员，主角）：好。那其实是这个意思，是吧？——如果我想被关禁闭，那必须得是神经病才行。我想继续飞行，那肯定是神经病。但如果我申请关禁闭，那就意味着我不神经了，所以我还得继续飞行。[292]

社会学家杰瑞·莱姆伯克（Jerry Lembcke）认为，现在的趋势是"将政治心理学化"，也就是说，否认社会学想象力以防止人们意识到问题可能出在体制而非个人身上。通过运用心理学标签，对于自身非理性情景的理性回应就成了疾病。我们可以推断，治疗真正疾病的方式应该是转变整个社会，可能还需要废弃某些体制：

> 将政治心理学化的一个经典例子就是 PTSD，本来是一种"不良状态"却被重新定义为一种"疾病"。[293]……新弗洛伊德视角下的炮弹休克症，绝不等于说我们需要去理解的退伍兵的疾病不是"真实存在"的。其实是将诊断的着眼点从外因，例如爆炸的炮弹，转移到了军人心态和情感的内因。病人真正害怕的是他自身的弱点。[294]……对于战争罪行的最新报道被炮制为军人不能满足国家标准的个人失败，或者个人"崩溃"的种种形式，这是对于个人尊严遭到侵犯的一种掩饰，以使人们不至于去怪罪公共政策或社会规范。[295]

军人与退伍军人的行为方式的确可以被视为病态。然而，对此现象的大部分回应方式却要么是将他们看作应该逮捕、关押甚至处死的罪犯，要么给他们贴上精神疾病的标签，呼吁精神健康机构帮助他们康复、更好地适应社会。却少有人提及，这样的社会是否是人"应该"

适应的。美国对于军火的投入是军事规模排名第 2 到第 11 位国家的总和，[296] 这样一个国家我们该如何去理解？美国各大公司的 CEO 收入一般是他们员工平均收入的 350 倍，[297] 这样一个国家我们该如何去理解？如果不讨论社会本身的病态，不考虑某些机构本身可能就是病态的，几乎不可能遏制个体的欺凌与暴力。

文化战争：和平运动对战军事主义者

想要找寻欺凌和暴力的解药，首先应该从改变社会的运动开始。个人欺凌者及其受害者是社会的受害者，是社会鼓励好斗精神、竞争、暴力及欺凌。当然他们个人也的确有问题。其有病理学症状的标志之一即是，人收到命令便会听从命令去攻击、欺凌甚至杀害与自身无直接接触也无个人恩怨的其他人。让这些个人去适应病态机构并不能解决他们的创伤。想要制止或至少控制欺凌现象，通过帮助个人欺凌者和受害者去"适应"自身状况以使他们"康复"可能本身就注定将失败。

关于欺凌的心理学文献极少考虑和平运动，但可能和平运动才是真正的反欺凌运动，目的在于终结鼓励奖赏欺凌的政策。和平运动遭到忽视，原因有二。首先，心理治疗师所受的教育并不包括去了解和平运动。第二个可能更加重要——推行欺凌、暴力和竞争行为是符合精英阶层利益的，因此他们会致力于使此类行为正常化甚至在某些情况中可敬化，尤其如果针对的是精英们认为是敌人的人，而非精英本身或其盟友时。因此我们将会看到，文化战争中存在着种种关于如何理解欺凌和暴力的矛盾。

数十年甚至数百年以来，和平运动一直存在，旨在终结由战争、军队及其对于社会所产生的影响而带来的欺凌现象。和平运动人士一直受到不遗余力的抹黑，被视为背信弃义者，爱国主义和无畏精神的懦弱敌人。军事精英认为"和平分子"该为前线战士所蒙受的痛苦和死亡负责，认为只要给军人正确的支持他们就能取胜。这种态度的目的在于洗脱精英阶层的责任，强迫军人去面对此种创伤、将军人改造成好斗又服从的欺凌者的，原本就是这些精英。

和平运动人士与军国主义对手之间的冲突可以被称为一场文化战争，是更广泛层面各种文化战争的一部分，对于军队及其欺凌价值观的命运至关重要。真正的反欺凌运动正是这种和平运动及其致力于终结资本主义剥削的各同盟力量。不过，毫不意外的是，由于欺凌话语被心理学家所控制，据我们所知没有一个欺凌"专家"提起过和平运动可能是反欺凌运动的最前线，或者说至少是其一部分。要看到这一点，就必须支持本书所提出的、理解欺凌的范式转移。

在军国资本主义的精英阶层看来，最大的威胁在于和平运动可能会触及前线的军人。前线军人可能会将对手视为同样的受害者，也是被欺凌着违心作战，这是一种风险。军人们可能感觉，他们与这些领命去杀的敌人比己方长官更有共同点。1914年的圣诞节正值"一战"前期，德军和英军听到对方在各自的战壕里唱《平安夜》。他们朝对方挥了挥酒瓶子，爬过了将他们彼此分离的带刺的铁丝网，彼此握手，饮酒歌舞，游戏作乐。如果一直进行下去，战争可能结束于此，两个帝国可能都已瓦解——这后果对于军官、贵族和资本家来说大大不利，但对于平凡人来说，他们是被欺凌着加入这场战争，为了什么而打仗，他们也并不理解，和解的后果可能于他们有利。德英各方的军官都威胁要以叛国罪送这些士兵上军事法庭，若罪名成立，军人可能会被他们自己祖国的枪打死。后来，军人们被命令回到各自的战壕，继续互相残杀。他们听命而去。那时他们屈从于祖国的精英恶霸，后者才是真正的敌军，而不是穿着不同军服的同样军人。[298] 当俄罗斯军队将枪口转向己方的官员，沙俄政权也能轰然倒塌。最终战争的确结束了，然而是在四年之后德国海军拒绝离港之时。

美国政府和资本主义阶级加入"一战"，筹谋的是操纵公众情绪以支持战争工作，打的是他们个人的仗。反对意见必须被镇压。然而《我养儿不为他从军》等歌曲还是揭示了战争不仅仅是毫无意义的肝脑涂地，而是一场残酷无情的欺凌仪式。这些歌曲在当时口口传唱，仅《我养儿不为他从军》就卖出了 70 万张：

> 一千万士兵赴战场而去，
>
> 可能再也不归家……
>
> 白白一片骨成沙……
>
> 我养儿不为他从军……
>
> 谁敢让他肩着枪痕，
>
> 打死的人谁没有母亲？……
>
> 快将剑放下，枪落沉。[299]

美国最终于 1917 年参战时，人民被爱国主义言辞所煽动，舆论控制了群众意见，如有抵抗情绪则被视为匪夷所思的反美国倾向。尽管美国白人有很大比重是德国后裔，而且在此之前极少美国人有反德情绪，国家及其媒体爪牙不遗余力地将德国人塑造为"鬼子"

（Hun）——野蛮而贪婪的野蛮人，目标是毁灭一切文明、正派、纯净与圣洁之物。这样的宣传很大程度上是有效的，但仍有相当规模的反战运动在进行，需要用更直接的打击手段来控制。言论自由遭到废止——《移民法案》及《禁止煽动言论法案》规定，发表反对战争的言论、干扰国债销售或招兵、鼓励抵抗征兵的行为皆属违法。移民被围捕、遣返。工人领袖尤金·德布斯（Eugene Debs）提出群众是被欺凌逼迫着去为了资本家而杀人或被杀，资本家才是真正的敌人。德布斯因发表此言论而被送进了监狱：

> 穷苦而无知的农奴被教导要崇拜主人，要相信，只要主人一宣战，农奴就要肩负起爱国责任，为了那些蔑视下人的老爷大人的利益与荣光互相残杀……仗的都是工人阶级，崇高牺牲的都是工人阶级，抛头颅洒热血的都是工人阶级，然而宣战与讲和都没有工人阶级的份。宣战的和讲和的都是统治阶级。唯统治阶级能宣战，唯统治阶级能讲和……这时代，你一定得知道，除了做奴隶做炮灰，你还有别的事好做。[300]

1920 年，狱中的德布斯得到 919799 张选票，推选他做美国总统（占所有选票的 3.4%），这意味着战时与战后反欺凌文化已有相当的敏感度——也意味着和平与正义运动牵头反对欺凌价值观的政治效力。[301]

尽管"二战"时也有一场反战运动，但规模相对较小。[302] 今天，"二战"老兵被普遍认为是"最伟大的一代"，[303] 尤其是大众媒体。这一名号由 NBC 新闻主播汤姆·布罗考（Tom Brokaw）提出，赞扬老兵们听见集结号角就头也不回地响应，并在战争中取胜，确保了美国的统治地位，直到越南战争来袭才略有撼动。不过，陆军准将塞缪尔·莱曼·阿特伍德·马歇尔（Samuel Lyman Atwood Marshall）指出，"二战"时70%的作战士兵根本没有开过枪。[304] 原因是对于大多数士兵来说，内心中反对杀戮的道德与心理挣扎太过强大。马歇尔总结认为，军训并没能制造出足够服从的欺凌者。他认为应对军训进行改革，也要对学校的课程设置和教育方法以及文化价值观与体制进行改革。依他的标准来看，改革是成功的。朝鲜战争、越南战争、伊拉克战争和阿富汗战争中，军人们都开了枪。然而，杀死大部分人的是极小部分人。越战中，平常军人每打2.5万枚子弹才能确定杀死一个越南人，但接受过特殊训练的狙击手每打1.3枚子弹就能杀死一个"共军"。此类欺凌者很大程度上被社会所排挤，被"广泛视作美国军队中最冷血的人"。[305]《波士顿环球报》曾以狙击手的角度撰文称："杰克·考夫林（Jack Coughlin）是退役海军狙击手以及《震惊因素：反恐战争中的美国狙击手》的作者。他说，'在越南时，我们自己的人说我们是杀人公司'。'他们觉得我们是变态杀手，可我们存在的全部意义就是掩护自己人，将针对自己人的威胁降低到最小啊。'"[306]

政府机构，尤其是五角大楼，以及各大公司和许多媒体无疑通力合作，让越战中最暴力的欺凌者成为光荣英雄。鞠躬尽瘁、为国献身应该是每位美国家长希望他们儿子走向的归宿。流行歌曲《绿贝雷帽之歌》唱道，一位将死的绿贝雷帽希望他的儿子长大后也像他一样穿上绣着银翼的军装。[307]

越战时期，尽管五角大楼不遗余力，作战士兵中真正开枪的人数也在上涨，自从"二战"以来就广为认可的观点"军人是英雄，该去崇敬该去效仿"依然土崩瓦解。越来越明显的是，军队在全社会传播欺凌价值观的企图已经失败，或至少是暂时失败。成千上万的年轻人抵抗着征兵，去加拿大等国家寻求庇护，或者离开庇护走上街头。[308] 各种反战集会集结了约100万名参与者。战争即将落幕时，和平运动到达了前线：许多军人不理睬追捕既定敌人的命令，相互递着大麻烟头。

其他章节中讨论过的文化战争在越战时期达到顶峰。"一战"时，军队机构努力欺凌反战运动，使其噤声。知名儿科医生本杰明·斯波克（Benjamin Spock）和耶鲁大学牧师斯洛恩·考芬（Sloan Coffin）如德布斯一样，也因鼓励阻挠征兵而被起诉。[309] 与此同时，治安机构企图抹黑运动，方法是派内奸去恐吓和平主义者并逼迫其使用暴力，且有成功的例子。[310]

文化战争的不同分支导致了越南教训的两种不同诠释。一方的理解方式是：美国的力量也是有限的，军国主义帝国不能通过欺凌而将自身意愿强加于他人身上还能全身而退。另一方则认为，越战表明世界历史上最伟大的国家绝不能失去意志力，绝不能犹豫或稍微示弱，必须用尽全身力气去确保成功，美国必须永远胜利。作为地球上最强大、最道德的国家，唯一能打败美国的就是美国人。由此可知，越战中美国军人是被背叛了，如果否认英勇献身的军人们所取得的胜利，就是让他们白白献身。另一方，也就是所谓的和平分子，认为这种说法基本上就是在说：为了让已经死去的人死得有价值，要送更多的人去送死。

然而，自从1980年里根当政，抗击后越战时代军国主义的和平运动人士经常被强制沉默，或被认为无关紧要。后果就是，尽管伊拉克战争和阿富汗战争也臭名昭著，但却没有像越战那样带来美国街头的大规模运动。

里根曾提到一种"越南综合征"，提到该疾病大伤美国的自信心：

> "越南综合征"已经存在许久。越南发生的一切应给我们留下教训。如果要被迫战斗，就一定要有取胜的手段和决心，否则就没有保卫和平的可能性。而且……如果这一仗政府根本就不敢赢，我们再也不会要求年轻人冒着殒命的危险去打。[311]

后越战时代的许多右派人士声称，军队是遭到了背叛，是被抗议者和国内政治家"背后捅刀"——阿道夫·希特勒在解释"一战"中德国的失败时也曾说过类似的话。[312] 希特勒认为德国总是好的，而里根及其追随者认为美国是永远不会错的。从里根开始，左派与和平运动的残兵败部遭到欺凌，不允许质疑美国军国主义帝国的总目标。他们能说的最过火的话也不过是：美国可能犯了错，但不管欺凌手段如何，美国的最终目标还是光明磊落的。

今天，就如同"一战"时一样，总有一些人不会被欺凌所噤声。切尔西·曼宁（Chelsea Manning）和爱德华·斯诺登（Edward Snowden）就是例子，他们对美国人民揭露了五角大楼在伊拉克和阿富汗战争中的内部记录，以及对上百万美国公民的监视。但也正是这些人，遭到恶霸的威胁，如果落入美国司法掌中就可能在军事监狱中服刑。

即便遭到逮捕威胁依然能去挑战激进、欺凌的外交政策，而且讲这样的话会有人听、有人允许，那么讲话的人似乎必须要有军事方面的资格才行，这暗含了军队的持续力量及其欺凌文化的根深蒂固。切尔西·曼宁曾是伊战的军方情报分析员。[313] 爱德华·斯诺登曾是中央情报局的系统管理员，国防情报局的反间谍教员。[314] 自由派的CNN也会请将军来批评伊拉克战争和阿富汗战争。将军可以质疑某项政策的明智性，但绝不会质疑美国军事当权派表象下的目标。一个与众不同的人是辛迪·希恩（Cindy Sheehan），媒体也会请她来谈看法，但她是"烈士母亲"，儿子死在了伊拉克。[315]

许多曾在和平运动中发挥极大作用的人物，晚年会避谈这些过去。例如约翰·克里，他曾经组织了"越南老兵反战运动"，然而当他接受民主党提名将要竞选总统时，却以一个军礼开始演讲，随即表示他是在"报到"，并请来了一舞台的老兵，与他们互称"兄弟"。"我们的兄弟连并不因为身份如此才共同前进，"他宣称，"而是因为我们作为军人学会的东西。我们爱国，因此为国而战。"[316] 当然，克里的竞选对手乔治·W·布什不忘在竞选活动中提醒大众克里其实是懦夫叛徒。

为了治愈越南综合征，曾进行一些宣传活动，试图让军国主义与欺凌的价值观无孔不入，而让其他看法全都靠边站。任何人只要在国家战争中作战就被视为英雄，要受万众抬爱。"失踪战俘：你并未被遗忘"的旗帜飘扬在各处公共建筑之上。约翰·凯恩等曾被关押在越南战俘营中的轰炸机飞行员被视为道德楷模。电影及其他大众媒体渠道在军国主义欺凌文化的复苏中扮演了重要角色。

电影《美国狙击手》将克里斯·凯尔塑造为拯救世间所有纯净、

圣洁、脆弱之物的终极英雄救世主。[317] 其他军人称他为"传奇"。电影甫一开场观众就看到，凯尔 8 岁时父亲给了他一把猎枪。父亲对他说，人分三种：羊、狼和牧羊犬。他警告儿子道："咱们家可不养羊……不过你要是成为狼，"说到这里他给克里斯看了看他的皮带。这样的比喻，公众经常在媒体中看到。所谓狼羊犬的比喻并不只适用于军队，也适用于国内治安力量，比如警察。打开电视机，总有警察剧告诉你警察越激进就越英雄。我们可不能限制了他，因为外面有好多狼，我们这些羊需要牧羊犬来保护。军队绝不能被犹豫、懦弱的政客或和平分子所绑架，那么同理，警察也绝不能被自由派戴上镣铐。不然的话，狼将无法无天。

在都市里的黑人贫民区，警察可没戴上镣铐，他们是在忙着给别人戴镣铐。2015 年，警察针对黑人年轻人的暴力行为导致了一场全国危机，其中最引人注意的就是一场名为"黑人的命也是命"的抗议运动。在弗格森的圣路易斯郊外，一名警察向一名手无寸铁的黑人男性开枪，致其死亡。该名男性被怀疑抢劫了一家商店。大陪审团将这名警察无罪释放，其后，大规模的抗议活动爆发开来。人们认为黑人的生命不被重视，警察在贫民窟中执勤时首先保护的是资本主义机构，而非黑人的性命。许多示威者认为自家附近片警的工作是恐吓欺凌居民，而非提高人民生活质量。密苏里州州长杰里迈亚·尼克松（Jeremiah Nixon）的第一桩忧患就是招来国民警卫队以确保抗议示威者不会危及居民住宅、公司及政府财产："他说他召集了 2200 名国民警卫队员以应付可能的执勤任务，其中 1200 名于周二晚在圣路易斯或其周边保护住宅和企业。前一天晚上，警卫队 700 名队员很大程度上仅是在保护政府大楼，包括一个警察指挥所。"[318]

另一起相似的事件发生在巴尔的摩，一名黑人男子在关押期间死亡，随即当地展开了暴力游行活动，政府命令该地进入宵禁，并也召来了国民护卫队。据称，警察打伤了该男子的脊柱，致其死亡。12天后，巴尔的摩地方检察官控告了6名当地警察，指控罪名从二级谋杀到过失杀人再到非法监禁，不一而足。可以说，尽管警察涉嫌恐怖的欺凌行为，但骚乱者自身也在欺凌，不过很明显的是，马里兰州州长劳伦斯·霍根（Lawrence Hogan）只想保护经商者的利益。他提到，"200家商户在骚乱中被毁。"[319]

尽管现实生活中警察犯下欺凌行为，每当电视节目中出现虚构的警察、军人、FBI探员和CIA人员闯入大楼、挥舞着冲锋枪时，大多数媒体却是在鼓励我们为这种行为鼓掌。这些人被认为是英雄，就像克里斯·凯尔那样。前特种部队指挥官、退役将军威廉·博伊金（William Boykin）认定懦弱的大众渴望英雄，赞扬凯尔及其传记电影时如此说道：

> 我认为，国会、白宫及社会各行业缺乏领导者，对这件事美国人已经受够了。因此这样一部电影很吸引他们，因为电影展现的是一个真正的英雄、一个真正的领导者，这么一个人：他明白什么叫崇高事业，值得为之去奋斗，去牺牲自己，甚至付出生命……这种精神很强烈、很有力，我觉得这样美国人才爱看……爱国的人成为英雄……我觉得左派可能觉得这太过分了，但谁管他们呢？……一个好的狙击手是无可取代的……一个好的狙击手，不但枪法准，还能读懂环境，随机应变……我希望他们能明白，老兵付出的代价是巨

大的，我还希望这电影一出来，能有更多让退伍老兵就业的
项目，支持他们和他们家人的项目……我希望这电影能让美
国人燃起热血，想要拥有更强的军事力量，想要去照顾我们
的老兵。[320]

　　诸如《美国狙击手》的电影意在鼓励公众，鼓励这群羊去成为
牧羊犬。就算不可能，至少能对牧羊犬防狼护羊的行为心存感激。

　　然而这个问题依然存在：谁才是欺凌者？换句话说，我们如何
分辨牧羊犬与狼？军队在公民社会中找寻各种渠道来传达他们的价
值观和对这些问题的答案。伊拉克战争和阿富汗战争期间，我们一
直在听到那句口号——"支持军队"。开车上高速公路，就能看见
印着这口号的黄丝带海报，上面写着老兵和阵亡士兵的名字，挂在
天桥之上，旁边还有美国国旗和"失踪战俘"旗。童子军组织在网
站上播放《绿贝雷帽之歌》，发放的勋章是射击步枪和散弹枪的形
状（不过现在想成为雄鹰童子军要获得环境科学或可持续勋章才行）。
包括职业棒球赛和"超级碗"在内的重大赛事，总会进行赛中暂停，
表彰军人。来自各武装部队的五颜六色的护卫军扛着各自分队的旗
帜进入赛场，整个体育场都要起立高唱《星条旗永不落》，战斗机
飞过头顶。想说什么很明显：军人为祖国而牺牲，他们值得我们毫
无质疑的崇敬与支持。参军被称为"服役"（service），本身就是
无私的。如果你支持军队，你就不该质疑他们加入这杀戮、欺凌组
织所为的事业是否必要、道德、公正或对大多数美国人、大多数人
类来说是有益的。如果军人牺牲了，那这事"肯定"是有益的，我
们就必须不能让他们白白牺牲。

当然，这种宣传是为了抹黑任何可能的反战运动，让抗议者看起来像不知好歹的欺凌者，只想将他们的反美国阴谋强加在全国人民身上——这些人看不起自己国家的价值观与机构，尤其是军队。坊间流传着大量越南老兵被欺凌、被吐口水的传说。的确有一些老兵感到自己被排挤，排挤他们的人认为他们是"杀小孩的"，也有自封的爱国主义者，认为军人是无能懦夫，打输了这场战争。然而，莱姆伯克指出，并没有越南老兵被吐口水的实际事件记录在案。[321]

现实中，和平运动者试图将这两者分辨得非常清楚：战争以及鼓吹冲突的机构、价值观和领导人，作为个人被引诱欺凌着加入战争的现役军人和退伍老兵。抗议者可能不支持军人为之牺牲性命的事业，但同情他们，认为他们是受害者。

在《怪物史莱克》人物法尔奎德领主身上，军阀的"勇敢"被重点描绘：他派骑士去屠杀绑架了美丽公主的恶龙时说道，"你们之中可能有人会死，但做出这个牺牲我心甘情愿。"[322]

"一战"时，歌曲《我养儿不为他从军》及德伯斯的演讲揭露的是一种拯救生命的深切渴望，以及对前线战士们的深切同情。越战期间，"支持军队，带他们马上回家！"的口号广受欢迎——如果军人是白白送死，那么让战争继续只会使更多人白白送死。

示威者哀悼在越南牺牲的美国军人。1969 年，一场"反死亡游行"从阿灵顿国家公墓一路走到白宫，每位参与者均举着写有一名死在东南亚的美国军人姓名的标语牌。每位军人的名字都在白宫门前被大声念出，花了整整两天时间才念完全部 4.5 万名阵亡将士。[323] 和平活动者与应召入伍的越战军人同心同德，在军事基地旁边开办了数十家咖啡店："军人们可以来这里寻求支持，团结起来，加入军中反战抵抗运动的呼声，叛乱、袭击军官和大规模反征兵运动都已发生。"[324]
尽管越战数年后这些咖啡店已经关门，伊拉克战争和阿富汗战争期间
却春风吹又生，在德克萨斯州胡德堡等军事基地旁再度开办起来。越
战时曾有征兵，反对者会一大清早就去其中几个征兵办公室，向即将
登上征兵站大巴的征兵受害者分发传单。及至尼克松废止征兵时，反
抗者数量已经超过应征者。[325]

为破坏反对运动，军队官方领导人于 1973 年放弃了他们最强有
力的欺凌工具——征兵。这是唯一能够证明他们的确在控制社会的工
具，因为征兵使得他们能够随便抓一个平民，强迫他为了他们而去杀
人或被杀。如果没有征兵，他们就必须再找别的方法来欺凌公民，恐
吓公民从而迫使公民为他们服务。我们已经看到，其中一个手段就是
抹黑反对运动，将反对者塑造为背信弃义的欺凌者，只想破坏地球上
最伟大的国家。"一战"和平运动的历史被从根本上改写了，几乎从
人们的记忆中抹去。随着"失踪战俘"旗帜飘扬各地，越战的反战运
动也恐遭同样下场。在可预见的未来中，军队当权派及其盟友会不遗
余力地对大众进行控制洗脑。

唯一能削弱这种努力的，是一场反对派和平运动，且必须做好
准备面对来自军国资本主义社会的敌意。马丁·路德·金走在这条道
路的前面，他曾下定决心："若我再发声反对针对贫民窟被镇压人民
的暴力，我必将首先大声谴责当今世界最大的暴力承办商——我自己
祖国的政府。"[326] 就像金所说，想要终结欺凌，就必须先大胆抗议
最强大的欺凌者。

第七章

欺凌教学：教育与欺凌

所有社会都需要能够向下一代传授价值观、传统及必需技能的机构。家庭是最早的学校，但我们所知的学校体系本质上是工业资本主义的产物，设计这样的机构明显是为了培养守护军国资本主义的接班人。

孩子可能不需要任何成年人影响，自己就会去欺负别人。然而，作为最广受媒体关注的欺凌形式，校园欺凌却可能被学校本身有意无意地鼓励着。学校本身也有矛盾之处，既要教学生勇于竞争又要教学生文明礼貌，教育工作者也倾向于认为自己服务于学生而非军国资本主义。近来我们注意到，各学校的反欺凌运动越发积极，而效力是否能够持久还未可知。

19世纪中期以前，正统学校教育主要是富人阶层的奢侈品。英国的私立学校（经常被称为"公学"，与由女家庭教师进行的家庭教育相对）应当培育出识大体、懂礼貌、举止优雅的绅士，但在学校里的日常体验可与举止优雅不太沾边。尽管要求学生学习的是拉丁语、文法、数学等正规学科，学科本身其实只是第二重要的。真正的课程植根于校园文化之中，学生们正是在校园中学会了"男子汉做派"——而且通常通过暴力欺凌来体现。

汤姆·休斯（Tom Hughes）的自传式小说《汤姆求学记》对这种学校的描述极其值得铭记。[327]汤姆·布朗的学校名叫拉格比，在那里，学生的受欢迎程度取决于他们应对欺凌有多从容，"吃药的时候要像个男人"，[328] 然后，一旦有了机会，他们也会变成欺凌者。谁不能接受挑战，就会被称为"小弱鸡"。年纪轻一些的学生会成为年长学生的"苦工"，基本上就是奴隶——经常挨打，而且要服从学长们的所有命令，甚至是帮学长写作业。英国的公学里，年纪小的学生可能会接受这种残暴的对待，并认为这体系很公平，因为他们心中想的是，自己长大了就也能欺负自己的"苦工"了。欺凌受害者有一天也能成长为欺凌大师，这是种上层社会的特权，这种信心是精英阶层以外的人绝不会有的。

休斯坚信，出于"男子汉气概"而行使的暴虐行为不是欺凌，这种行为能够锻炼出未来"更好的男人"，恰恰是维护大英帝国并能在各殖民地保持权力、控制当地人民的男人。伯托特·布莱切特（Bertolt Brecht）在《三便士歌剧》中模仿前英国军官如何缅怀军旅历程，在表演中嘲讽了这种态度：

> 我们一沮丧，便把街来逛。
> 街上见行人，人若把脸沉，
> 挥刀将他剁成泥，
> 生肉汉堡最好吃。[329]

军国资本主义教学

美国意义上的公立学校指的是国家出资建设以供大众就学的学校，于 19 世纪晚期至 20 世纪初在美国成为惯例。工业资本主义日渐成熟，需要调教工人让他们接受工厂组装车间的欺凌的系统运作，让他们成为坐得住、站得住，从不质疑分配的任务，对拿到一张工资支票感恩戴德的人。美国可能自认为是熔炉，使不同背景的人融入同一文化，不过，从前的黑奴们，以及来自东欧、南欧和后来来自拉丁美洲、亚洲、非洲的移民，必须被教会爱国主义和资本主义的价值观。为达此目的，安德鲁·卡内基建立了卡内基教育促进基金会。这位产业家信誓旦旦："涌现的是将治愈国家所有疾病的真正的灵丹妙药——教育！教育！教育！"[330]

美国的公学倒真是公学，与英国的公（私）学一样教授正规学科，但真正的课程可能并非教学内容，而是教育的形式和教学的风格。公学里有一种"隐藏课程"，[331] 影响力比正式公开的课程更大。与英国的公学有所不同，美国的公立学校旨在教育出一批劳动力。学生一般必须成排而坐，保持安静，将注意力集中在一个权威人物身上——老师。只有一些例外，稍后将会讨论。老师喂什么，学生就吃什么，然后原样再吐出来，基本不用想吃的东西到底是什么意思。

现代校园中的老师，无论本人的目的是什么，都明显扮演着欺凌者的角色，因为老师执行的是更大欺凌机构的命令，对学生传输的是欺凌机构的价值观和期望值。老师的欺凌行为可能很温和，但必须教会学生接受权威、做事要经过老师允许、要遵守老师的观点和指导。学生如果听话就会得到奖赏——好成绩。这与成人世界中拿到工资完全一样。讽刺的是，想要考高分的渴望可能会对学习带来不良影响：

> （首先，）随着想要考高分的心态越来越强，想要探索更多想法的心态就会越来越弱。其次，只要有可能，学生就会避开有挑战性的任务。毕竟，如果做的是很难的作业，就可能无法拿到最高的分。最后，学生的思考过程会趋于平庸。不同的研究接二连三表明，传统记分制对创造力甚至长期记忆都有不利影响。[332]

分数教给学生的是，学习本身不具有价值，不过是为了考试去获取过后马上会遗忘的信息的一种外部奖励。此外，学生之间必须反目成仇，彼此竞争来决出谁能得到权威欺凌者的青睐。学生必须像被欺凌的工人一样——不能质疑权威，让统治者继续统治下去。学生如果反抗就面临着成人一系列的惩罚措施，尽管会反抗的学生一般在自己同学中间很有人缘，还是会考低分甚至不及格，甚至被强迫留级。作为惩罚，还可能会放学后被留在学校。现如今，这种学生留校时会被送到校辅导员或心理医生那里去接受教育，而过去的学生还会挨板子或挨打。今天，东北部学校已规定体罚违法，但南部仍在实行。

教育机构表面上的目的可能是为了推进教育，但实际上可不是为了在大多数学生心中种下对学习的热爱。如果说机构真能做到什么，那大概是让学生对学习产生了敬而远之的情绪。从公司的角度来看这是合理的，因为人有了知识就会去质疑体制。而军队希望士兵盲目服从，所以从军队角度来看这就更合理了。《"不让一个孩子掉队"法案》认为，高中学生毕业后去参军与去上大学效果是一样的。法案还要求接受联邦拨款的各学校积极协助军队招学生入伍——"最新的《'不让一个孩子掉队'法案》中关于征兵的条款要求接受联邦拨款的各高中……在军方征兵人员的要求下提供……与高等教育机构或任何潜在学生就业出路同等的接触学生的机会。校方若不遵守……将可能失去联邦拨款"。[333]

全美国高中里有超过 3000 支初级预备役军官训练部队，个个都骄傲地宣称在"指挥链"的领导之下。[334] 某些高中甚至有学生被强制或逼迫加入了这个组织。在水牛城的一所高中里，纽约公民自由联盟将该学校告上了法庭，一名学生才得以免除服役，而其他数名学生仍在欺凌之下不得不去参加。[335] 授权初级预备役军官训练部队成立的联邦法规中提到："这些项目将使学员作为领导者和公民更好地为国服务，如果参军则更好地为军队服务……初级预备役军官训练部队……本身并不旨在培养军官，但应在学员心中树立起对服役及进入武装部队就职的良好态度及良好印象。"[336]

越战正酣时，弗雷德里克·威斯曼（Frederick Wiseman）拍下了费城一所高中的日常生活。一次集会期间，副校长朗读了最近一封来自一位上学时是"较差学生"的校友来信。校友写下这封信时正要出发去越南执行轰炸任务，他将自己的军人保险留给了学校，如果此行不归，学校将成为受益人。他向学校员工表示感谢，感谢他们教给他的价值观，他请求教员们不要为他哀悼，因为他意识到自己"不过是在完成一项工作的一具躯壳"。副校长几乎要掉泪，她宣称，收到这样一封信让她知道"东北高中的教学非常成功"。[337]

有人接受自己是"完成一项工作的一具躯壳",有人愿意"不问缘由,至死方休",东北高中这就算是教学成功了。这名学生被教育者和军队军官欺凌着,又如此骄傲地去欺凌不如自己的人,或者说——轰炸不如自己的人。这正是军队希望各高中培养出的态度,因为这种态度对于军队招兵和军队成功来说至关重要。

从最初时起,学校系统就饱含种种矛盾。为了为军国资本主义服务,来自不同背景的学生必须被"美国化"。许多家庭相信,如何教育孩子是由家长来决定的,他们教授给孩子的也是家庭价值观和家庭文化,尤其是来自家庭观浓厚地区的移民家庭或农村家庭。而各学校如果目标在于将孩子美国化,那么就可能与家庭的目标相悖。许多家长认为正统学校教育并无必要,甚至可能对其怀有敌意。直到 21 世纪早期,孩子都基本上是一种经济资产,要么帮农,要么在工厂干活养家。为了终结童工现象、削弱"非美式"家庭的力量,学校教育成为强制教育。建立学校系统的人认为自己是将儿童从欺凌式家庭中拯救了出来,然而家庭却认为自己是在遭受欺凌,被迫让出了对孩子的支配权。

这并不意味着孩子就是高高兴兴上学去的,尽管有孩子会将去上学视为一种解脱,不用在工厂或者专制农场上受罪,但也有许多孩子认为被强迫上学是来自家长、国家或学校系统本身的欺凌。直至今日,情况依然如此。即使稚童抱着乐观心态去上学,随着年级升高,这种乐观也会逐渐丧失——由此可见,学校的真正目的可能实现了:不是树立学生对学习的热爱,而是毁灭学生对学习的热爱。一项研究表明:"对学校的喜爱每年都会减弱,100% 的幼儿园孩子喜欢去幼儿园,而九年级学生就只有约三分之一喜欢上学。"[338]

为了让学生为日后的劳动市场做好准备，学校通常会教他们学习就是工作而不是玩乐，然后让学习变得乐趣全无。21世纪初，马萨诸塞州教育委员会要求每个四年级学生以此为题写一篇作文："美梦成真！下雪了，学校放假。这快乐的一天，你打算做什么？"就连运作教育系统的人都不能想象，任何学生如果有其他选择还会来上学。那么学生就更有可能将老师和学校管理人员看作欺负人的敌人，根本不可能是为了他们好。

罗尔德·达尔（Roald Dahl）广受欢迎的作品《玛蒂尔达》引发了孩子们的共鸣。[339] 书中描述了一个名叫阿加莎·特朗保尔的暴虐校长，她痛恨孩子，办学只为满足她最大的乐趣——折磨孩子。年轻的玛蒂尔达被一位名叫哈尼小姐的老师所拯救，尽管哈尼小姐也遭到阿加莎·特朗保尔的欺凌，并深深恐惧着这名校长，依然努力地想让孩子们热爱学习。

至此，本文已指出矛盾存在于学校系统之中，但还未对这些矛盾进行充分探讨。首先，教师们选择这份职业本不是为了让学生厌恶学习，而是为了使学生爱上学习，这就是一个矛盾。教育部长阿恩·邓肯（Arne Duncan）曾在网上问老师，你们为何会选择教书。他收到了这样的回复：

> 我想让我的学生爱上学习！……我想让学生知道，平凡的人做出不平凡的事才造就了历史，我的学生也可以做任何事……造就活到老学到老的学习者，乐于完善自身、完善国家。并且，改变人们对教师行业的看法……（我）希望教出能够带来改变的人，在我学生心中树立对学习的热爱并（帮

他们）知道，他们的想法是很重要的……推进对学习的热爱，

指引他们进行批判性的思考，而不是只会考试。[340]

　　许多教师本人反对体制的种种期望，但又被迫去灌输给学生。因此，他们也是在学校或分数要求的欺凌之下转头去欺凌学生，从而执行着这种体制欺凌。就像本书第一章所说，即便他们本人并不想侮辱或支配学生，却不得不为之。学校管理人员对于教师能力的评估中，很重要的一项就是课堂管理能力（所谓"管理"能力其实是一个公司术语）以及维持纪律秩序的能力。[341]20世纪六七十年代，许多饱经各种抗议运动、反主流文化历练的激进人士在自身教育经历中备受排挤，却都加入了教学事业，想将学校由巩固权力的欺凌机构变成"以学生为本"的场所，让学生可以探索自我，表达自我，开发好奇心，学会欣赏其他文化，增强创造力。然而，如果学校的真正任务是为各大公司提供听话的劳动力，为军队提供炮灰，那么这以学生为本的教育并不能达到目的。因此，一场"返璞归真"的行动应运而生，于里根执政时崭露头角。学校的任务是打造对当权阶级和爱国主义的尊重，重点是死记硬背而非独立思考，教授的是识字、写作、算术等基本技能。

　　返璞归真路线最初的规划师之一戴安·雷维奇（Diane Ravitch）后来公开指责该路线，说它创造出的学校只为公司服务，而非为学生服务。"改革者将教育的目标制定为提高学生的整体竞争力，适应高等教育或就业需求，"她指出，"这些人将学生视为'人力资本'或'资产'。而相关文件或公共宣言中却绝少提到，让学生成为性格健全的人并担负公民责任的重要性。"[342]

另一个极力鼓吹返璞归真运动的人是国防部部长理查德·切尼（Richard Cheney）的妻子琳恩·切尼（Lynne Cheney），她本人是里根和老布什执政期间的国家人文学科资助会会长。她担心以学生为本的多元文化教育会破坏爱国主义和对军队冒险主义的支持，因此不无讽刺地写道：

> 美国学生越是学习美国的错误和他国的美德，……就会越来越觉得，美国不值得他们去用心支持。我们呼吁使用美国力量，他们也不会回应。这样一来，20世纪90年代布什总统能够团结起整个国家去支持伊拉克战争的黑暗时期是再也不会来了，而60年代末、70年代初没有一个总统能找着人支持越战的黄金时期可算是回来了。[343]

返璞归真战役致力于在课堂教学中应用统一标准。如果教师不遵守琳恩·切尼的爱国主义意识形态，就可能面临严厉的处罚，甚至被开除：

> 圣路易斯一名教师因允许其学生在创意写作课中使用渎神语言而被解职。法院最近维护了这项决定，宣称宪法并不保护她那"以学生为本的教学方式"。……2003年，政府正在酝酿入侵伊拉克时，印第安纳州一名教师遭到解雇，原因是她对学生说……在某次反战集会中按了车铃表示支持……俄亥俄州一名教师被解职，原因是要求学生阅读被美国图书馆协会众多会员机构禁止的书籍。[344]

返璞归真运动的后果之一是，所有学校体系必须有一个统一的计量标准，并被迫接受单一测验以验证这种标准。《"不让一个孩子掉队"法案》使得学校是否能拿到拨款取决于学生的考试成绩。如今，教师在这样的欺凌下被迫进行"应试教育"，再也不能鼓励学生的兴趣、创造力、独立性和学习的快乐。在很多学区，教师本人也要接受考试。就连众多最有冒险精神、最有创造力的教师都觉得，自己被迫脱离了教师队伍。2010 年左右，占到全体教师 20% 的 50 万名教育者离职或选择每年调职，离开的理由往往是对工作不满意。[345] 纽约大学教育学教授乔纳森·基摩曼（Jonathan Zimmerman）痛心疾首地说："如果说对所谓'学业'目标的强烈追求有什么用的话，那也是在教学质量方面让教学工作变得'不那么'学业，变得比从前更墨守成规……我们创造出的体制与学业成就紧密挂钩，而且狭隘地以规范化考试来评定学业成就——没有一个认真的学者愿意在这种体制下教学。"[346]

当今的老师们实际上是替人受过，学校有各种问题，被责怪的却是老师。而根源其实在学校系统的组织者以及他们的意图身上——这种观点，却连考虑一下也不许。学校系统范围以外的问题，比如贫困，也不会被认为是老师表现不好的合理借口。华盛顿特区前校监米歇尔·瑞（Michelle Rhee）认为应该以学生成绩为武器来欺凌教师：

贫困问题为我国各校带来众多严峻挑战。但对于学生学业表现的期望值绝不该因为其出身环境而受到限制。……低收入学校的校长往往被迫雇佣其他学校淘汰下来的教师，不管该教师是否满足职位要求。由于论资排辈的工作保护制度，如此雇佣的教师即便表现不好也得以继续留在体制内。[347]

如今，雷维奇则认为整套返璞归真运动是搬起石头砸了自己的脚，既欺负教师又欺负学生，而且还削弱了学校的作用。她写道：

> 任何人只要真心关心学生，就不会支持这种一心想要给学生排个名、贴个标签的风气。考试所衡量的不管是什么东西，都不会是任何学生的整体能力和实质能力。考试不能考查品格、精神、心灵、灵魂、潜力。如果过度使用考试、错误使用考试，从大的利益来讲，就会扼杀我们社会最需要的创造力与技巧性。创造力和技巧性与统一规范水火不容。我们应谨慎使用考试这一工具，目的应是帮助教师学生，而不是分配奖惩，也不是给孩子或大人贴上分数的标签。[348]

雷维奇另外还写道：

> 此类路线将使课程安排狭隘化，鼓励应试教育。这是剥夺了孩子接受优质教育的机会……均可能瓦解学生所接受的教育，打击教师的热情，破坏社区团结。在我国，如想要改善教育，则需要树立教育行业的强势力量和高度受尊敬形象，以及丰富的文理课程安排……孩子需要休息和玩耍的时间。

> 各学校应实行小班教学，让每名学生都得到适当的关注……
> 如果我们赶走有经验的教职员工，就不可能改善教育。[349]

男生恶霸

把教师欺凌成违心的军国资本主义爪牙，这无疑是学校系统中的一个矛盾。但本节要讨论的是另一个更加根本的矛盾。本书前几章已经指出，资本主义需要的不仅是听话的劳动力，也需要独立自主、富有创造力的创新者，能够开发出新科技、新技术，也能够管理整个体制。就连军队，也需要新武器技术以及足智多谋的策略家。如果学校只能制造出盲从且畏缩的软脚虾，创新者又从何而来呢？政治经济学家塞缪尔·博尔斯（Samuel Bowles）和赫伯特·金迪思（Herbert Gintis）指出，学校系统分为两种：第一种多见于贫困社区，旨在打造出听话的工人及跑腿；另一种则见于私立学校及富有郊区，培养的是有创造力、能够独立思考的人。富人学校的学生会被鼓励去探索自身、表达自我，说不定甚至可以挑战教师等权威人士，因此有机会去威胁以欺凌体制为基础的传统教学系统。博尔斯和金迪思认为："美国教育并非铁板一块……（一些学校）在有教师作为引导而非监工的基础上，允许学生'自然'发展。激励学生努力学习的是自身兴趣……目的在于让天然的创造心升华，产生丰硕成果，而不是去压抑这种创造心。"[350]

或许，这两种学校系统可以于同一幢教学楼中共存，有尖子生班，有后进生班，可能还有职教班。这种对学生分类的方式甚至还可能在一个班级中共存，老师鼓励优等生去自由探索，而对不及格的学生则只要求他们别说话或者用一个词来回答问题。

资本主义意识形态自称为一种精英管理体制，能提供平等机会，但不保证平等结果——人与人可能各不相同，但人人都能得到一个展示自我、充分开发自我潜能的机会。然而事实上，不管黑人栋梁可能做出什么贡献，南方的种族隔离学校还是拒绝为建设资本主义而让黑人上学。与之类似，较贫困社区中的专制学校压抑着所有学生的创造力与学习热情，也是在拒绝对公司等强势机构提供学生在更宽容的环境中本可充分发挥的各项技能。因此，从精英角度来讲，明智的做法就是不要对所有学生一视同仁，而只让有好奇心的学生蓬勃生长、表达自我。

面对着一教室学生的不善目光，老师可能感觉受到排挤和打击，因此会更欢迎有热情的学生，并愿意给予这些学生特殊关注和种种特权。然而，如此行为可能会导致其他学生的怨恨，然后去针对这些"师宠"、"马屁精"、"学霸"。稍微富裕一些的学校更倾向于鼓励独立思考，但即便是在这样的学校里，学生之间也会有分化。校园外的军国主义文化可能会使那些更擅长运动或更有好斗精神的男生以及穿衣服更有品位的女生成为同学之间争相效仿的对象，而让更注重学业的学生被边缘化，甚至是直接被欺凌。一些学生可能觉得自己是遭到欺凌才被迫成为欺凌文化的一部分——如果他们维护受害者，就可能会被看作跟受害者一伙，自身也成为受害者。

即便成年人去奖励还未失掉好奇心的学生，学生文化中也推行着这样的意识——"学习"这种东西，是要躲的。这一点在较贫困的学校中肯定存在，甚至在一些较富裕学校中也不例外。一些学校官方可能公开谴责这种文化，但实际上却千方百计地睁一只眼闭一只眼，甚至强化这一意识。如果说非精英学校本来的任务就是鼓励学生不要学习，那么老师等校方人员也没能把这一信息传达给仍追求知识的孩子。

教授实践课程的重担可能落在了学生文化的肩膀上，而传播文化的机制正是欺凌。杰西·克莱恩在《欺凌社会》中指出：

> 即便是乐观地说，智商高、分数高、对课业感兴趣的学生也可能人缘不会太好；而如果悲观地说，这样的学生可能直接就会被同学排挤。2006年一份针对天才儿童的调查显示，67% 的天才儿童说他们从入学直到升入八年级期间受到过欺凌，其中一些因考试分数而遭到嘲讽。东北农村低收入地区一所高中校报的校方编辑瑞克（Rick）说，他学校里最受欺负的孩子奥利弗（Oliver）"总是在读书。他喜欢书，你总能看见他坐在角落里看书，就因为这个别人都嘲笑他，说他是'娘炮'或者'妈宝'"。[351]

"书呆子"这个词说的就是开发智力兴趣以弥补社交失败的一类人。为了不被当作"书呆子"，很多男生是故意不好好学习，不考高分。[352]

耶尔·马格拉斯自己的故事

我就读于东北部某市市中心平民区的一所高中，我是学校里最受欺负的学生。我当时的确是个宅男，我也曾被叫作"娘炮"。20世纪 60 年代恐同情绪还十分普遍，甚至很少有人会去想，真的会有人是同性恋（虽然我并不是）。被叫作"娘炮"是最终极的侮辱，这个标签专门用来制裁或欺凌任何违反某些男性禁忌的人，比如说——多愁善感。

> 克莱恩主张，自从21世纪最初十年甚至更早以来，学校里一直存在着"性别警察"，[353] 决定男性行为态度该是如何、女性行为态度该是如何，然后使用欺凌手段去惩罚任何偏离该标准太多的人。她要求自己的学生指出资本主义和雄性气质的特征，得到结果如下："我让学生告诉我，提到资本主义会想到哪些词。人需要有哪些特质才能在我们社会里成功？黑板很快就写满了：'竞争心'、'进取心'、'强势'……然后……我让学生再列出提到雄性气质会想到的词，出现的又是同样的一组词——'竞争心'、'进取心、'强势'。不知不觉间，我的学生标出了雄性气质与资本主义之间的共通之处。"[354]

我就读的高中里有一套清晰的阶级层级，而且我必须得知道自己在哪层。学习成绩上来讲，我可能在顶层，但人缘方面我在底层。学生和校方都在巩固这种阶级层级，传递的价值观正是各公司和军队所要求的价值观。就算是没直接欺负我的人，也觉得看我被欺负很好玩。有人用手盖住我的笔记本时，就连认为我是好学生的老师都会笑。我的学术能力评估测试（SAT）成绩单（当时考了在我们学校算是很高的分）被一个学生抢走，我下位想抢回来，辅导老师却让我放学后留堂。做化学实验时，一个学生攥着我的手放在煤油喷灯上，老师却问我，"你明年打算在哪里重修化学？"多年以后，我受邀对数名残疾人讲述我的经历——就连他们都说，被欺凌之人必有可恨之处。"你有什么好抱怨的？你又不是没腿。"他们这样说，并且一再问我为什么不反击。

英国社会学家保尔·威利斯（Paul Willis）观察到，许多学生，尤其是出身于工人阶级的男生，会通过欺凌书呆子来发泄因疏离感、乏味感和冗长校园生活而产生的愤怒。美国人管书呆子叫"nerd"，威利斯调查的英国工人阶级学生(用当地方言叫"lad")则称他们为"耳屎"（ear'oles）。威利斯指出："通过肢体侵犯……清楚地表达了对'耳屎'（的态度）。暴力和对于暴力的看法是这些男生自认为优于听话学生的最基本标准……打架、口头挑衅升级为打架、事后再去讨论打架，这些行为所带来的乐趣是积极的。"[355]

威利斯所调查的这些男生，他们必须一直保持一种控制力。他们与资本家和军队一样，生存在一种"要么杀要么死"的竞争环境之中。尽管他们自己也被学校系统所欺凌，却不能让其他学生爬到自己头上来，如果是书呆子或者"耳屎"，那就更不行。他们必须表现出一种"杀手本能"。[356]威利斯援引一句他们的原话，是这样说的："如果有人找你麻烦，你要是不马上表现出你比他们强，他们就会一直来欺负你，嗯……就是说……所有学生都这样，发现了可以欺负的人，只要知道你是这么个人，那就一辈子都得被他们欺负，一遍又一遍。必须从一开始就让他们知道，你就不是他们能欺负的人。"[357]

威利斯所描述的此类学生可能成绩很差，但只要能欺负书呆子或"耳屎"，他们就觉得自己有优越感——欺凌成了在失败环境中保存自尊的方式。书呆子可能有"读书能力"，但威利斯的男生们才有真正有用的智慧，那叫"生存能力"或者"生活能力"。我们这里再引用一位威利斯调查对象的话："胆识、决心……关于人生我们懂的可比他多。他们可能数学还有理科成绩高，但那个没用，对谁都他妈没用。这种人得努力搞懂的是这么一回事儿……他们就没有生存能力。"[358]

老师的话也不用听，因为老师也没有生存能力。一个男生这样说道："他们不懂'世道'，一辈子都在上学、上大学，能懂吗？他们啥都不懂还教我们？"[359]

这些工人阶级出身的男生将"成功"定义为"赚钱"，本质上与资本家相同。然而，这些男生中的大多数最终将落得个工厂组装线工作的下场，要不就是去沃尔玛或者麦当劳打工，再要不就是参军或者失业。如果是这样，那么以他们自己的标准来看，这生存能力或生活能力能有多高？学校和阶级系统禁锢他们、管制他们，将他们封入那贫穷而没有社会地位的囹圄，他们对此进行着反抗。然而，讽刺的是，这种反抗却正中他们当权敌人的下怀。知识是学不到了，工人阶级的子弟们只能彼此之间互相竞争，觉得自己很"酷"，显示自己不在乎学校。方法通常是成为运动英雄，有时则是喜欢斗狠，甚至使用暴力。他们想要性伴侣、酒精、毒品、衣服和车，但没钱买。为了有钱买，他们只能去加油站、麦当劳或唐恩都乐[1]找一份收入低且没地位的工作。工作累且费时间，所以他们的学习成绩更差。很多学生索性辍学，而即便能读到毕业，即便能找到工作，做的也依然是高中时打工的这种底层职位。工作越是差，还越会被说：有个工作就不错了，别自己

---

[1] 唐恩都乐（Dunkin' Donuts）：美国连锁甜甜圈咖啡店。

作然后被开除。许多工人阶级出身的年轻人将暴力和好斗浪漫化，认为最酷的就是参军——说不定能作为战争英雄荣归故里。他们的反抗行为并不能成为有组织的运动，不能威胁精英阶层，反而成了权贵阶层能够为己所用的文化。最终结果就是，他们成了服从的工人和军人，回忆当年在操场上欺负"耳屎"的"光辉"岁月，聊以慰藉。

与威利斯的调查对象相同，来自工人阶层贫民区和工业重镇的学生可能都不怎么知道还有一种富人学校的存在——在那里，成年人会鼓励很多而不仅仅是一小部分学生去独立思考，发散思维。贫困学生只知道，上学就是被排挤的过程，学校本身就是老师和其他当权成年人欺负大多数学生的地方，可能只有极少数可以免于欺凌。他们不会明白为什么有人会自愿屈从于成年人的期望，好像还是真心想学习的样子。他们认定，这样的学生就是马屁精，就是不敢挑战成年人，就是想从成年人那里获得好处和庇护。既然这些人不能自保，那么就活该被践踏。较富裕的学校中，书呆子可能能圈地自保，互相支持，即便不能直接反抗欺凌者，还是能够在彼此之间表达对欺凌者的不屑。然而，即便是在富人学校里，学生中依然存在社交层级，会运动和会打架的人居统治地位。被集体所排挤的人倒也不是不想欺凌别人，只不过没有这个能力。克莱恩指出，校园枪击案往往是受到排挤的学生的复仇行动，尤其是被排挤的男生，没有别的渠道去表达愤怒。[360]

与成年人相同，工人阶级的学生如果成绩不好则会受到一种"阶级的隐伤"。[361] 他们眼看着自己曾经鄙视的马屁精或者书呆子大学毕业，有些甚至成了他们的老板，会觉得这些人才是成功人士，于是也就认命了。所谓"平等机会"、学校是"伟大的平衡力量"，这其实是个神话，一旦相信这个神话就会觉得——我本来有机会的，然而"没能抓住"。资本主义的意识形态即是在说：你要是失败了，那你谁也怪不着，就只能怪你自己。成功人士是因为有毅力才能经受住乏味、漫长、孤独的校园生活，理应取得成功。长大后没能"走上人生巅峰"的人对受过教育的人抱有一种服从心理，社会学家理查德·森奈特（Richard Sennett）和乔纳森·柯布（Jonathan Cobb）是这样描述的：

> "哎，人家是受过教育的人，那肯定是懂呗。"……"这个可能是我懂得太少了。"……"华盛顿的人肯定比咱们懂得多，所以有资格办那些事，就算咱们看着好像不合理"……只要说掌权阶级是"高级知识分子"，那么马上就能创造出权力的神秘感与正当性。思维和知识的分配划出了一道界限，一边是做出评判的人，另一边则只能接受评判。[362]

女生恶霸

大多数男生恶霸的欺凌手段是肢体暴力，然而，尽管克莱恩表示女生恶霸也会使用肢体暴力，[363] 但女生之间的欺凌行为往往是通过孤立、嘲笑、散布谣言、短信、在 Facebook 等网站上发消息来进行的。与资本主义价值观一致的是，女生欺凌也与竞争有关，目的是为了在地位层级中建立地位，但这种地位却不在于谁打架最厉害，而在于谁最有钱、谁穿的衣服最好、喜欢谁的男生最多。这种竞争导致了消费主义的形成，让各公司的金库越发稳固。政治经济学家保罗·巴兰（Paul Baran）和保罗·斯威兹（Paul Sweezy）指出，成熟资本主义体制下，为实现公司利益则必须去人为制造需求，让人们为了消费而消费。[364] 女生之间的竞争话题包括谁的衣服是最新款、谁的珠宝最贵、谁的穿搭最性感、谁的手机壳最可爱，甚至谁有能力买到优质的塑身产品；这些竞争带来的心态正是各大公司所需要的。凯丽·戈德曼发现："一遍又一遍地，我们听到年轻女孩说自己被欺凌的原因是发型不对、衣服不对、包包不对，或者……水壶和背包不对。"[365]

迪士尼等公司的市场营销手段就是支配女生必须想要什么，女生如果不服从潮流，就会被孤立。戈德曼说："如果哪个女生不服从小团体，团体中的其他女生很快就会抛弃她……迪士尼公主现在经常组团出现，强加在女孩子身上，其实就是在教她们——你如果不跟粉红小组保持一致，就没人喜欢你。"[366]

男人可能经常看体育比赛，但只有极少数成年男性会成为专门的运动员。然而，鼓励男孩子重视运动能够树立起他们的竞争意识和好斗意识，这两个价值观对于军国资本主义是极其重要的。重要的是他们要去学这些价值观，而至于如何学会，那是次要的。换句话说，课程的形式大于内容。与之类似，一切旨在培养女生资本主义价值观的行为也服务于同一目标。如果说为了男生、外貌、衣服等其他从属品而互相欺凌将会导致层级、竞争及攻击行为，那么这就是在打造适应军国资本主义的女生。

20 世纪 70 年代以前，一个家庭仅凭一个人的收入即可过活，通常是丈夫负责养家。即便对于工人阶级也是如此，那时工厂能提供大量的工作机会，而且工资还很可观。时至今日，尽管各阶层女性都更可能去寻求就业机会，工人阶级出身的女生首要任务依然是为工人阶级的男生生孩子，或者成为服务员、女佣或店员。与威利斯的男生们相同，没人会期望工人阶级女生学业有成或者赚钱养家，社会对她们的期望就是接受自身在资本主义层级中的地位，进入极其明确的性别角色。她们彼此之间也会竞争漂亮的衣服、首饰和化妆品，但远远赶不上富人学校女生竞争的激烈程度。进一步讲，尽管富人学校里的女生有更多机会去发散思维、独立思考，她们之间关于男生和个人财物的竞争仍很激烈，甚至更为激烈。

与男生层级相同，女生的地位也不会因学习好而上升。事实上，一个女生还很有可能为了人缘更好而刻意对好成绩避而不谈。克莱恩观察到，与男生相同，女生中也有性别警察，会强制制定女性气质的种种标准。"二战"刚结束不久时，这一情况可能对美国资本主义有利。原因在于：战时男人去海外打仗，而女人接过了工厂中的工作。然而，世界重新和平起来，大兵们回了国，他们认为自己为国付出过所以理应享受就业、安全、财富与社会地位。如果不让他们就业，他们就会对军国资本主义发泄怒火。女人不能占着男人的工作，于是被劝离了工厂，而且还要跟回国老兵结婚，给他们生孩子，搬到郊区操持家业，然后就是买、买、买。为了训练姑娘们进入角色，成为传统家庭主妇，各学校开办起家政课程。除此之外，州政府还协办职业学校，让女生学做饭缝纫。

文化价值观不会轻易消失。尽管过去那种男人养家的家庭模式可能正在消亡，这种家庭模式所留存下来的两性之间泾渭分明的角色分别仍作为一种思想模式坚守阵地。尽管劳动分工可能已不复存在，男孩和女孩所接受的教育依然朝着两个不同方向。工人阶级妇女面对的乏味工作包括店员、厨娘或保洁，要么就是不工作。然而，现在追求高等教育和社会就业的女生却比男生更多。即便课堂教学已经发生了改变，学生自己推行的校园文化仍可能使陈旧的性别差异观愈发坚挺，女生们会为了争得男生的青睐而争相表现自己——不但能做贤妻良母，而且还能养家糊口。

长期来看，军国资本主义社会的尖锐性别差异可能将不攻自破。传统的性别期望允许男孩追求酷感、冷漠、善于分析，而女生就应该感性、擅言、富有艺术气息。尽管我们观察到男生如果对数学和理科太感兴趣会被排挤，但至少男生有这种兴趣就比女生要可接受得多。女生害怕被贴上数学、理科书呆子的标签，因为如果这样就会被认为是丑女或者缺少女性魅力。凯丽·戈德曼的女儿收到这样一封信，信中说："我小时候，男生和女生都会找我麻烦。我不进拉拉队，而去参加天文夏令营，我妈妈喜欢带我去科技馆而不是美甲沙龙。但你猜怎么着？现在我正在念医科，以后要当医生！"[367]

戈德曼评论道："女生如果对专属男生的学科感兴趣就会被其他学生嘲讽，这并不奇怪。社会就是这样教她们的——女孩子应该想的是精致可爱的东西，比如花或者公主。女孩要是玩科学、解方程就不符合这种定式，就会被贴上'异类'的标签。"[368]

针对黑人和工人阶级学生的故意错误教育体现出资本主义体制存在问题，同样的问题也体现在针对女生书呆子的欺凌上。当前，美国正面临着失去科技领先优势的危机，各公司与权力机构正需要加强有才之士的分析、数学与科技技能，无论他们是男是女。近些年来，我们已经看见鼓励女生参与数学与科学研究的趋势，这需要我们遏制针对女学霸的欺凌行为，也应成为反欺凌运动的组成部分。

　　然而，女生之间的竞争大多时候不是要竞争谁是最好的学生，而且肯定不会竞争谁的数学和理科成绩最好。女生之间最主要的竞争是男生最喜欢谁。然而，如果哪个女生太受男生喜欢，就可能招致敌意与欺凌，被贴上"轻佻"或"荡妇"的标签。与男生层级相同的是，一个女生如果成绩好也照样不能提升地位。事实上，她还可能为了人缘好而刻意避谈成绩。这一点也与男生相同——克莱恩认为，女生中的性别警察也会制定女性气质的标准。女生之间为了男生而互相争斗，还必须很小心，不能招来其他女生的潜在男朋友的青眼，要不然就是侵犯了那个女生的领地。

　　资本主义体制导致了竞争关系，并教导接班人这样的价值观——谁输了就是谁活该。资本家企图建立市场垄断、资源垄断和商品垄断，永远都在寻求领土扩张，若有人威胁到他们的控制就大开杀戒。然而，太成功的资本家也会树大招风，对付他们的方法包括价格大战或者反垄断诉讼。层级是资本主义的必需条件，但竞争又意味着层级会不断受到威胁。因此，即便是赢家也要时刻警惕，时刻准备着将挑战者打回原地。与高中男生一样，高中女生也被迫适应资本主义文化，拥有什么东西需要竞争，层级中居什么地位也要竞争。对于高中女生来说，最有价值的商品就是人气很高的男生，衣服、饰品、化妆品、瘦身产品等所有其他商品都是为了这个首要目标——吸引高地位男生的注意。这件事也是有个取食顺序的，高地位女生可以垄断高人气男生，但这种层级并不牢固，必须进行捍卫。如果有女生没有自知之明，敢去觊觎地位高于她的男生、染指别人已经认领过或者可能会认领的男生，就会成为欺凌对象，很有可能会被贴上"荡妇"标签。

克莱恩转述了一个名叫凯特（Kate）的女生对她讲的事："她们管凯特的一个朋友叫'荡妇'，因为她们觉得她在男生面前太自信。凯特觉得她自己也成了被攻击的对象，因为她'太好看'或者太招男生喜欢——本来她就是因为有这两个优点才能加入这个有权有势的女生小团体，结果又因为同样的原因被踢了出去……'她不能再跟我们坐一起了'。"[369]

某些时候，所谓的"荡妇"如果"约错人"，结果会真的致命，因为女生也会使用暴力。15 岁的爱尔兰移民菲比·普林斯（Phoebe Prince）住在马萨诸塞州南哈德利（South Hadley），她因与一个人气很高的橄榄球队员约会而被称为"爱尔兰荡妇"、"妓女"，不堪侮辱而轻生。欺凌她的几个女生认为她没有权力跟她们争男人。[370]另一桩案例是 14 岁的南亚女孩瑞娜·维克（Reena Virk），她遭到殴打并被活活淹死，过程中有几十名路人围观。此前，维克在两个女生的电话簿中找到了一个男生的电话号码并给他打了电话，这两个女生因此将她骗到公园中实施殴打杀害。[371]

与资本主义体制中人的地位一样，女生的地位不仅取决于她的男人，也取决于她拥有什么东西。不过当然，拥有好东西能帮助她吸引男生。因此，消费主义与抢夺男生其实是相辅相成的。13 岁的瓦妮莎（Vanessa）对克莱恩讲述了她和劳伦（Lauren）的故事：

> 我们还是朋友时，她会让我想很多别的东西，会让我在别的朋友面前做出不同表现。我开始模仿她，因为我觉得她很酷，但这种模仿却让我感觉很差……她一说起去过的地方就说个不停——阿拉斯加、夏威夷、威尼斯，还经常说她

拥有的好东西，我感觉很自卑，觉得自己特别土，因为我哪
儿也没去过。我就是特别难过，就觉得她比我强多了。[372]

而当瓦妮莎不再服从劳伦，后者对她实施了肢体暴力。

调查发现，女生被强制遵守的着装要求不仅来自其他女生，也来自教师。以这种方式，教师通过欺凌来强迫女生不要太放荡。克莱恩讲道：“如果女生的裙子太短或者肩带太细就会被赶回家，很多老师会把学生从教室里拎出来，不让她们回去。‘跟我过来，’老师会说，‘你这个背心太露了。’”[373]

女生之间八卦时使用的网络欺凌也十分普遍，甚至连名人都认为这是高中生活的正常组成部分。当詹妮弗·劳伦斯（Jennifer Lawrence）的裸照未经她同意席卷网络时，她愤怒地回应道：“网上都在笑话我，简直让我觉得自己是那位高中女生。‘你想说她？好啊，我也想说她！’你等我把耳环摘了，咱们开说。”[374]

男生欺凌一直被认为是开玩笑或者很搞笑，女生欺凌也是如此。然而，尽管这种创伤总有被忽视的危险，喜剧却可以作为一种方式来缓解现实的痛苦。蒂娜·菲（Tina Fey）诠释女生之间互相折磨的方式是：将罗莎琳德·威斯曼（Rosalind Wiseman）的严肃作品《女王蜂和女王疯》[375] 改编成一部喜剧电影，名叫《恶毒女生》。[376] 菲在片中展现了高中女生之间的文化，几乎就是资本主义社会的缩影，充满了持续的欺凌和残酷的竞争，目标包括地位、男生以及可供显摆的物件。电影背景是一座郊区富人高中，本该是鼓励独立思考和创造拓展的地方。然而，由林赛·罗翰（Lindsay Lohan）扮演的主角新生凯蒂却被警告，加入数学队是“社交自杀”。尽管凯蒂数学成绩很

好，却为了吸引一个男生的注意而故意考不及格。食堂里有泾渭分明的各团体，也有学生自己制定的"谁跟谁一起坐"的规定。故事开始时，凯蒂跟两个"书呆子"做了朋友，这两位朋友对她解释了各种各样的小团体，并将一起吃饭的几个女生称为"卡姐"（plastics）（无论男女，书呆子等社交边缘群体都会有自己的对主流文化"赢家"的蔑称）。两个"书呆子"之一是由丽兹·卡普兰（Lizzy Caplan）试演的詹尼斯，可能出于妒意而非现实，对这个蔑称做了长篇大论的解释："你很高冷，还亮晶晶的，还很硬，你就是张卡……你们这些'卡姐'就有这个毛病——你觉得谁都喜欢你，但其实谁都讨厌你！"

而"卡姐"如此回击詹尼斯，"我告诉你，你要是爱上我了还是怎么着，那可不是我的错！"女生的恐同情绪与男生别无二致，男生可能说别人是娘炮，但女生会直接叫别人"女同"，就算她其实并不觉得那人真的是同性恋。

在菲的这部电影中，"卡姐"们统治着学校的社交环境。而众"卡姐"的统治者是蕾切尔·亚当斯（Rachel McAdams）饰演的蕾吉娜·乔治，也就是所谓的"女王蜂"。"卡姐"小队其实对凯蒂的到来是欢迎的，她们会跟她解释各种规则，包括穿什么衣服、做什么发型（一周每天都有不同的指定发型）。她们告诉凯蒂可以跟谁交朋友，让她不要跟以前那些"书呆子"朋友再在一起。蕾吉娜甚至制定圣旨：女王蜂可以穿其他"卡姐"被禁止穿的衣服。莱西·沙伯特（Lacey Chabert）饰演的格雷琴声泪俱下地痛诉：

> 我要是告诉你她其实有多贱……你知道我不许戴大圈耳环对吧？真的！两年前，她跟我说大圈耳环是"她的"专

属，所以不准我戴。后来光明节的时候我爸妈给我买了特别
贵的白金圈耳环，然后我还得假装根本不喜欢，我就……好
伤心。

蕾吉娜的众多欺凌手段中，有一招是让家长害怕他们的女儿会
变成荡妇。她想报复一个不属于"卡姐"小队的女生，于是打电话去
那女生家，知道接电话的是她妈妈：

蕾吉娜·乔治：您好，我找泰勒·威代尔。

泰勒·威代尔的妈妈：她还没回家，您是哪位？

蕾吉娜·乔治：哦，这里是计划生育委员会，她的检
查结果出来了。麻烦您让她尽快回我电话，很紧急。谢谢您哦。

（泰勒·威代尔的妈妈昏倒在地。）

为了瓦解蕾吉娜的统治，凯蒂给她吃能量棒，告诉她能减肥，
而事实上给她的是高热量能增肥的营养棒。真相大白后，蕾吉娜觉得
自己胖了（其实蕾切尔·麦克亚当斯在片中根本没胖也没变丑）。蕾
吉娜有一本"燃烧小本本"，写满了全校学生和老师的八卦与谎言。
她的终极复仇手段就是将这个本子拆成散页并在校内匿名散播。其中
的谎言之一是：由蒂娜·菲扮演的数学老师诺伯里夫人贩卖毒品。谣
言一经落地，学校中爆发了一场暴乱。为了重建平静氛围，校长和包
括诺伯里夫人在内的数名教师让学生进行了各种心理学练习，强迫他
们彼此支持，对对方倾诉积极正面的感受。比如说，一名学生站在高
处向后倒去，底下的学生会接住她。这些练习在互相敌视的学生中间

成功树立了良性情绪，并有效减少了欺凌现象。

不过，电影中遏制男生或女生的欺凌行为要比实际中容易得多。军国资本主义是一个欺凌体制，需要欺凌者的存在，也需要其他人作为欺凌受害者而存在。军国资本主义同时还需要制造者和消费者，19世纪三四十年代的纺织厂女工可能是最早的工厂工人，而现如今可能又有了对女性制造者的新需求。然而，在过渡的年代里，女人的首要作用是去消费。社会对女人的要求是要能吸引男人，打扮得漂亮，生宝宝，然后操持家务。我们已经看到，许多学校提供家政课程目的就是要培训女孩去满足这些要求。然而，实际上，校园中的日常文化而不是学业科目可能进行着更有效的培训。校园文化鼓励女生去彼此监视订正，女生之间通过互相欺凌来建立对于可敬行为的限制。一些女生因太过男性化或者爱学习而遭到欺凌，还有女生因太漂亮、抢走了其他女生想要的男生而被欺凌。如果人人安居其位，社交层级就能得到保全，无论是在校园层面上还是在更大的政治经济层面。

校园中的心理学范式

《恶毒女生》最终有个圆满结局，至少在电影中，心理学练习还是能减少敌意和欺凌的。然而，正如我们已经指出，心理学范式并不考虑欺凌如何服务于体制，体制如何因此而去强化并保护欺凌现象继续存在。欺凌一直被视为生活中的正常组成部分，这种看法也是到最近才得到改观。从前，欺凌是需要克服的东西，如果谁承受不了，谁就活该被欺凌。无论是成年人还是未成年人，对欺凌的态度都是忽视或一笑置之。近些年来，可能正因为越战后人们开始质疑军国资本主义，社会才开始正视欺凌本质，并反对欺凌。各学校现在正在研究反欺凌方案，原因之一可能就是许多 20 世纪六七十年代抵抗运动和反主流文化运动的参与者已经进入学校系统工作。下一章将会更加深入地讨论对欺凌越发强烈的反对来自何方。然而，我们这里还是要说，即便是在反欺凌运动中，对待欺凌的方式也过分集中于心理学手段。

无论是有暴力倾向的欺凌者，还是有欺凌吸引体质的受害者，都一概被心理学话语视为人格障碍者。对于欺凌者和受害者一个常见诊断是注意缺陷多动障碍（ADHD），未成年病人会接受利他林等药物治疗，目的在于修正他们的脑部化学反应。[377] 这种诊断的假设是，如果一个孩子不能平静地坐七八个小时，那这孩子就有毛病，就必须调整——做出这种假设的机构肯定是没毛病的。可不能让学校适应孩子，一定得让孩子去适应学校。

心理学范式认为，人们会去欺凌别人或被欺凌，主要原因与他们的个人态度有关。如果他们的想法和感觉与人不同，欺凌就会发生。心理学路线通常会忽略力量差距的作用，而将沟通作为解决方案：只要受害者对"恶霸"解释清楚被骚扰的感受，行凶者就会明白自己造成的影响，就会感到难过，就会不再伤害受害者。然而，事实就是，"恶霸"通常是故意伤害受害者的，如果告诉"恶霸"他们的伤害成功了，可能只会让他们觉得自己干得好，然后变本加厉。当然，欺凌者可能会在学校辅导员面前假装难过，但在成年监管者的视线之外就变了一个人。

许多目标读者是未成年人的书都在传递这种心理学范式，特雷弗·罗曼（Trevor Romain）的《恶霸都是脑中刺》就是典型例子。[378] 书中第二页就强调了"欺凌是普遍常见现象"这一观点："所有人成长过程中都曾被欺凌过。"[379] 这种断言忽略了这样一个事实——对某些未成年人和成年人来说，欺凌可能只是偶发的、可忽略的事件，但对其他人来说，欺凌是一种长期的、影响一生的折磨。这句话避谈的还有另一个事实——某些人群被欺凌的概率要高出其他人群许多。罗曼这样说道："欺凌者是有问题的人。"[380] 即是说，欺凌只是一种心理状态。这种论断否认了欺凌是一种随力量而来的特权，而且对一些人和机构有利，保护欺凌关系则对他们有益。其后，罗曼安慰读者："无论欺凌者说什么，你都绝不是笨猪、胆小鬼、师宠、白痴、爱哭鬼、蠢货或傻子。关于你的种族、家庭、性别或民族血脉，欺凌者说的那些话根本就不是真的。"[381] 欺凌受害者可能没觉得受到安慰，事实上他们很清楚，自己的确来自少数种族或者是同性恋，或者的确笨手笨脚、身体不好、身有残疾、不合群、容易受伤、长相不合审美、性格内向、爱啃书或者依赖大人保护，并可能因此而质疑能写出这种话的权威成年人到底有没有诚意。

罗曼的路线与大部分心理学范式一样自我矛盾。一边说着欺凌者的辱骂都是谎言、没人活该被欺凌，一边又暗示一些人的外貌和行为会招致欺凌。他的说法明确指出，根源在于态度：改变心态，昂首挺胸，这样你就不会被欺凌了。"欺凌找上的是焦虑、敏感、安静或谨慎的人，"他在书中写道，"就像糖会吸引蚂蚁一样，似乎有点害羞的人也会吸引'恶霸'……（所以）要努力去相信自己。站直一些，直视别人的眼睛，说话声音要坚定，头要抬得高。只要你表现得更加自信，就真的会自信起来。"[382]

罗曼还建议，如果什么方法都不管用，那你就跑[383]——然而，欺凌受害者通常不擅长运动，可能跑不过欺凌者。他的另一个建议是告诉给大人，[384] 然而这个建议忽略了一种可能性——欺凌者和受害者可能都有足够的理由不相信大人。这个建议还忽略了另一种可能性——欺凌者可能会将"告诉大人"的行为视作弱者的标志，并认为该行为违反了学生之间的默契，因此要变本加厉地骚扰受害者。与许多奉行心理学范式的人一样，罗曼相信欺凌问题的真正根源在人的脑子里，而发生在外部世界、更大层面的社会中的事则不重要——你只需改变心态，然后欺凌就会自行消失。然而，如果一个人被持续骚扰、被贬低人格，那么自尊心当然会受损，当然很难发展出骄傲而自信的人格。事实上，针对个体欺凌者或受害者的治疗不足以解决问题。为了服务于军国资本主义这个欺凌社会而设计的学校系统最终仍会强化欺凌行为，而不会将其治愈。我们不确定何种手段将会终结欺凌现象，但我们可以确定地说，只要社会仍是欺凌社会，欺凌行为就不会消失。

第八章

无情世界：一切关乎家庭

　　家庭大概是人类历史上最古老的体制，比资本主义还要古老得多，是中世纪封建社会及更古老社会的残留。家庭有自己独特的生命模式，并不与资本主义完美融合。学校、军队、媒体、体育等传播欺凌价值观的机构或载体都是公司或国家的造物，而家庭不是。作为公司等支配机构以外的避难所，家庭被历史学家克里斯托弗·拉驰（Christopher Lasch）称为"逃离无情世界的避风港湾"。[385] 然而，从古到今，家庭本身也一直是无情世界的重要组成部分。

　　包括父母、孩子、（外）祖父母、叔姨表亲在内的大家庭已经失去大部分力量，而只包含父母和孩子的小家庭也被许多评论家认为行将灭绝。[386] 现代家庭之所以不稳定，可能是因为承担着本不属于它、它也无法完成的功能——补偿资本主义体制破坏的感情支撑及心理安全感。作为传递价值观的场所，家庭可能比学校还要矛盾。家庭是人们口中的圣所，承载着爱、安全感、支持与关爱，却也是外部世界种种冲突的贮藏室。作为长幼强弱有序的地方，家庭内部也上演着欺凌与竞争。

早期资本家想彻底绕过家庭。19 世纪三四十年代，马萨诸塞州洛厄尔镇第一家纺织厂聘用当地农场女孩，让她们离开家庭住在公司所有的宿舍里。她们每周工作 70 多小时，宿舍为她们提供饮食和少许休闲娱乐。公司还为女工们提供阅读书籍，甚至还有专门教堂可供她们做礼拜。工厂主试图让工作环境全盘取代家庭环境，对雇员的情感、心理和社交生活进行完全控制。不过，最后工厂主发现这个系统成本太高，难以维系。火上加油的是女工们团结起来争取更高工资和更短工时，而且内战的爆发使得棉花减产、价格走高。[387] 随着资本主义日渐成熟，1% 的顶尖资本家开始接受家庭，但仍试图控制操纵家庭以满足他们的目的。工人需要养家，怕失去生计来源，因此不敢违抗欺凌他们的老板。

家庭不是资本主义特有的机构。尽管其与封建社会融和甚好，但家庭要更古老。早期的工业资本家曾试着摒弃家庭这一模式。俄国和中国发生共产主义革命后，新政权下了很大的力气试图抹掉家庭的存在。以色列早期犹太复国运动拥护者想创造"新犹太人"，也尝试过以合作农场（kibbutz）取代家庭。然后，所有这些行动均告失败，家庭屹立不倒。今天的资本主义不能摆脱家庭，因此想要操纵家庭以为公司和国家谋利。无论是资本主义社会还是社会主义社会，发生在家庭内部的欺凌行为都会一直持续。因为家庭的利益与资本主义利益不相符合，公司和国家试图将家庭自古以来的种种力量再分配给其他机构，例如学校、媒体和军队。此前已经说过，家庭中存在着种种互相矛盾的压力，因此它作为一种传递资本主义欺凌价值观的工具并不可靠，于是诞生了许多职业，包括社工和心理学，很大程度都是为了监管家庭。

家庭会做出欺凌行为，而且是守旧的机构。摒弃家庭模式是不可能的，但可以对其做出调整，并利用它来传达对军国资本主义有好处的价值观。家庭还能够扮演安全阀门的角色，在人遭到军国主义所导致的边缘化时提供一种排解。如此一来，人所产生的愤怒就不会激化、爆发。

讽刺之处在于，尽管资本主义要依赖家庭来树立欺凌价值观，却也强迫家庭放弃了许多传统权威恶霸，也削弱了历史上统治和欺凌家庭的族长的力量。家长，尤其是父亲，如今经常觉得自己在被所谓的附属品欺凌——孩子，可能还有配偶。祖父母曾被视作管理大家族的统治者，现在却被放置在次要地位上。当然，原因之一可能是如今人们普遍长寿，能活到成为亲属负担的年纪的人更多了。这些改变引发了强烈不满和不同代人之间的冲突，虽然削弱了传统族长的欺凌力量，但同时也使得更多家庭成员想使自己的力量凌驾于所有人之上。

遭到资本主义机构或职业无情对待的人，经常寻求一个安全港湾，在那里他们能被爱、被尊重，感到自己是有力量的。许多人指望家庭提供这种心理满足，然而家庭并不具备执行这项功能的所有条件。人们可能会求助于家族里某个欺凌权威人物，因为这是他们的父母或祖父母的传统做法，但这位人物只存在于上古神话里，现代已经不复存在。父母在家庭以外得不到满足，对孩子的管教可能更严格。既然传统欺凌权威已经消亡，就必须建立新的欺凌策略。讽刺的是，娇惯孩子、纵容孩子、不让他们长大离家成了欺凌孩子的方式。而孩子能接触到学校、媒体、朋友，具有外部资源。很难说，父母与孩子是谁更需要谁多一点。孩子可能会反击，甚至反过来欺凌父母。很难说，过去的妻子是否真的对丈夫那么服从，抑或只是族长式意识形态的自我标榜。然而现如今，随着女权运动的崛起，更多女性受到教育，在家庭以外有自己的工作，丈夫的权力甚至更弱。妻子常常会欺凌丈夫，正如丈夫也在继续欺凌妻子。

前资本主义家庭

资本主义诞生以前，家庭是首要的经济单位，而在家庭内部，成年人和未成年人都被欺凌着接受他们在固定层级中的位置。即便家庭中有爱，那也只是次要的。长嗣继承制意味着弟妹必须服从兄姐，而孩子必须服从家长，甚至长大成人后也要继续被家长控制。我们马上会列举案例说明，家长甚至可以合法地杀死孩子。传统的家庭权威包含了欺凌文化的所有经典元素：层级、恭敬和服从。

《绿野仙踪》中，年轻的多萝西告诉我们："哪儿也没有家好！……如果我再去哪里寻找内心渴望，再远也不会远过家里的后院。"[388] 然而，更早一些的文学作品很少会认为家庭是能找到爱与关爱的地方。《圣经》中的兄弟姐妹通常彼此憎恨，恨不能消灭对方，有时会为了家庭财产或家庭内的地位而自相残杀——想想该隐（Cain）与亚伯（Abel）、以扫（Esau）和雅各布（Jacob）、约瑟夫（Joseph）和他的兄弟们。[389] 罗马相传是由两兄弟罗慕路斯（Romulus）和雷默斯（Remus）所建立，但因将城市建在何处而起了争执，结果罗慕路斯杀害了雷默斯并自立为王。[390] 莎士比亚的戏剧《哈姆雷特》开头，[391] 父亲的鬼魂告诉哈姆雷特，他的叔叔、如今的国王，为了夺取王冠而将其杀害。

纵观历史，当贵族与君主还手握真正的权力时，兄弟姐妹会算计对方，有时手足相残或相战以决定谁能继承领地、爵位或王位。王尊贵胄，尤其是王室家族，通常将绝对法律权威赋予丈夫一方。亨利八世轻易与三任妻子离婚，以通奸罪名砍了两任妻子的头，尽管他自己有不计其数的情妇。[392]

工业革命以前，家庭是最重要的经济单位，而家庭的情感功能几乎不重要。大人和孩子通常都在家庭农场或家族经营的店面工作，彻头彻尾被族长所控制。家庭成员喜欢彼此也好，讨厌彼此也好，组织关系和法律关系是不会变的。孩子是一种经济资产，是父母可以剥削或欺凌的劳动力。孩子既然是免费工人，那么家庭越大当然就好，尤其考虑到当时大部分子嗣活不到成人。长嗣继承制是既定规则，长子将继承家族大多数或全部财产和权力。直到 19 世纪中期，英国和美国都是丈夫控制家庭全部财富，包括妻子赚的钱或婚前继承的财产。[393] 依据英国法律，王室中长子的孩子继承权高于其成年叔伯和姑姑。即便到了 2015 年，2 岁的乔治王子和他的小妹妹夏洛特的继承顺位依然高于他们 31 岁的叔叔哈利王子，而哈利王子的顺位高于他 54 岁的叔叔约克公爵安德鲁。长嗣继承制意味着家庭财富不能分割，年轻一些的孩子会在欺凌的淫威之下不得离开家庭单位，因此直到成年依然要依赖父母或兄长。

长嗣继承制是一种写入家庭结构的欺凌层级，并非西方独有。中国的儒家思想认为美德就是通过固定地位来维持秩序与和谐，这将使长者权力更大而年轻人权力更小。家庭是一个以传统为纽带的神圣体，必须崇拜祖先。制定谁臣服于谁的五伦中有三伦是关于家庭的——父子、兄弟、夫妇。[394] 五伦必须终身遵守，即便长大成人，弟妹也必须尊敬父母和兄姐并承受来自他们的欺凌。

包括前资本主义西方在内的众多文化，或者说大部分文化，都认为婚姻并非个人选择而应由父母包办，父母还会试图终生控制包办婚姻。在选择结婚对象时，爱情、感情和恋爱几乎毫不重要。事实上，夫妻双方往往在结婚当天才第一次见面。在中国的历史上，新娘可能是个小女孩，被家庭逼迫去与男方家庭一起生活。尽管过去的中国是典型的男性主导社会，童养媳却要看婆婆的眼色而活。恶婆婆一般会将姑娘变成实质意义上的奴隶，童养媳如果不听话就会遭打，可能还盼着有一天能欺负自己的儿媳妇，做家庭的主人。[395]

在西方，反抗家长权威和欺凌的孩子也可能面临残酷后果。《圣经·申命记》中说：

> 若人有顽固叛逆的儿子，不听命于其父或其母，经管教仍不听从，其父母应将其揪送至该城门前，交由该城的长老们处置。父母应对长者说："吾子顽固且叛逆，不服我们命令。"……然后，城中所有男人当用石头将儿子打死。[396]

"申命记"的下一章坚定地宣称女儿是父母的财产，是将要售卖给其他男人的商品——与资本主义相比，那本该是一个商品还不很普遍的年代。作为商品，女儿必须通过守身如玉来保存自我价值——必须是处女。她的身体非她所有，而是父母所有，尤其是父亲所有，直到他们将她卖出。如果她不经父母允许失去贞洁，就成了受损货物，不再具有价值，应该被正法：

　　若任何男子娶女子为妻并圆房，而后来憎恶于她，认为她行为不检，使得她名声败坏，说"我收这女子为妻，然而当我与她亲热时，并未得到她是处女的证据"，那么这年轻女子及其父亲当把她贞操的证据拿至城门于该城长老们验明。这年轻女子的父亲当对长老说，"我将女儿嫁与这男人，而他却憎恶于她，长老啊，他指责她行为不检，他说'我并未得到她是处女的证据'。可是，我所呈的就是我女儿是处女的证据。"他们将当着城中长老的面脱下斗篷，然后城中长老将鞭打这男人，并处其 100 舍客勒银圆的罚金，将罚金交由年轻女子的父亲，因为那男人玷污了一名以色列处女的名声。她当嫁他为妻，他终生不得与她离婚。然而，若年轻女子的罪名属实，的确拿不出贞操的证据，那么长老就当将女子带到她父亲的房门前，城中男人当用石头将女子打死，因为她犯下滔天罪行，竟在父亲的屋檐下与人交媾……若男人遇见一位还未婚配的处女，将她掳走，与她共枕，一经发现，男人当给处女的父亲 50 舍客勒银圆，并娶处女为妻，因为他已经玷污了她。他终生不得与她离婚。[397]

家庭变革：孩子挑战父母权威所导致的传统侵蚀

　　历史上，家庭一贯欺凌其成员以使其服从，并打着"传统"的旗号使这种行为合理化。资本主义需要 99% 的人服从权威，然而却用进步推翻了传统，使得用来传递资本主义价值观的家庭单位遭到破坏。家长可能想去欺凌孩子，但成千上万的孩子现在有了知识，有了外部资源，可以抵抗欺凌。尽管如此，仍有不少孩子接受家长权威，认为家长有权力管教甚至打孩子。传统家庭正在为资本主义家庭让路，后者让孩子也有权利，但仍保留了许多家长权威家庭的欺凌元素。

随着资本主义不断发展，家庭模式也在变革，但这种变革的展开需要两个世纪的时间，可能到今天还没有完成。资本主义出现后，大多数经济活动从家庭转移到了工厂、办公室和商店。[398] 家庭时间越来越少，成年人要去上班，而孩子要去上学。外部影响力渗透到家庭中来，将家庭权威推翻。传统失去了价值，侵蚀着欺凌传导的经典方式。

用《屋顶上的小提琴手》中的人物泰威的话来说，传统是水泥，用来维持社会尤其是家庭的稳定。一方面，传统建立起了有固定角色、固定位置和命令链的层级，规定了谁能欺凌谁。而另一方面，传统也提供了稳定、意义、目标、方向甚至爱的感觉。"因为我们有传统，所以人人都知道他是谁（父亲、母亲、儿子、女儿），知道上帝希望他做什么……如果没有传统，我们的生活就会动摇不定，好像……好像……好像屋顶上的小提琴手！"[399]

《屋顶上的小提琴手》中故事发生的 50 年以前，卡尔·马克思对传统或家庭却没有如此信仰，事实上还因为资本主义破坏了传统与家庭而对其歌功颂德。他这样写道：

> （它）终结了所有封建、父权、田园关系。它将杂乱的、逼迫人服从"自然上级"的封建纽带撕得粉碎，毫不怜悯。……它于自我算计的冰水中溺死了宗教热情、侠义理想、世俗情感的狂热幻想。它使个人意义退化为交换价值……一言以蔽

之，它消灭了掩盖在宗教和政治幻觉之下的剥削，代之以赤
裸、残酷、无耻、直接、残暴的剥削。……资产阶级撕掉了
家庭的情感面纱，使家庭关系只剩单纯的金钱关系。[400]

资本主义的矛盾之一在于，它可以利用传统家庭的意识形态去
强化那 99% 的人对权威的服从，但同时又打破了传统家庭模式。比
起传统，资本主义更青睐进步。利益有赖于科技创新、改变消费者对
于风格时尚的品位以及操纵控制大众的更微小形式。旧式家庭中父母
和祖父母的权威是基于这样的假设——老人更有智慧——只因为他们
活得时间更长，而且凭借过去可以预测未来。这样的假设会导致社会
停滞，每一代人都基本将重复上一代人的生活。家庭包办婚姻是因为
家长声称知道孩子需要什么，作为成年人，他们比孩子自己更能预测
孩子将如何生活。家庭的纽带是永恒的，不会因孩子长大、搬走并建
立自己的生活而破裂。

然而，在这个飞速变化的社会里，孩子对恰当生活方式的感知
可能比其父母辈或祖父母辈还要准确。老人的知识可能会过时、陈旧，
甚至滑稽。美国、法国、俄罗斯和中国都经历了大革命，后来 20 世
纪 20 年代和六七十年代的美国发生文化革命，再后来生育控制措施
的改善带来了性观念的改变，科学代替了宗教，资本主义代替了封建
主义，古老知识过时的情况从未缺席。知识的不适用，还会发生在家
庭成员搬到距离彼此大洲大洋之远的遥远所在时，搬家理由可能是为
了逃离压迫（很可能是来自家庭的压迫）或寻求资本主义梦想信誓旦
旦的机遇，无论这机遇是真实还是神话。正如马克思所暗示的，资本
主义的确提供了一种自由——逃离传统、家庭与等级制度的僵化桎梏。

可以破坏老一辈权威的另一种力量便是新科技，一个重要原因就是年轻人对新科技比老年人要更加得心应手。年轻人将电脑、智能手机、远程遥控和网络视为日常生活的完美平面，然而老人却需努力奋斗才能适应高科技设备，有时还劳而无功。事实上，老人经常需要求助于儿孙辈。有线电视公司可以为父母提供密码以帮助他们阻止孩子看他们不允许的节目，然而孩子都是"科技精"，可以实施反抗行为——比如马格拉斯的儿子，他能通过设密码以使父母不能看他们想看的节目，而他想看什么都能看。对一代人来说可能是进步，对另一代却是退化。某些家庭里，吃饭时孩子大部分时间都在盯着手机，跟朋友发短信。

有那么一段时间，美国几乎要进化为一个不以家庭而以世代为分界线的社会，年轻人在大学宿舍里与同学同住或在公寓里与室友同住，老人则在退休社区或养老院中居住。然而，近几年来，二十多岁甚至三十多岁的年轻人因没钱买房或租房而搬回了父母家。

传统家庭中的父母仅因身为父母而说了算：他们说是对的就是对的。他们的智慧孩子不能理解却也不敢质疑。这种观念持续到今天，至少仍隐含在家庭关系中。马格拉斯问学生如果他们做了爸妈不赞同的事，爸妈会如何反应。学生回答时几乎总会这样开头，"如果我做错了事"。很明显，大多数学生相信"父母不赞同的事"与"错事"是同义词。数十年前，父母欺凌孩子还是天经地义的事。父母必须将管教、权威、服从与控制强加在孩子身上，如果不能做到就会被认为失职或窝囊。最常见的惩罚方式之一是打屁股——直接使用肢体暴力。传统的打屁股方式是令孩子趴在腿上，脱掉裤子，用棍棒或皮带反复击打。这明确说明，孩子的身体归父母所有。孩子无权有隐私，必须在父母面前趴下或弯腰。皮带或棍棒代表着一种抽象权威，可能还代表着家庭本身。使用工具暗示着父母这样做不止出于个人愤怒，如果用手打则达不到该目的。过去被认为是恰当应该的行为，如今被许多社会工作者视为虐待儿童。现如今，打屁股在30个国家是违法行为——并不包括美国。[401] 马格拉斯学生中的大多数说他们曾被打过屁股，其中又有多人表示，他们曾光着屁股趴在父母的腿上。

文化战争中作为战场的家庭

资本主义利用家庭来传递其价值观，但与此同时，也破坏着家庭的权威及其传递欺凌的能力。家庭的欺凌力量被学校、社工及其他被称为"沿海精英自由主义者"的国家代理人进一步削弱。文化自由主义者被认为是在试图夺走父母对孩子的控制，包括身体与性生活。通过媒体与教育，文化自由主义者也使孩子接触到与家庭权威相悖的观念。实际上，这是自由主义者与保守主义者之间一场更宽层面文化战争的一部分，而我们另外几章已经说过，资本家同时参与了交战双方。传统家庭权威的维护者与右翼、支持公司的政客们（多是共和党）结成同盟。家庭作为欺凌传递者的未来将会如何，有赖于谁能打赢这场文化战争，以及多变的经济力量对家庭是削弱还是加强。

我们已在其他地方提到过，打屁股究竟是得法的管教方式还是家长对孩子的欺凌，这一辩论主题是更大层面文化战争的一部分。文化自由主义者自称要"解放"儿童，还他们自由、创造力、独立思考能力，但这些当然也是父母希望孩子拥有的东西。然而，在文化自由主义者看来，对包括家庭权威在内的层级权威的不敬是一种美德。这些人的力量在 20 世纪六七十年代的"新左派"反主流文化运动及学生运动中达到顶峰。第七章我们已读到文化自由主义激进批判者琳恩·切尼的看法，她认为我们需要弥补文化自由派对于军国资本主义造成的伤害。

文化自由主义者对于自由表达的向往不限于政治，也延伸至生活方式之上，形成一种看法，认为孩子应对自己的身体有控制权——这意味着家长的欺凌权被进一步侵蚀。琳恩·切尼这样的人恐惧自由派已经在校园内和国家政府某些部门中获取了影响力。前共和党议员、总统竞选人理查德·"理克"·桑托勒姆（Richard "Rick" Santorum）控诉政府在利用学校瓦解家庭："政府说服了父母，到了某些时候孩子就不再是他们的责任了。然而事实上，政府在很多方面是强迫父母将孩子交给公共教育系统，将控制权从父母手中夺走。"[402]

然而，我们看到，一些公司精英很怀疑家庭是否能作为欺凌价值观的传递者；资本家内部也有分歧，在文化战争的战场上居于分界线的两端。资本主义自由派希望由学校、心理学家、社工及其他政府代理人来监管家庭，这些人群基本都是文化自由主义者，至少在喊口号时喜欢将"解放孩子"挂在嘴边。这些专业人士可能支持保障家庭收入、父母休假，以使家长有时间与金钱抚养孩子——这对于本身是文化保守主义者的公司精英来说并不受用，或者说对大多数文化保守派来说都不是好事。

尽管这些政策表面上看起来强化了家庭模式，文化保守主义者仍就此问题与 1% 的公司精英结成同盟，将自由派的专业人士指为家庭的敌人，对这些想要欺凌父母、不让父母以自己认为合适的方式抚养孩子的"沿海精英自由主义者"嗤之以鼻。保守派表示，自由派蔑视家庭、传统与宗教。"道德多数派"前加州主席、《思想战争》[403]和《家庭战争》[404]作者蒂姆·拉海耶（Tim La Haye）表示，自由派利用教育损害了健全的价值观："一个人教育程度越高，就越可能相信无神论。"[405]传教士、家庭研究委员会（FRC）主席托尼·珀金斯（Tony Perkins）认为政治人士想制定法律禁止打屁股是为了破坏家长权威以及宗教力量：

> 马萨诸塞州政府最近提出一项新法案，挑战父母管教孩子的权力。自从于 2005 年试图立法禁止打屁股失败后，州立法委员杰伊·考夫曼（Jay Kaufman）试图以打屁股法案再次出击。加利福尼亚州 1 月时也曾尝试类似法案，然而观点引发家长们勃然大怒，领导人未通过该法案。考夫曼的法案有很大概率也将触犯众怒。根据 CBS 电视台的调查，只有 23% 的美国人支持此项禁令——结果并不奇怪。禁令完全破坏了家长权威，此外我还认为大家都觉得政府管的已经够多了。当然大家都不想管教变成虐童，但问题并不在于是不是该打孩子屁股，而在于打孩子屁股的方式。法典中已有很多条目禁止肢体虐待，但打屁股跟那些不一样。这实则是政治正确的一次尝试，企图将打板子的父母妖魔化。《圣经：箴言 25:15》中说"棍棒底下出贤子，而不经管教的孩子只会使母亲蒙羞。"上帝将孩子赐予父母是有理由的，抚养孩子是父母的责任，而非国家的责任。[406]

珀金斯之后，家庭研究委员会的继任主席詹姆斯·道伯森（James Dobson）有心理学博士学位，但与大多数心理学家不同，他对打屁股表示支持，认为这是树立孩子对家庭、学校和公司权威的服从的方法。

> 应该保留打屁股的传统，在孩子故意违逆时随时使用。[407]……用鞭子在孩子腿上或屁股上重打两三下意思就明白了——"你必须听我的话。"[408]……通过学会屈服于父母的恩威并施，孩子也将学会服从以后人生中其他形式的权威——老师、校长、警察、邻居和老板。[409]

资本主义可能需要进步和创新，以此为力量来打破传统与家庭，但也需要守规矩、懂听话的劳动力，而后者又可以通过强化传统和家庭来提供。这两个看似互相矛盾的需求，在文化保守主义运动所重点应用的"家庭价值观"意识形态中彼此融合。桑托勒姆赞成有限政府、较低税收的资本主义理想——一个不插手企业、教会或家庭事务的政府。"我相信资本主义，"他宣称，[410] 并表示"资本主义实际上是鼓励道德的。"[411] 他还在别处表示过："你不能忽视这样一个事实——信仰和家庭，这两个东西是有限政府、较低税收和自由社会的组成部分。"[412] 他劝导人们："要捍卫教会，捍卫家庭……以使它们免遭政府的削弱。"[413]

有珀金斯、拉·海耶、道伯森和桑托勒姆这样的代言人，文化和宗教保守主义者宣称自己接纳所谓的家庭价值观。这种价值观支持着两种看似矛盾的观念：首先，家庭是一个重要的个体，本身具有生命力，家庭的利益凌驾于个人之上，然而，资本主义原则又说你只有你自己，你是自己命运的主宰。我们举一个例子来说明两个原则的混合：姑娘的身体是她家庭的财产，家庭成员可随意欺凌她——我们于《圣经》中读到这种立场，然而这姑娘又要对自己对身体所做出的行为负责，必须面对行为的后果。这一矛盾共存的观念却与资本主义意识形态是相符的。

　　许多最坚定的新教徒、热衷于传道的"生命权主义者"也反对有幼小孩子的父母享受福利、家庭假和政府服务，因为他们害怕这些福利会限制父母的权威与欺凌（尽管反对堕胎的天主教徒对社会服务的容忍程度通常较高）。逼迫自己怀孕的女儿足月产子就足可说明文化保守派希望父母如何欺凌孩子：如果你怀上了孩子但没有钱养，那是你的问题，但堕胎是想也不用想。强迫她抚养孩子就是对她乱搞男女关系的适当惩罚，一些传教士甚至会说这是一种"现世报"。迈克尔·哈克比（Michael Huckabee）最初是一名浸礼会牧师，然后当上了阿肯色州的共和党州长，然后当上了总统候选人，现在是福克斯新闻台的脱口秀主持人。他坚信，女性行为不检点则会穷困潦倒，除非政府进行干预——尽管政府干预与资本家和《圣经》中关于自立的原则相矛盾：

　　　　大多数单身母亲极其贫穷、没有文化、找不到工作，如果没有政府救济，她们的孩子会活活饿死，也不能享受卫生保健。这一点我们看不见，却觉得非婚生子很光荣、很厉害，这可真是不幸。[414]……如果民主党想要侮辱女性，让她们觉得如果国家不给糖吃就活不下去，如果国家每月不给她们开避孕处方她们就没办法，反正控制不了自己的性欲和生殖系统，那就随便吧。[415]

通过避孕手段和堕胎，女孩得以对父母隐瞒自己做的事；通过避孕手段和堕胎，女孩将对自己身体的掌控权从父母手中拿了回来。她敢玩，却兜不住后果。青少年的性生活可能十分活跃，然而，尽管当今的父母已经比过去接受程度要高，孩子仍会害怕如果被父母发现会有什么后果。

诚然，一些信奉宗教的父母以及堕胎反对者是出于信仰和道德准则。在这个问题上还存在着一种讽刺——支持堕胎的人通常也支持儿童不受父母影响而独立行动的权利，尤其是女孩子。然而，如果相信胚胎也是孩子，那么就可以说堕胎行为是"孩子是父母财产"这一观点的终极体现，因此堕胎又是一种极端欺凌。

早在近年文化战争的很久以前，保守派父母就对女儿怀孕这件事呼天抢地，并对孩子进行严苛的欺凌。电影《白衣婚礼》就是个例子。[416] 故事发生在"二战"时期，那时堕胎还不合法，也没有有效的避孕药。父亲得知女儿怀孕（她被强暴），举起皮带打了她最后一顿，然后将她嫁给了一个与他同龄的老男人。

之所以会发生拯救传统价值观的运动，很大程度上是因为人们感觉到家庭正被欺凌着交出权力，并被强迫接受所谓的政治正确。被看作是文化自由派的职业——社会科学家、心理学家、社工，通常是国家政府的代理人——会制定标准，告诉家长该如何抚养孩子、管教孩子。在政府拨款的条件下，计划生育使得少女们有条件在不经父母许可，甚至在父母毫不知情的情况下进行避孕和堕胎。专家和专业人士可能以为他们是保护孩子免受家庭的欺凌，但文化保守主义者却告诉家长，让他们对自己的孩子缴械投降，这其实是一种欺凌。

侵蚀家庭的体制力量

尽管资本主义试图利用家庭来传播欺凌价值观，同时却也建立其他机构来挑战家庭：学校、媒体以及心理工作者、社会工作者等职业。年轻人自认为没有以前那么需要家庭，于是发展出了自己这一代人的文化和朋友关系，这一切都使得他们更加独立。20世纪六七十年代的学生运动针对的并不只是军国资本主义，还有家庭。六七十年代以后经济不景气，然而该时期出生的人彼此之间以及与父母之间的代沟却似乎要小一些，这实属讽刺。

校园欺凌那章已经分析过，义务教育在一些移民家庭中激起了敌意，家长认为孩子接触到的是异类的价值观、文化观以及生活方式。移民家庭的孩子被文化保守主义者视为首要雇佣目标，然而就在学校教育成为强制教育前后，儿童劳工法出台，使得孩子不再是经济资产。这使得家庭失去了孩子做工可能带来的家用补贴，无论这经济来源多么微薄。葡萄牙移民父母一般会在孩子满十六岁时就让其辍学出去打工，不管孩子成绩好不好。在当前阶段这种情况就很少见了，事实说明，许多孩子去上了这样或那样的大学。

一些移民父母以及非移民父母没有受过高等教育，认为文化保守派的价值观很吸引人。尽管移民倒不会为了捍卫文化保守主义而抛头颅洒热血，但他们的很多价值观与保守主义运动相符。一些移民和保守主义者认为工作不只是收入来源，也是一种管教机制，让人学会必须服从于权威——不要挑战老板，不要挑战父母。学校当然也会教人谦恭服从，但一些学校，尤其是大学，也会教学生独立思考、发散思维，这对于底层工人的老板和害怕家庭纽带会断裂的父母来说是很危险的。马格拉斯的父亲当了一辈子运货公司有钱老板的文员，20世纪六七十年代当马格拉斯投身学生运动时，其父捶胸顿足，"大学教育不像人说的那么有用——知识一多就反动。要是这帮孩子也像我们当年那样得去上班，哪有时间关心什么世道疾苦"。尽管父亲对此深恶痛绝，还是掏腰包给儿子交了大学学费。六七十年代的学生运动不仅针对军国资本主义，也是对家庭的中伤。家庭的腐朽，父母在努力制止，孩子却在努力加速。

其他削弱家庭权威的力量

20世纪60年代和70年代初，孩子还有叛逆的权力，因为那是一段经济相对强盛的时期，他们自认为并不真正需要父母来过活。当时他们还能搬到大学宿舍里去或者在校外租个房子，感觉自己很独立，然而如果出了什么事付钱的还是爸爸妈妈，所以这种独立根本是种幻觉。讽刺的是，他们的独立依赖于他们的不独立。自从那段时间以后，上大学的成本急剧攀升，比通货膨胀速度还要快，经济整体衰退。因此，父母交学费比以往更加困难，这还是说如果他们愿意交的话。对这一代的学生来说，跟父母决裂的后果要严重得多。许多学生仍跟家庭亲近，住得不远，感情也不远。这也是另一种讽刺——家庭的状态不稳定了，家庭的纽带却更紧密了。尽管孩子再也不是经济资产，而是经济责任，年迈的父母最终却还是要靠孩子来养活。及至 2010 年，养老院一个双人间也要每年交 74820 美元，[417] 远超过 2014 年的家庭收入中位数 51939 美元。[418] 因为养老院如此昂贵，几乎有 1000 万成年人选择照料年迈的父母，成年人口的 25% 要么提供经济支持，要么亲自照顾父母。[419] 家人之间似乎联系更加紧密，尽管这种密切关系的预后疗效尚未可知，并且其传播欺凌价值观的能力也在下降。

当然，也发生过一些小故障，家庭似乎也曾重回稳固状态，但大多数批评家同意，家庭仍被外来力量所破坏。保守派家庭倡导"同辈压力"，自由派心理学家和社工反对"同辈压力"，这两种态度可能都说明孩子如今更听同龄人的话而不听长辈的话。尽管未成年人之间还是会彼此欺凌，但同辈压力仍然削弱了父母以及学校管理者的欺凌权力。因此，同龄人成了家庭和学校团结一心去打击的力量。心理学范式会如此重点研究未成年人对未成年人的欺凌，正是因为其与成人权威力量战线一致。事实上，心理学家本身就是成人权威。心理学的目标就在于调整——使人合规，让孩子的思想和行为合乎成年人的期望。因此，心理学范式可能是欺凌工具，而非欺凌解药。

包括电视、电影、音乐和互联网在内的媒体是额外信息源，提供了另一种信息，可瓦解家庭的堡垒。通常来讲，是同龄人让彼此认识了媒体。然而与此同时，存在着各种"保护"孩子不受媒体毒害的措施，以确保他们不会学到大人不想让他们知道的东西，防止他们接触到不同的价值观或思考方式。当然，媒体上有很多虚假信息，任何一代人都应学会取其精华去其糟粕。然而，人们依然害怕媒体会教孩子父母甚至老师都不知道的东西，使得对年轻人的欺凌变得更加困难。

是资本主义欺凌的避难所还是其化身？

对于资本主义来说，家庭既是传播欺凌价值观和行为的手段，也是吸收对体制敌对感和疏离感的避风港。如果没有家庭，这种敌对疏离感就会被用来对付体制。如果家庭正确行使职能，就会成为更大资本主义社会的一个缩影，有统治者（家长），有从属者（孩子）。然而，家庭却常常成为在外界得不到尊重和权威的人找寻补偿的场所。为达目的，这些人会要求来自孩子（可能还包括配偶）的尊重，对他们行使权威，尽管这种行为不一定能使其如愿得到心理补偿。

资本主义让大多数人沦为"就业者"，使他们成为可利用的东西。对于大多数成年人来说，他们的首要活动是"异化的劳动"，从事劳动即是被欺凌着服务于较大机构。不仅对手工劳动者和服务业工人是这样，对于有一定程度自主权的职业来说也是如此。生存取决于你是否服从。如果要求太多独立权，你可能就要流落街头。家庭成为一种庇护所，让就业的父母可以坚持自我，可以被支持、被爱——远离外部世界的残酷，尤其是你死我活的竞争工作世界。但并非总是这样，现状其实是矛盾的。马克思指出：

> 因此，工人仅能在工作以外感受自我，工作时则脱离了自我。不工作时，他才觉得舒服；只要一工作，就不舒服。因此，他的劳动并非自愿的，而是被迫的；这就是强迫劳动。因此，工作并不能满足需求，而只是满足工作以

外需求的手段。工作的异化特性鲜明地体现在这个事实上：只要没有肢体强制等强制手段，人会像躲避瘟疫一样躲避工作。外部劳动是对人的异化，是一种自我牺牲的劳动，自我屈辱的劳动……因此，人（工人）只有在行使动物功能时才感到自由活跃——吃喝、生殖，至多还有住房和打扮，等等；而在行使人类功能时却再也找不到自我，觉得自己像个动物。满足动物本能时才像个人，做人类劳动时却像个动物。[420]

工作世界是家庭以外生活的首要焦点，如果工作中得不到满足和意义而只感到异化，99% 的人会反对造成了这种状况的体制。为了防止这样的事情发生，资本主义需要一个安全阀，一个人们能找回目标、发泄怒火的场所。家庭因此而被赋予了这一功用，服务于资本主义，既是价值观的传递者，也是资本主义所造成的乏味与无力感以外的一处慰藉所。在所有传递信息的机构之中，家庭受到的国家和公司直接控制可能最小。其他传递信息的机构教授军国资本主义价值观的手段更加明显，而对比之下家庭复制资本主义价值观的方式却更隐蔽。资本主义既强化家庭又破坏家庭。从历史角度来看，资本主义剥夺了家庭的原始目标——经济生产单位，然后赋予了家庭其先天不足的另一项功能——提供情感支持的避难所。因此，家庭成了矛盾体：既是资本主义的工具，又是资本主义的敌手。人们既在家庭中受到欺凌，也在家庭中寻找躲避欺凌的庇护。

无论有意还是无意，家长总会把外面世界发生的事带回家里。回到家中，沦为雇员的人可能会寻求在工作场所没有的权力，可能会欺凌孩子，要求孩子谦恭服从。许多家长试图在家庭内部打造资本主义的缩影，一种由统治者（家长）和从属者（孩子）组成的阶级结构。即便家长娇惯孩子，给予孩子爱、关心和奢侈的物质，他们依然控制着资源，正如资本家控制着生产工具一般。与学校一样，家长在建立这种微型层级时也是在教孩子为成人的世界做好准备。在成人的世界里，只要超出了某种限制，你就不许挑战权威（如果挑战将面临严重后果）。学生们说，家长甚至不惜以命令的方式教会他们最重要的价值观之一就是"尊重"。意思通常是说，孩子必须接受固定层级中的从属地位，向大人尤其是家长低头，必须承认大人永远是对的。孩子可以称家长为"妈妈"和"爸爸"，但绝不能对其他大人直呼其名，以建立平等熟悉的关系。孩子必须称其他大人为某某"先生"、"夫人"或"女士"，除非大人有特殊头衔，比如"医生（博士）"或"教授"。

永远是个孩子：通过爱与溺爱来欺凌

家长在外面的世界里找不到意义与目标，经常会在孩子身上找，这让孩子也有了欺凌的权力。爱与不爱由此也成了欺凌武器。父母会告诉孩子，他们都是为了孩子好，但同时也害怕孩子有一天独立生活。随着父母失去直接胁迫权，他们会转向更隐蔽的武器——溺爱孩子，让孩子永远处于幼稚态而不能离巢（当然，的确有家长是希望孩子离家的）。溺爱孩子实际上对资本主义有利，因为即便溺爱是一种以爱为名义去占有、欺凌孩子的伪装机制，但却能鼓励消费主义。

我们已经说过，由于各种外部影响（同龄人、学校、媒体），孩子能获得随意反抗父母的资源，因此父母可能得不到他们想要的尊重。家庭逐渐凋零，然而人们在资本主义机构中又找不到意义、目标和集体感，从长期来看，一些父母其实更需要孩子，远胜过孩子需要父母。我们已在第二章中指出，谁有生存能力，谁手中就有权力。孩子会长大，会离家，如果父母在工作世界里找不到情感上的满足，就会将心理需求投资在孩子身上。父母是通过孩子来生活的。一些家长想象出一个不存在的世界，幻想家庭十全十美、什么都有，然而事实并非如此。他们还总想回到过去，回到那个家庭和美且有实质力量的时代。不过，这种怀旧可能只来自经过美化的回忆，而非历史事实：

"我像你这么大的时候，可不会这么说话。我们那代人都知道尊重人。"20世纪70年代电视剧《全家福》中，由卡罗尔·奥康诺（Carroll O'Connor）饰演的亚奇·邦克满怀感情地缅怀过去："过去的孩子都怕死爸妈了，这么好的日子怎么就没了呢？"[421] 他小时尊重父亲的权威，如也想享受作为一家之主的乐趣，然而他的孩子却不尊重他的权威，因此他很不平衡。不过，他对童年的记忆可能因怀旧而自动美化，不再是实际的童年。亚奇心中的爱的回忆，在外人眼里可能能称得上是家长欺凌或者虐待：

> 你可别说我爸做得不对。我问你，你爸生了你还能不对？你爸，负责赚钱养家的你爸，能不对？没你爸每天出门上班，累得要死，你能有房子住能有衣服穿？你还说你爸不对？不是你爸，谁每天回家给你带糖？爸爸是第一个跟你玩棒球的人，是牵着你的手带你去公园散步的人。我爸就牵过我的手，不过我告诉你啊，我爸也用手打过我一次，两只手

都用了，那是为了管教我，让我懂事儿。他把我推到衣柜里关了七个小时，为了让我懂事儿。因为他爱我，他爱我。你看我干吗？我告诉你，你一定要爱你爸，因为你爸爱你。因为他爱你，所以他说的话怎么可能不对呢？[422]

父母孩子，丈夫妻子，都需要彼此之间的肯定、保护、爱与安全。家人也需要为彼此提供一个家，无论残忍的外界发生什么，只要到了家就一切都好。只要是爱的，就是对的。就像亚奇所说，只要一个人爱你，那就够了，他就肯定是对的。所谓"对"并不只是懂得怎么处理事情、怎么合理表现，而是因为有了爱和关心，所以才能"对"。爱也会提供权力。不过，权力仍然握在有权离开的人手里。家庭成员越是需要彼此、爱彼此，对彼此就越有支配权，爱就越成为欺凌的砝码。毕竟，你的敌人怎么看你，你毫不在乎，敌人能对你造成的情感影响是有限的。然而，你却努力地想赢得你爱的人的爱与敬佩。他们想要什么，你就会做什么。人生中最痛苦的事之一就是意识到爱可能得不到回报。指责对方不爱自己，是父母孩子、丈夫妻子之间的一种武器。当然，只有接受的一方才能裁定爱是否是爱，付出的一方可能认为自己的行为是出于爱，但在对方眼里就完全不认可。就像亚奇所指出的，父母可能认为管教甚至体罚都是爱的表现，孩子却可能同意也可能不同意。爱与占有，只有一线之隔。

即便从长期来看，家庭正在衰退，但过程却不是线性的。在经济不景气的时期，整个社会结构都在恶化，家庭成员之间的彼此需要程度可能更胜往日。大萧条期间，回忆起家庭情感与纽带简直如滔滔

江水。亚奇回想起的美好往日可能就是这样。在经济危机期间，如果
孩子被同龄人欺凌或拒绝，他们经常会去找父母求助。对于德伯在波
士顿学院的学生来说，代沟并没有 20 世纪 60 年代时那么引人注意，
那个年代可是有"别相信任何 30 岁以上的人"[423]这样的标语。相反，
许多学生说父母是他们"最好的朋友"，给予他们的理解无人能及。
他们说自己几乎每天都会发很长的短信给爸妈，或者用手机跟爸妈煲
电话粥。父母凡事能给他们提建议，当然也会对他们实行经济控制。
众多父母坚持认为，他们好不容易赚钱供孩子上大学，这钱可不能浪
费在社会学这种专业上，因为学这种专业以后赚不到大钱。父母希望
孩子不要去想"社会正义"这种八竿子打不着的事，而应该专注于就
业以后能挣钱的实用技能。

　　麻省大学达特茅斯分校的学生说，爸妈都是为了他们"好"——
毫无疑问，因为爸妈是这么说的。当然，什么叫"好"，这定义从没
有人去下，似乎也没有几个学生会去想。对一些人来说，"好"的意
思是"成功"，而什么是"成功"也很难下定义，但从资本主义角
度来看，成功往往意味着——赚钱。另一种学生们常用的对"好"的
定义是"三观正"，但这也是很模糊的概念，也很难下定义。如果逼
着他们下定义，他们总是会说，爸妈总是教他们"家庭观"，也就是
说，父母希望确保孩子永远不要剪断跟他们以及亲属的纽带。这样的
父母往往会说自己很爱孩子，但实际上，他们是在欺凌孩子。他们想
控制孩子的生活和思考方式，会说等到孩子"长大了"会放孩子"自
由"，但"长大"的意思是说——当孩子把父母给的价值观和世界观
都吃光消化，走到哪里带到哪里，那才叫长大了。萧伯纳（George
Bernard Shaw）的戏剧《芭芭拉上校》中，一位母亲向儿子保证，"我

一直都给你完全的自由，让你想说什么就说什么，想做什么就做什么，只要你想说的、想做的，都是我允许的"。[424]

父母总是冠冕堂皇地说是为了儿子女儿好，然而，孩子可能有一天比爸妈更出息，再也不需要爸妈，这让他们胆战心惊。漫画书《犹太母亲怎么当》甫一开头就这样警告："如果学不会这些技能，你将更快地迎来那黑暗的一天——孩子们没你也很和睦。"[425]

电影《我的盛大希腊婚礼》中，一名移民父亲想在美洲大陆上重建一个庞大、有本族特色的大家族，世世代代传承下去。由尼亚·瓦达罗斯（Nia Vardalos，同时也是这部半自传体剧本的作者）饰演的女儿图拉30岁，是一家家庭饭店的服务员。一想到女儿可能独立生活，逃离家庭枷锁，父亲就怕得要命。所以说，为了家"好"其实意味着女儿必须在未来也一直属于这个家。

> 古斯（父亲，哭着说）：你为什么要离开我？
>
> 图拉（女儿）：我没要离开你！你就不想我的人生充实点儿吗？
>
> 古斯：想啊！那你结婚啊，生孩子啊！你看着都这么……老了！[426]

为了霸占孩子不放，一些父母会试图让孩子永远长不大。永远把孩子当孩子，这似乎是欺凌的反义词。通常通过溺爱孩子来进行——给他们物质条件、好吃的、好玩的，围着他们转，提供舒适环境让他们永远不想离开。然而，溺爱的真正目的是为了确保孩子永远不会独立生活，留父母独自在空巢中，生活再也没有目标。溺爱顺了父母的心，却毁了孩子。当然，一些父母跟孩子处得不好，更希望孩子能搬走，有些父母甚至亲自把孩子轰走。

电影《赖家王老五》[427] 中，由特里·布莱德肖（Terry Bradshaw）和凯西·贝茨（Kathy Bates）饰演父母，马修·麦康纳（Matthew McConaughey）试演他们三十多岁的儿子。父母认为，儿子三十多岁还跟爸妈一起生活实在太不正常，于是雇了由莎拉·杰西卡·帕克（Sarah Jessica Parker）饰演的心理治疗师兼妓女来勾引他离开。然而，无论他们是否意识到，他们的真正目的其实是让他永远离不开——洗完的衣服，妈妈细心为他熨平叠好；花尽心思给他做美味早餐，奢侈的煎饼上面摆满草莓奶油。当儿子真的搬走时，父母却面临着生活的空洞感。他们意识到，儿子才是将他们连在一起的纽带，儿子不在了，他们却要重新学习如何跟彼此相处——多年以来正是因为有儿子他们才能幸免于彼此。

孩子，尤其是被宠坏的孩子，是最终极的消费源。而人们消费越多，公司获取的利益就越多。政治经济学家保罗·巴兰和保罗·斯威兹认为，随着资本主义日渐成熟，鼓励消费的重要程度也超过了维持和加强生产。尽管孩子可能不再能为家庭带来收入，但一定会带来支出。根据美国农业部的统计数据，2010 年中产阶级家庭抚养一个孩子到 18 岁的平均成本是 226920 美元。[428] 这个数字还不算大学教育成本，后者可轻松超过 20 万美元。所有行业，不管造的是玩具、某类服装、音乐娱乐还是主题公园，几乎都完全依赖于溺爱孩子的父母。因此，十二月的节日礼物购物无形中支撑着整个零售行业。2013 年 12 月，购物者的消费总额高达 6000 亿美元。[429]

家庭欺凌的新民主主义

资本主义需要家庭来传递欺凌价值观和行为。家庭会导致欺凌，这件事本身比是谁欺凌谁要重要得多。丈夫可以欺凌妻子，妻子也能欺凌丈夫；父母可以欺凌孩子，孩子也能欺凌父母。欺凌可能是暴力的，也可能是口头的，通过嘲笑或讽刺来传递。实施欺凌行为的丈夫和家长也可能遭到反欺凌，被他们想控制的人蔑视，被迫要么接受无力感，要么失去爱的人。传统家庭中父亲是主要的欺凌者，但当代家庭的欺凌就要分散得多，因此所有家庭成员都可能是欺凌者，这着实讽刺。

控制孩子、欺凌孩子，直到孩子成年仍不放松，这对父亲和母亲具有同样意义，然而丈夫和妻子之间也同样有着本质的权力角逐，有时会以暴力收场，但通常不会。我们已经说过，家庭既是爱的港湾，也是欺凌的斗兽场。场中家长与孩子、丈夫与妻子你争我抢，想要凌驾于对方之上。潜移默化中，这种环境传递着军国资本主义社会所需的欺凌价值观和行为。从军国资本主义的角度来看，谁赢谁败，谁欺凌谁被欺，这可能并不重要。真正重要的是，家庭成员之间互相欺负，就转移了对社会的愤怒。大多数文化中的主流思想是：男人才是管事的，在家庭中往往负责主外。现代丈夫可能会充满怀念地追忆那过去的好时光，据说过去他们能欺凌老婆，家长尤其是父亲还能霸凌孩子。然而，当今的妻子和孩子有足够资源，可以反击，父亲反而可能落得个被欺凌的下场，被迫接受现实——他谁也控制不了，除非想失去那些无论如何他毕竟还是爱着的人。妻子和孩子掌握了权力，有时会成为欺凌者。但需要重复的是，他们的欺凌力量可能源于对方真挚回报的爱。

一些丈夫是暴虐的欺凌独裁者。他们可能十分暴力，极端时甚至会杀死妻子或女朋友。根据疾病控制和预防中心的数据，三分之一的美国女性人生中曾遭遇过家庭暴力，60% 是在家里发生的。总体来看，超过 3800 万女性将会在一生中遭受来自亲密伴侣的暴力行为，[430] 平均每天有 3 名女性被亲密伴侣杀死。[431] 约 300 万男性也面对着肢体攻击，[432] 部分男性暴力可能来源于失去了传统父系意识形态所承诺的欺凌权。生活时间电视频道的定位是"做女性爱看的电视"，[433] 经常播放由真实事件改编的电影，内容常常关于男人如何虐待甚至杀害妻子或女朋友，跟别的女人搞外遇，或者犯下其他罪行。一个名叫《熟悉的陌生人》的节目中，妻子本以为丈夫因挪用公款罪而畏罪自杀，却意外地发现他其实是伪装死亡，实际上换了个名字活得好好的。还有个节目叫《牧师的罪孽》，身为牧师的丈夫似乎因妻子的自杀而陷入沉痛，但实际上，他正是杀死她的凶手。《邻家女孩》中，警察帮助一名女性逃离她暴力的伴侣，他让她爱上了自己，然后让她杀掉他老婆，这样他就不用撕破脸离婚。

丈夫、男朋友杀害妻子、女朋友的大量案件引起了全国甚至全世界的关注。查尔斯·斯图尔特（Charles Stuart）认为自己可能会被逮捕，于是跳桥自杀。此前，他曾宣称自己与妻子在车中遭到一个黑人抢匪枪击，怀孕的妻子因此丧命。然而，有消息称他才是杀死妻子的凶手，目的是骗取保费。[434] 南非人奥斯卡·皮斯特瑞斯（Oscar Pistorius）是一名短跑运动员，截肢后仍摘得奥运奖牌。他因狂怒而从卫生间门外朝女朋友开枪致其死亡，罪名成立。[435] 职业运动员对妻子或女朋友的非致命暴力行为引得众人关注。例如橄榄球偶像、巴尔的摩乌鸦队（Baltimore Ravens）队员雷·莱斯（Ray Rice），因殴打妻子致使其昏迷而被禁赛。巧合的是，职业橄榄球运动员被发现对妻子或女朋友使用暴力的比率是同等收入男性平均值的四倍。[436]女人虐待男人的案件也有发生，其中一些也引发国际热议。朱迪·阿里亚斯（Jodi Arias）被定罪的罪名包括：挥刀刺向男朋友达到 25 次之多，开枪将其爆头，最后还几乎切下了他的头。[437]

大部分家庭欺凌并不暴力。实际上，如果真的去观察一家人，谁强谁弱通常不是一眼就能看出来的。即便是在最典型的父权社会里，妻子也能无视丈夫。《我的盛大希腊婚礼》中，图拉的妈妈给了她这样一条建议："图拉，我告诉你，男人是头，但女人是脖子。脖子想往哪儿转，头就得往哪儿转。"[438]这话反映的是妻子的权力还是无权的自我安慰，我们不得而知。如果妈妈真的认为自己有权力，那何不说自己是"头"呢？说到底，控制中心大脑是在哪里呢？

若说传统家庭是父权家庭，那可能不太准确，因为像父亲一样，母亲也有理由想要保全这种家庭模式。而且如果是在过去，那就更是如此。那时，家庭是母亲的领地，因为那时的母亲还很少参与外部世界。如今，资本主义破坏了家庭模式，传统的家庭主妇可能尤其受到威胁，因为她的角色被抢走了。当然，近些年来越来越多的女性考取了高等学位，有自己的职业生活。社会学家艾尔丽·霍斯切尔德（Arlie Hochschild）建议，现代妻子应该脚踏两个世界——家庭与办公室。[439]随着家庭模式的演变，母亲与父亲一样，也有理由害怕失去对孩子的控制。一些女性认为有必要捍卫自己的欺凌权力，而她们的丈夫也能感觉到这种想法所带来的影响。实施欺凌行为更多的是丈夫还是妻子，这对资本主义似乎没有影响，不过，欺凌行为仍然是家庭不再稳固的幕后动因。资本主义让家庭转型，两性都会做出回应，接着带来了更多焦虑情绪，可能会导致更多欺凌行为或者至少是不同形式的欺凌行为。而且，如果欺凌受害者一朝得势，则会予以反击。由此产生的情况是，两性都会欺凌，无论哪一代人也都会欺凌。

《全家福》中，由吉恩·斯蒂伯顿（Jean Stapleton）饰演的妻子伊迪斯[440]最终对她专横跋扈的丈夫做出反击。亚奇失去了欺凌权，唯一的自卫方式是不回家吃饭，改去自己最喜欢的酒吧吃饭。

> 亚奇：伊迪斯，我那是在命令你。
>
> 伊迪斯：我管你什么命令……我想当阳光小姐我就当阳光小姐，我就要当阳光小姐，我就是阳光小姐。
>
> 亚奇：你惹事儿了，伊迪斯，你惹大事儿了。
>
> 伊迪斯：你才惹大事儿了。你要不收回那句话，我就不给你做饭。
>
> 亚奇：我说的那是实话。你爱做饭不做饭，我去凯尔西酒吧吃饭。
>
> 伊迪斯：想得美，你可别想当着我的面把门甩上，欠甩的是你的脸，甩你的是我。

两人不吵架的时候，伊迪斯将她忍受亚奇的理由解释得很明白："我给你洗衣服，熨衣服，叠好了放在抽屉里……我爱你啊，亚奇。所以我才做这一切。"

《屋顶上的小提琴手》的故事发生在沙皇俄国晚期的犹太小村

庄里，那时那地，父系社会正当顶峰。故事开始时，泰威说他"在家里说了算"，女儿嫁给谁，是他说了算。此外，只有男人才能读高贵的书。《屋顶上的小提琴手》中故事发生的时代，资本主义在美国和西欧已经相当发达，但在俄罗斯却是个要被打掉的胎儿。随着沙皇政权日渐萎缩，犹太人成了替罪羊，泰威眼中的世界也在倾塌。尽管他的同胞在沙皇统治下面临着残酷的欺凌，尽管沙皇倒台对犹太人可能是好事，但政局不稳仍破坏了犹太村长的种种体系，包括家庭。泰威对自己所拥有的权威自视甚高，实际上拥有的却没多少。他惊觉这件事时，勃然大怒："成何体统！婚姻必须是你爸给你安排，这一点永远不会变。"[441]

泰威有三个女儿，其中两个女儿挑的犹太丈夫他都不满意。虽然不情愿，他还是接受了。然而，即便他自称"一家之主"，怕的却是老婆会如何反应："我可怎么跟戈尔德说啊？"他可能幻想着手握权力的感觉，然而他的妻女有时却无视他甚至嘲笑他。泰威的女婿莫泰尔是个裁缝，买了台缝纫机，整个镇子的人都来围观。戈尔德刚从莫泰尔的店出来，就看见泰威正在朝这边走：

戈尔德：你可算来了，走，回家吧。

泰威：我想看看莫泰尔的新机器。

戈尔德：改天再看，咱先回家。

泰威：女人你安静点儿，要不然我生气了！我一生气那蚊子都不敢飞！

戈尔德（讽刺）：我可吓死了，咱们先吃晚饭，吃完我就晕。

泰威（生气）：戈尔德，我才是户主！我才是一家之主！我现在就要看莫泰尔的新机器！

（他将门打开一条缝，朝里面瞅瞅，然后将门关上。）

泰威：好了，回家吧。[442]

　　泰威和戈尔德的婚姻是包办婚姻。25 年来，他们从没想过爱情，但不管怎么吵架，他们最终还是发现，彼此是相爱的。

　　泰威的三女儿恰娃嫁的不是犹太人，泰威拒绝接受这个事实——但他无力阻止。尽管他满口都是传统的力量，泰威所生活的时代里，家庭权威却完全是种自我选择。他再怎么想，也不能欺凌女儿。他能做的只有跟她断绝父女关系，而且断也是白断。"就当恰娃死了！"他声称，"我们把她忘了吧。"他做出这个决定，痛心疾首，女儿也哭天抢地，然而她该怎么活还怎么活，也没死。

　　《我的盛大希腊婚礼》中，父亲古斯发觉自己失去了包办婚姻的权力，但仍邀请多名希腊男人来家中，希望女儿图拉能看上他们中的哪个。然而，她却爱上了一个白种盎格鲁萨克逊新教徒，古斯也只能抱怨抱怨父权不再，男女身份反了天。就算再怎么想，他也没法让图拉不跟外面的世界发生接触。"让女人受教育就是个错误，我说没说过？"他问道，"可是没人听我的，现在家里连男朋友都有了！这男朋友是个好好的希腊小伙不？不是，不是啊！是个老外！"[443]（说"老外"时，他用的是希腊语中的 Xeno，意为"陌生人"或"非希腊人"。）

　　古斯被迫接受了女儿的新教徒未婚夫，还花钱搞了一场盛大的婚礼。然而，他依然保留了一些希腊传统，包括在婚礼现场大声说出父母的礼物——他家旁边的房子。心意非常可嘉，绝对不是欺凌，但实际上，这座房子使得图拉和丈夫不能逃离家庭监视、建立自己的生活。尽管图拉总是抱怨，最终仍觉得自己得到了爱、慰藉、保护与安全感："他们是我的家人。我们会吵架，我们会笑，无论我去到哪里，无论我做了什么，他们永远会在我身边。"

电视电影作品经常有体现家庭欺凌的内容，然而谁是欺凌者、谁是受害者却经常十分模糊。20世纪50年代的喜剧电影《蜜月伴侣》中，由杰基·格里森（Jackie Gleason）饰演的拉尔夫·克莱姆登是一名公共汽车司机，觉得自己的工作不被尊重而且受到剥削。他幻想着另一种生活，自由自在，为自己做主。他不断想各种创业点子，但都失败得很惨。他在现实世界中得不到认可，于是自行加冕为"一城之王"，对妻子实行欺凌——由奥德利·米德斯（Audrey Meadows）饰演的爱丽丝。然而，爱丽丝随随便便就可以无视拉尔夫。

　　拉尔夫（对爱丽丝说）：咱们现在就把话说清楚，现在，就在这儿说——男人的家就像艘船。这艘船上，我才是船长。我才是这艘船的船长，听明白了吗你？你也就是个卑贱的三等船员，就你。你的任务就是：收垃圾，扫甲板，保证船长舒舒服服的。你就不用干别的。记住，你就是个卑贱的三等船员。我才是船长。（他发现爱丽丝转身走开，叫住了她）

　　拉尔夫：你上哪儿去？

　　爱丽丝：三等船员克莱姆登准备去船尾歇着，等这阵大风吹过去再出来。

尽管夫妻之间老是吵架，克莱姆登一家人最后总会拥抱彼此，拉尔夫亲热地跟爱丽丝保证，"宝贝，你最棒了！"[444]

举个更近的例子，全美国都在看雷·罗马诺的半自传体情景喜剧《人人都爱雷蒙德》。[445]雷蒙德的妻子是由帕特里西娅·西顿（Patricia Heaton）扮演的狄波拉，饰演他母亲玛丽和父亲弗兰克的则是多丽丝·罗伯茨（Doris Roberts）和彼得·博伊尔（Peter Boyle）。主角夫妻两人的家与公婆仅有一条街之隔。这部剧大部分时间里，雷的哥哥，由布拉德·贾瑞特（Brad Garrett）饰演的身高6英尺8英寸[1]的纽约警察罗伯特，陷入家庭而不能自拔的程度比雷蒙德还甚，依然跟父母一起住。狄波拉经常被雷蒙德的父母贬低（尤其是被玛丽），却不顾丈夫奉劝而选择了这处房子。玛丽质疑狄波拉的主妇技能，因为儿子家没自己家那么干净而不停责怪儿媳妇，最重要的是，媳妇给儿子做的饭也没有她做得好吃。尽管雷蒙德是已婚男人，也能养活自己，玛丽仍经常给儿子做饭，处心积虑地想破坏儿子婚姻，让儿子离不开她。雷蒙德承认母亲做的饭更好吃，这让狄波拉勃然大怒，雷蒙德吓得只好苦苦安慰：

狄波拉：我就不明白，你怎么就不能从我的角度想想？你就知道维护你那圣人妈，非得把我说成白眼狼神经病！雷你说谁是神经病！？谁是神经病！？！？

雷（回答狄波拉）：肉丸子做的不完全像我妈做的，但我跟你说：咱们有房子……咱们有车……咱们的助学贷款

[1] 约合2米。

都还完了。你怎么还能睡不着觉呢！

尽管罗伯特身高 2 米，却经常抱怨没人注意自己。他嫉妒弟弟，觉得父母对弟弟的关心比对自己要多。尽管现在跟父母一起住的是他而不是雷蒙德。罗伯特是这样形容自己处境的："我是个警察，我还跟爸妈一起住。我这人生惨得也是没谁了。"[446]

某一集中，罗伯特得到机会申请去他心心念念的联邦调查局（FBI）工作。为了强调自己对儿子有多么重要，也为了帮儿子拿到工作，玛丽（对自己的家政技能十分自豪）想帮他熨他最喜欢的西装，却给熨坏了。罗伯特半天找不到别的合适西服，于是面试迟到。尽管执法界的风气是阳刚之气和掌控之力，玛丽却给面试官打了电话，对其解释为何罗伯特迟到其实是他妈妈的错。罗伯特仍没得到工作。然后玛丽就亲自去见了这位面试官，公开承认她是故意从中作梗让他拿不到工作，因为执法人员太危险，她作为母亲太担心。她希望年过四十的罗伯特仍是她的宝贝，离不开她，也不敢反抗她。[447]

本章最后几页，我们看到，电视电影能够展现出日常生活的内部关系，而且经常通过幽默的方式向我们揭示直接说说不出口的现实。幽默是一种故意的夸张，目的是引发关注。男人和女人看问题的角度不同，于是看待欺凌者和受害者的方式也就不同。本书引用的影视作品中，男性编剧往往更想反映走下坡路的父系权威。女性编剧尼雅·瓦达罗斯也看到，随着妻子和孩子日渐夺权，父亲对待妻儿的方式也体现了角色与层级的模糊性。

家庭日益衰落，而外部资本主义世界造成的异化感在加强，于是人们转向家庭寻求解脱。因此，丈夫、妻子、父母和孩子对彼此的要求更高，带来的欺凌和愤怒比爱与支持要多。现代家庭中的欺凌大概没有过去那么多，可能比过去要少，但家庭的欺凌形势似乎只是改换了方式。人人都在寻求欺凌权：丈夫、妻子、家长、孩子，莫不如此。传统的父权家庭意识形态体现出的是一种明确的欺凌层级，尽管这层级存在时可能从没像很多父权遗老鼓吹的那么壮观，现在却的确在经历瓦解的过程。随着角色变得更加模糊，丈夫正在寻找捍卫权威的信访室，而妻子也手握权力，可以以欺凌之道还治恶霸之身。与此同时，孩子现在能接触到更多外部资源，因此也能抵挡来自家长的欺凌。老人失去了目标，可能试图通过让孩子永远是孩子来维持生活意义。

不同代人之间存在着厌恶与愤怒，因为父母跟孩子难以相处，却仍希望孩子活在自己的监控之下。一个很流行的保险杠贴纸上面说，只要你活得够久，就总有希望复仇："这局能赢。活久点，以后糟践你孩子。"[448] 保险杠贴纸上的话，实际上是对过去孩子还赡养老人时代的一种浪漫美化。讽刺的是，过去能活到失去生活自理能力的人还是很少的。而今天，随着人们越来越高寿，养老院取代了家庭。不过有迹象表明，孩子成年后不得不照顾年老父母的"过去好时光"就要回来了。另一个贴纸说得更清楚，孩子才拥有根本权力："对孩子好一点，以后是他们给你挑养老院。"[449]

尽管家庭有爱，家庭却现在不是，以前也从来不是爱意无限的避风港湾。从古到今，或者至少在古时，家庭不断上演着敌意、竞争和欺凌。资本主义让家庭或多或少能提供的支持所剩无几，同时也让家庭成员对彼此的心理依赖更强。未来几年，家庭的衰退趋势可能无可逆转，也可能迎来复兴，甚至改革为新的模式。家庭还可能彻底腐化，因为再也没有新的理由能将人们绑在一起，不能提供感情避难所，也不能保护人们远离欺凌。结局会是甚至更厉害的异化感和沮丧感。不过无论怎样，欺凌可能会加剧。较强的家庭可能会在自身内部复活欺凌力量，而较弱的家庭可能导致的则更多是彼此疏远，让人对于欺凌更加无力。预后效果会怎样，我们不得而知。

第九章

反欺凌运动：欺凌国度的文化矛盾

　　尽管美国存在着本书中所讨论的欺凌惨剧，反欺凌意识却也在涌现。或者说，正是因为有这样的欺凌惨剧，反欺凌的意识才会涌现。这在美国历史上尚属首次，仅在 20 世纪 90 年代后才大规模出现。这很令人意外，因为导致欺凌的体制力量在增强。不过，反欺凌意识也可能带来希望，因为该意识可能体现了某些人群对欺凌的憎恶情绪。这种情绪可能会改变关于欺凌的探讨——或许还能为改变价值观和行为做出贡献。欺凌现象一直存在，以后也会继续存在，但社会对欺凌的态度是赏识还是谴责，这是可以改变的，并可以通过这种改变让欺凌所导致的苦难有所减少。

　　反欺凌浪潮的标志有哪些？欺凌已经在全美国成为热点话题，尤其在校园之中。自从 20 世纪 90 年代晚期以来，50 个州中的 49 个已通过了反欺凌相关法律（唯一的例外是蒙大拿州）。[450]2006 年，十月被确定为"全国反欺凌月"，各种反欺凌周和反欺凌日也纷纷展开。[451] 学校、工作场所及政府都在启用各种行为准则，加强立法，为减少欺凌行为、保护弱势受害群体而努力。受害群体包括残疾人、少数种族、同性恋以及女性。欺凌式的政界人士均被公开谴责，其中就包括唐纳德·特朗普和新泽西州长克里斯·克里斯蒂。联邦成立了国会反欺凌工作小组，致力于制定解决欺凌问题的法案。反欺凌运动在家长、学生、工人等许多群体中风起云涌。更重要的是，一种新的反欺凌文化正在成形，戏剧、歌曲、小说、博客等艺术形式都成了反映这一文化的舞台。[452]

新兴的反欺凌敏感性，最初迹象出现于 1998 年。那一年，怀俄明大学一名同性恋学生遭到谋杀，事件令人发指，全国人民为之沉痛。该学生名叫马修·谢帕德（Matthew Shepard），他于 1998 年 10 月 6 日在怀俄明州拉勒米市遭到另两名年轻男性的袭击，六天后不治身亡。行凶者将其劫持到一处偏远地区，绑在一处栅栏上，对其实施抢劫、用枪支殴打、折磨。谢帕德因毒打而头骨骨折。他身处重症监护室的最后几天里，世界各地人民为他秉烛守夜。从那以后，马修·谢帕德基金会致力于纪念这位年轻人，终结针对男女同性恋、双性恋和跨性别者群体的欺凌，建设追求和平与多元化的新文化。基金会的工作触及人数达 3 亿之多。[453]

基金会努力平息不同形式的仇恨与盲从，而谢帕德的名字如今也被视为新反欺凌运动的圣像标志。运动已超越了保护同性恋这一核心任务，扩展至倡导新反欺凌对话与法律，保护所有边缘群体。[454]

本章将分析反欺凌运动为何发生，又是否可能为降低个人与体制欺凌行为做出贡献。反欺凌运动所关注的是否是本书中所讨论的个人与架构欺凌行为的根源成因？是否预示着，我们这个军国主义公司社会中正在掀起针对价值观与体制结构力量的真实而深刻的变革？运动又是否涉及各个层面？

必须讨论这场运动的资格问题。首先，反欺凌抗议的崛起，并不意味着美国的欺凌现象正在消散。此前已经说过，其实反欺凌运动反映的正是欺凌现象的扩散。欺凌行为大幅扩散，于是才引起数百万美国人的憎恶情绪，开始思考欺凌问题的规模与创伤。当前的反欺凌情绪很大程度上只是笼统谈兵，的确引发了新的全国性对话，但实际上却没有事实能证明欺凌现象因此而有所减弱。我们提出，引发欺凌问题的核心力量来自结构与体制，而反欺凌情绪也没能改变该种力量，甚至没能引起人们对真正问题的注意。

如此现状，部分原因是这场运动毕竟新兴。想要去改变任何东西，首先要努力地把新问题摆在桌子上，让人注意到。随着时间进行，想要改变现状的人会深化分析，使笼统的探讨更进一步，成为能够引发体制变革的严肃评论与运动。不过，就欺凌这件事本身来说，这还有赖于反欺凌浪潮能在大众中传播多广、引发多少共鸣。我们认为，支持反欺凌文化的只是全部人口中的一小部分。大部分人对欺凌文化持默许态度，而那一小部分人则完全脱离。这体现了一场更大层面的文化战争，使我国越发两极分化。

此外，反欺凌运动似乎被我们所批判过的、研究欺凌问题的微观个体范式所限制着。后者强调的是个人欺凌，主要涉及的是年轻人和校园问题的相关对话与政策。换句话说，该范式的欺凌话语仅限于心理学和对欺凌的心理治疗观点，因此不能体现社会学的想象力以及我们的宏观范式——欺凌是结构力量的产物，施行者是公司和军队等机构。唯一例外是，该范式也关注与性别、性取向和种族有关的文化层级，这在马修·谢帕德案中有诸多探讨，在心理欺凌学术文献中的体现则更加广泛。这些"身份认同"的问题与重要宏观政治权力体系紧密相关，然而，就像性别运动和种族运动本身一样，新反欺凌话语并不指出，导致欺凌的根本原因是军国主义和资本主义。

不过，尽管有诸多限制，反欺凌话语却依然有其重要意义。它初来乍到，挑战着美国社会中根深蒂固的价值观与行为做法。它似乎引起广泛共鸣，数百万担心孩子被欺凌的家长以及孩子本身都对它敞开了怀抱。第七章已经说过，包括学校在内的各种机构是个人与未成年欺凌问题开始的地方，这些机构的一些做法似乎也体现出管理者对这一新话语的认真程度。

反欺凌运动折射出的是由新型价值观、科技与竞争潮流所带来的资本主义和军国主义体制中的新型矛盾，也折射出了文化战争自身的新发展。本章剩余笔墨将会着眼于上述反欺凌浪潮成因，最终评估反欺凌浪潮遏制欺凌灾难的潜力。

资本主义新型矛盾

资本主义一直存在着各种基本矛盾，其中之一就是工资悖论。为了牟取更多利润，每个资本家都必须极力压低工资，这是我国经济特有的欺凌方式之一，也是每个个体雇主的理智之选。然而，如果所有资本家同时降低工资，形成对全体劳动力的集体欺凌，那么也将对资本主义自身形成威胁，因为这样一来工人就不会有钱去买能产生利润的产品。1916 年，亨利·福特（Henry Ford）曾因害怕这一矛盾而给工人制定了 5 美元一天的最低工资，这在那个年代高得令人咋舌。其他资本家对此反感不已，福特却说，不这样的话，工人就买不起他家的车。[455]

不过，我们在此想要强调的矛盾是另一个矛盾，或许可以将其称为"欺凌悖论"。第二章已经说过，资本主义是一种竞争体制，要求资本主义战场上的每个人进行欺凌。资本主义竞争是一种社会达尔文主义，唯有强者可以生存。最基本的价值观便是统治——统治市场，统治竞争者，统治工人，再统治社会自身。在资本家们看来，"创造派"必须控制"伸手派"，于是导致了前几章说过的各种形式的资本欺凌，涉及对工人和竞争者的镇压行径。这种观念造成了亦步亦趋服从资本家权威的欺凌文化，使得工人和穷苦人民群众被欺凌着接受了低劣感，因富人的优越地位而对其低头。

然而，就像第七章中说的，一套与创新和竞争优势相连的矛盾价值观体系也是资本主义的必需品。想要形成这种价值观体系，又必须挑战权威，愿意去打破常规。愿意去逆反既定观念、产品和技术，这是竞争取胜的关键，因为资本家可凭借又快又好的创新行为、推出改良产品而击败对手。叛逆精神与欺凌文化形成冲突，因此公司文化需要变革，需要舍弃欺凌文化的统治与服从。公司体制内部的反欺凌浪潮萌芽，可能正是由此而生。

资本主义一直依赖于对权威顺从与屈服的文化，但也需要另一种平行文化——创新、丢弃传统权威。历史上大多数工人因遭受欺凌而不得不屈服，只有一小部分人被鼓励去"创造"，或者成为能够创新、另辟蹊径的人。如果没有创新，就没有新产品和新技术，但富有创新精神的工人很独立，很难控制。创新家的文化可不是欺凌文化，尽管创新可能也含有竞争，但同时却鼓励新鲜的、批判式的思考方式，以及挑战权威与现存行为方式的意愿——这种职业"反抗"与欺凌文化格格不入。

尽管这一欺凌悖论一直存在于资本主义之中，却仅在近几十年才成为较严重问题。经济朝着高科技、以知识为本的方向转移，能够扩大竞争优势的价值观类型与工人类型都经洗牌。后工业经济的限制条件是知识而非低技能制造，随着创造性思考成为市场成功的关键，对创新人才的需求急剧扩大。[456] 劳动大军中的更多人必须学习计算机技能以及如何在岗位上进行创造性思考，即便制造行业也是如此。[457] 大部分工人需要接受高等教育，并被要求有自主性、批判性的思考态度，而欺凌文化和传统资本主义的重点是依存与统治，因此自主批判的思考态度是与其相悖的。今天许多工人和经理的反欺凌敏感度有所提高，原因之一可能就是这一套崭新的公司价值观。

不过，现如今大多数工作岗位，尤其是服务业较低收入人群，依然需要谦恭服从。无论是输入数据的店员还是快餐店员工，无论是护士助理还是连锁大超市的收银员，服务行业的工作文化与层级资本主义经济的传统权威体系十分相似。麦当劳和沃尔玛的员工必须服从的"科学管理"已经存在了一百年（在这种体系中，员工的一举一动都要受到顶头上司的显微式管理），员工们面临的是极端的编制化管理，必须学会对老板权威和公司制度低头服从。

还有两个例子可以用来解释新欺凌悖论的其他变体。在硅谷这个科技天才和创新者的世界里，有创造性的人才是个中高手，因为反抗一切既定权威、拥护创意发明文化才是这里唯一的游戏规则。不过，当然，也并不"真是"唯一规则。硅谷的竞争十分激烈，风投、企业界与创造人士角逐的是一场硬碰硬的资本主义比赛，所有人都处于恒定的奋斗状态，目标是控制权与统治权。[458] 新技术天才身处的金融与竞争层级与传统资本主义权威并无多大区别。[459] 硅谷既为反欺凌浪潮提供动力，也在强化着现代社会一些最残酷的资本主义欺凌。

另一个例子出现在广受好评的 2014 年电影《爆裂鼓手》[460] 中，电影塑造了几名严格的音乐教师和其他导师，为了让学生更加优秀而使用残忍的教学方法。片中伟大导师为了打造世界级的优秀技术而采用欺凌手段，教师对他们手底下的优秀学生和表演者提出种种严苛要求，培养着他们的创意技能，同时也几乎打垮了这些冉冉上升的天才。这不免让人联想起亚洲"虎妈"[461] 的育儿方式。如果孩子敢拿着 A-的成绩回家，虎妈会勃然大怒。我们在此看到的是，创造性人才一方面活在一种打破常规去创新以及追求完美技艺的文化中，另一方面也活在统治支配和虐待的文化中。以知识为本的新型经济体所造成的可能正是这样一种欺凌与反欺凌相互交融的文化——同时鼓励反欺凌与欺凌。

今天的资本主义欺凌悖论因此而高度混乱复杂，能够稍微解释为何经济与社会中都涌现着反欺凌浪潮，而大规模欺凌现象却仍继续存在。反欺凌方面，新型知识经济中的竞争成功要求大部分员工舍弃欺凌价值观。尽管这些人可能能为公司带来更多的创新与技术价值，却也会带来一种自主文化，与公司需要员工服从权威的需求相冲突。即便是较低层工作岗位，员工本来就是要被训练为恭谨服从之人，也会在公司中同时接触到两种文化，一种强调创造力，另一种强调服从心。某种意义上来说，文化战争是被人带进公司的，而公司发现，想要成功，就要去创造、兼顾或者将欺凌文化与反欺凌文化有机结合。

在谈到文化战争本身以前，首先必须指出，主要对五角大楼出售产品的军事公司以及军队本身也在逐渐体会到自身的欺凌悖论。军事技术是很复杂的，需要越来越多的有创造力和创新精神的会思考的人。战争电子革命已经使得军事公司和军队中知识水平与兽性力量同等重要。军队承包商和军队本身都经受着压力，来自"国家安全"也来自美国在全世界的持续统治，在这种压力下二者都必须去培养技术创新，然而技术创新要求的不是运动型技能而是所谓的书呆子技能。不过，军事公司和军队依然是层级权威的堡垒型机构，并将继续培养服从和统治，以其为核心价值观。[462]

步兵部队依然需要培养硬汉恶霸，打进伊拉克或叙利亚，"想拯救他们所以要打死他们"，但尽管如此，坦克里的武器控制板很像电子游戏操作台或者更复杂的电脑，这可能是书呆子才喜欢的东西。而公司中，创造新武器和策略都需要创新，创新又必然带来对权威的种种挑战。对于军队这种对权威盲目遵从的文化尤其严重的机构来说，这个问题也尤其严重。欺凌行为在以前能培养出义无反顾的炮灰，现在却不能再打造出当代军队所需要的种种技能。

第六章已经说过，对于军事行业文化来说，这一问题导致了尤其复杂的矛盾。一方面，军事行业一直要求对权威和暴力毫不质疑地接受，这是军事机构的重要支柱。一些高级将领可能有博士学位，在五角大楼中运筹帷幄，但他们依然是在发动残忍战争。与此同时，军训教官依然是恶霸式的，而新兵训练营或基础训练的文化也依然是欺凌式文化。

文化战争：贯彻启蒙运动和60年代精神的新式反主流文化，是否能挑战权力精英恶霸和校园恶霸？

本节将更细致地研究在反欺凌运动中表现活跃或表示支持的美国不同群体。这一研究带有猜测元素，因为那些人是反欺凌支持者，尚无明确文献资料去证实。不过，我们的确有学术与媒体报道，提到了参与推广反欺凌价值观行动的个人与组织。无论怎样，第一步依然应该是判定这可能让美国欺凌现象有所减少的人口基础究竟为何。

然而，我们需要在此指出一个首要限制。当前的反欺凌情绪很大程度上反映的是微观心理学范式下所发现的欺凌，重点关注的是未成年人和校园。而对于社会学想象力和宏观范式所关注的军国资本主义社会中形成的成人、机构与架构欺凌，反欺凌情绪则没有体现出足够的关注。任何真心想要减少欺凌的运动都必须严肃对待这一更大的角度——这也是我们写作这本书想要传递的核心信息。本章最后一节，我们将会重点提出的启示将有利于打造一场运动，能够认同泛滥的个人欺凌与架构欺凌之间存在联系，并寻求改变为欺凌惨剧提供燃料的机构体制。

不过，首先还是来看现如今的这场反欺凌运动，包括其限制。这场运动不仅忽视了军队和公司体制导致的体制欺凌，也未能反映美国绝大多数人的态度与意见，因此存在限制之处。这场运动没有在全国范围内达成一种新的文化认同，而只在重要但有限的人群中形成了一种文化转移；没能让全国人民在一种紧密结合的新反欺凌世界观下团结起来，却加剧了美国已经极为深刻的文化两极分化。我们初步认为，反欺凌人士主要大量存在于以下群体或组织中：

传统意义上遭到欺凌的边缘化群体，包括：同性恋、残疾人、女性、书呆子、少数民族或种族；

城市人口，而非农村人口；

知识分子，包括高等教育机构中的学生和教员；

女权人士，及其他倡导挑战传统性别认同与性别权力的群体；

社会公益服务工作者；

教师；

艺术从业人员；

反对死刑和过长刑期的人；

支持严格枪支控制的人；

来自东西海岸的人；

不支持正统宗教教条的人；

支持富人财富权力再分配的人；

倡导帮助弱势贫困群体、支持公正和平社会与环境可持续发展的政治进步人士；

动物权利积极分子。

我们认为，支持较传统欺凌文化与价值观的人大多来自以下群体：

白人

男性

农村人口而非城市人口

持有枪械的人和强烈反对枪支控制的人

南部人和西部人

运动迷和反知识分子

死刑支持者

正统宗教群体

军事、警方和监狱行业从业人员

倡导"传统家庭观"的人

反对同性婚姻和女性平等工资的人

强烈支持战争的人

强烈支持大公司的人

反女权者和反同性恋者

反对财富再分配的人

反对为贫困群体和工人提供福利的人

反对环境管制和动物权利的人

不相信环境变化是由人类导致的人

这两份名单都仅是举例说明。所列举的每个群体内部都明显存在着大量文化多元性，因此这样简单列举看上去似乎是故意为之的刻板印象。然而，这样的定位能为我们提供一个大致的出发点，对围绕欺凌和反欺凌的文化战争进行分析。第二份名单中的人，出于与社会价值观、宗教差异、财富水平或军事立场等原因，比起第一份名单中的人更能强烈认同权力、统治、力量、雄性气概、层级、竞争、服从、控制与暴力的价值观。而我们必须说，第一份名单中的人更有可能排斥这些欺凌文化的传统价值观。

如此划分人群也有几分熟悉，看上去很像选举那一天我们看见的红蓝政治阵营地图。此外，对于经常听到美国文化战争讨论的人来说，这两份名单也能略微定义文化战场上对战阵营各自的领军人物。[463]

本节将在历史背景和美国文化战争的背景下，详细分析反欺凌情绪。尽管这些术语还未被广泛提及，但在我们看来，更大层面上的反主流文化挑战了西方军国主义和资本主义社会的统治文化与统治阶级，尤其是在美国，而反欺凌文化也是一种反主流文化。概览文化战争的历史以及近几十年来文化战争加剧与变革的原因，我们就会对反欺凌运动的意味和前景有更多了解。

媒体报道文化战争时总喜欢说这是近来才有的现象，与性别认同、生理性别、性取向、价值观和宗教方面的冲突紧密相连。美国文化斗士如今的战场是同性婚姻、堕胎、传统家庭观、枪支以及政治与社会中宗教所扮演的角色。[464] 斗士们也经常将文化问题的战场扩展到社会经济问题和政治问题上，例如资本主义、不平等问题、环境变化、军国主义以及美国在世界上的统治地位。用政治术语来说，文化战争中一派捍卫的是对传统家庭观、性别、宗教和资本主义权威的接受，而另一派对这些既定权威架构进行挑战，追求平等主义、女权、友善对待同性恋、世俗化、可持续发展和协同互助的价值观。一派最终接受基于传统层级的统治，另一派反对的不仅是现存的力量结构，更是陡峭力量差距和层级的正当性。[465]

文化战争在今天如火如荼，但却并不是新兴事物，事实上已有很长历史。想要分析对抗主流文化的反主流文化之崛起，应首先对其历史进行简述，以明确其发生背景以及反欺凌运动可能属于当今反主流文化的历史根源。当前欺凌研究中互为对手的种种价值观，研究文化战争历史能帮助我们明白其深度与广度。从而能够明确地阐述，反欺凌文化瞄准的是美国军国主义、资本主义体制中根深蒂固的价值观，为何这样一种文化自身存在着困难。

文化战争两个早先历史时期能够为我们提供很有用的看法，也能表明，即便反主流文化能够削弱或摧毁此前既定的欺凌体制，它也能创造自己的新欺凌体制。范例之一就是最早的现代西方文化战争——17、18世纪，欧洲启蒙运动对天主教会与传统宗教权威发起的进攻。启蒙运动在不同世纪与不同国家都有不同形式，但主要是对基于宗教、传统和固定社会层级的中世纪社会秩序发起基于理性、科学和人权的挑战。历史学家乔纳森·以斯列（Jonathan Israel）认为，直到18世纪之前，西方文明还依托于信仰、传统和权威。[466] 启蒙运动正是一种反主流文化，目的是对中世纪宗教文化发起革命性挑战，因此而提出了一种以理性、科学和民主为本的新视角。[467] 启蒙运动最激进的形式来源于17世纪伟大的荷兰哲学家本尼迪克特·德·斯宾诺莎（Benedict de Spinoza），提倡进行革命式的文化与政治变革，这与现代文化战争类似："民主，种族与性别平等，个人生活方式自由，全面的思想、言论与媒体自由，全面根除立法程序与教育系统中的宗教权威，政教完全分离。"[468] 伏尔泰、让·雅克·卢梭、德尼·狄德罗和孟德斯鸠等法国启蒙运动哲学家、伟大文化人物所提出的观点，均是这种反主流文化浪潮的不同变体：尊崇理性、科学、批判性思考和民主价值观，取代专制宗教和政治权威。[469] 这些观念融合在一起，最终合理导致了法国大革命的发生，古老贵族和宗教秩序被推翻。然而我们必须记住的是，法国大革命在雅各宾派专政统治时期也不幸沦为暴力欺凌，最终导致了拿破仑领导的另一个君主政体的产生。

不过，启蒙运动依然在一场伟大的文化战争中以反主流文化的形式出现，甚至到了今天依然以新形式继续存在。17世纪和18世纪中，这一新反主流文化被烙上了一种革命热诚，自从中世纪以来一直在挑战着统治欧洲的基本价值观。启蒙运动的思想家被视为异端分子，大多因攻击当时的宗教和政治教条而受到迫害。他们对天主教会和封建贵族视为核心的主流价值观发出质疑。[470]

他们详细阐述了批判性思考、人权和平等的新价值观，但尽管如此，他们真正的成就更加复杂且矛盾。[471] 一方面，启蒙运动的思想家种下了革命的种子，提出民主、理性与质疑权威以挑战中世纪的正统事实和教堂专制。他们对中世纪欺凌文化的瓦解做出了贡献，但也是在他们的帮助下，现代资本主义和军国主义体制得以落地生根，尽管在名义上接受科学文化与怀疑态度，但仍然促进了新式架构欺凌的产生。

启蒙运动思想家在辩论与哲学思考中摒弃了因出身或神权而拥有无可置疑权威的观点，这使得他们与既定宗教领袖和政治权威发生冲突，并导致了教会和启蒙理论家之间的伟大文化战争。争夺的焦点正是中世纪权威与统治，宗教领袖自认为有绝对正确的权威与神权，而启蒙思想家挑战任何绝对正确或绝对权力统治的正当性（然而叶卡捷琳娜大帝等那个时代的独裁者正是在启蒙运动的名义下重新树立了独裁统治，我们稍后会对此进行讨论）。

这些历史趋势与欺凌有何联系？用今天的话来说，我们可以说启蒙运动考验了一种于中世纪教堂中建立的欺凌文化的心理承受能力。通过哲学，启蒙运动推翻了教堂所宣称的绝对真理。启蒙运动的武器就是理性与思辨，摒弃的是正统宗教教条或绝对神权政治力量的观念。启蒙运动鼓励的是针对所有权威言论的怀疑主义；[472] 通过拒绝欺凌者的绝对统治世界，对恶霸体制或校园恶霸发起了深刻的挑战；提出唯一有正当性的权威必须以人权为基础，而且必须得到人民的同意。在启蒙运动的反主流文化看来，欺凌者实行统治、欺凌人民使其服从是绝不正当的。

　　然而，启蒙运动也是一套复杂的体系，后来并没能彻底摧毁体制欺凌，而是建立了新的体制欺凌形式。在启蒙运动的帮助下，中世纪正统主义和教会专制得以被推翻，现代资本主义的基础得以建立。而我们一直在阐释的正是，资本主义建立了所独有的架构欺凌和个人欺凌——尤其是美国的军国资本主义。诚然，资本主义文化的基础是民主、科学理性主义那些动听话，但事实上，资本主义建立了独有的层级和压迫体制，以维护自身生存。进一步讲，启蒙运动支持科学与理性，但实际上又激发了另一种反科学与理性的反主流文化——浪漫主义，宣称真正的真理可以通过感觉和直觉进行判断。接下来，这样的浪漫主义又导致了法西斯等现代右翼运动，与中世纪的文化形式一样具有暴力性和欺凌性。

　　因此，启蒙运动作为反欺凌运动或反主流文化是否算是成功呢？当然，其成就值得赞叹。数世纪之古的中世纪宗教绝对权威、贵族的神圣军事权威和权力主张被推翻，启蒙运动功不可没。运动还推进了人权、科学和平等方面的思想，在西方思潮中成为重要理想。

　　不过，我们需要指出三点重要失败。第一，尽管启蒙运动数项原则在改变现代西方文化修辞上取得了显著成功，却并未转化为当代经济与社会体制，没能摧毁力量层级、确保平等或人权。启蒙运动终结了一种高度不平等的体制——以种姓等级为基础，认为不平等是一种美德。然而，在此之后建立的替代系统是资本主义，也是一种高度不平等的体制，尽管是以阶级为基础，而且自我伪装为终将带来平等的体制。口号并不是现实，这一点我们稍后会再次提到。

　　第二，启蒙运动的实践限制很大程度上在于，教会和贵族的古老价值观遭到了挑战，但并未被真正打败。启蒙运动没能彻底摧毁古老的价值观，而只是为宗教与科学、权威与民主、理性与暴力之间持久的文化战争建立了战场。价值观战争延伸至现代文化战争之中，仍在继续。

第三，启蒙运动创造的新体制秩序绝对不是平等主义和和平社会的典范。今天，教会与正统宗教依然是强势力量，而精英贵族也不过换成了精英资本家。资本主义新体制的后盾是史上最强的军事力量，虽然敞开双臂拥抱启蒙价值观，在实践中却没有任何应用。启蒙运动改换了统治阶级，也改变了统治认识论，或者说，思考与认知的方式。宗教认知论中，真理是由权威和传统制定的，而启蒙运动推翻宗教认知论，代之以鼓励质疑和进步的科学认知论。但是，科学家演变成为一种职业专家阶级，有时会通过宣称对客观事实具有垄断权而达到恐吓或欺凌大众的目的，使得后者不敢质疑他们。[473] 本书每个字都在说明这件事——新领导人们实行的是新式欺凌，而无论是新式欺凌还是旧式欺凌都依然无处不在。

由此，我们再来看第二场、更加现代化的文化战争，于 20 世纪 60 年代美国上空爆裂，如一场壮丽烟火——时至今日仍以新形式进行着。如启蒙运动一样，这场现代文化战争也对既定欺凌文化发起进攻，并且自身也导致了新的欺凌行为，也表明任何形式的社会关系想要跨越欺凌而前进是多么困难。

20 世纪 60 年代的新左派是一种主要由世俗化年轻人组成的反主流文化，成势是因为经济发达，又融和了启蒙式对传统宗教权威的怀疑主义以及对感情和率性的浪漫信仰。打造出这种新文化的年轻人挑战的是种族主义、性别主义以及美国资本家和军事力量的政治影响。

在种族隔离和奢靡主义的不公正、越南战争的非正义暴力激励之下，美国年轻人走上街头，共同发起了一场文化革命，对抗军国资本主义的真理观念，也对美国的欺凌国度定位重新下了定义。[474]

20世纪60年代这场学生文化的核心思想是这样一句口号："挑战权威！"[475]挑战权威的准则就是炮火朝向美国式西方资本主义与军国主义，一定程度上正是以"代表启蒙运动价值观"为自己正名。六十年代的反主流文化认为，军国资本主义打倒了中世纪权威和专制主义，却创造了自己以战争和钱为客观真理的正统思想和欺凌意识形态。

对于这场从启蒙时代已经开始的文化战争，1960年代的重要贡献之一即是对男权统治和传统家庭、性别文化观发起了挑战。60年代制造了女权运动新浪潮，经常会被称为女权主义"第二浪潮"，质疑父权社会与男性权威。贝蒂·弗里丹（Betty Friedan）的里程碑作品《女性迷思》影响下，第二浪潮中富有影响力的作家包括新运动经典作品《性别政治》作者凯特·米利特（Kate Millett）；第二浪潮宣言《姐妹有力量》作者、著名激进分子罗宾·摩根（Robin Morgan）；以及《女太监》作者杰梅茵·格里尔（Germaine Greer）。[476]女权主义文化进攻的最前沿攻击的是家庭结构，对女性生育权利的否认，以及《广告狂人》等现代情景喜剧中表现的资本主义体制的父权特点——在工作中歧视女性，将女性物化为性爱玩具。

60年代的关键思想之一是学生对越南战争的反对——这种反对使得他们成为反文化运动的一部分，对抗主流思想以及暴力欺凌文化。学生中的激进分子将美国干预越南内政的行为视作军事欺凌的最低级形式，然而美国精英阶层却将越战正当化，是反击共产主义、保卫自由的战争。美国宣称战争是为了拯救自由，实际上却摧毁了一个可怜的国家，这一行径使得一代美国人感觉受到背叛。[477] 越战重新定义了国家暴力和现代资本主义战争——一种令人发指的欺凌，对于年轻人来说尤为如此。对战越南这个小国，美国使用的轰炸吨位超过了"二战"轰炸吨位的总和。美国是一个欺凌国家，越战就是象征。而60年代的反主流文化对战争进行抗议，正是对美国自己的犀利回应。该文化斥责引起了这场战争的军国资本主义，正是这场战争让欺凌成了一种国家纲领。

60年代反主流文化中女性与同性恋发挥的作用有所上升，这一点加强了对于美国这个欺凌国度的挑战。女性与同性恋再加上有色人种（后者为获取公民权利而做出的努力是60年代运动的先驱）一直是这个国家中欺凌和暴力的首要目标。六七十年代晚期不断强大的新女权主义运动和同性恋运动，将男性权力和针对女性和同性恋的暴力视为美国社会的核心不公平现象，一些女权主义者认为性别不公正待遇与美国军国主义和华盛顿对越南人民的暴力欺凌之间存在关联。格罗利亚·斯坦能（Gloria Steinem）是知名女权主义作家、激进分子，她在20世纪60年代晚期通过拒绝纳税以抗议越南战争。[478]

非裔美国人在奴隶时代的当时和以后都是遭到最多残忍欺凌的群体，也是60年代反主流文化的先驱。他们曾拒绝坐在公共汽车后排，在午餐柜台前进行静坐示威以反对种族隔离，试图考取实行种族隔离制的大学。种族欺凌从未停止，在重建期吉姆·克劳时代再次冒头，私刑丛生、种族隔离均体现着美国最低级、最暴力的国内架构欺凌。黑人公民权利运动人士发起运动时遭受了残忍的暴力，甚至付出生命的代价。他们本人所遭受的压迫使60年代的运动更加强大，挑战着体制欺凌，后者可追溯至此前数百年的奴隶制时代，并直到那时依然是奴隶制的体现——美国最终极的欺凌体制。

然而，即便运动人士对抗着既定的欺凌体系，新左派反主流文化或运动与启蒙运动的反主流文化一样，也创造了自身独有的欺凌实践。由此而来的欺凌做法无处不在，也是新左派遗产的一部分。

比如说，黑人解放运动中是否使用暴力的重大分歧。一些运动家是非暴力、反军国主义人士，例如马丁·路德·金，称美国为"当今世界最大的暴力承办商"。[479] 也有一些是支持枪支的人，是暴力而且自豪的欺凌者，比如黑豹党。[480] 金与他的追随者们揭露黑人压迫而遭受无数殴打与逮捕，他们坚强地容忍了这一切，并因此与暴力白人欺凌政权形成鲜明对比。然而，黑豹党及与之类似的"黑人权力"组织逐渐成势，金等人却成了叛徒和懦夫的象征。黑豹党自称为革命"先锋"，许多此前自认为是反战和平主义者的白人年轻人也接受了他们的说辞。作为先锋，黑豹党可以强行决定"正确路线"，人人都必须接受。

因为不想被贴上"反革命"的标签，关于暴力与否的辩论被掐灭，左派遭到欺凌，要么喊出他们并不接受的口号，要么索性远离运动，不理政治。一些人在主流文化中就业，或者在瑜伽、冥想甚至药物的包围中度日，生活得"多愁善感"，以对解放运动采取一种更为个人心理化的诠释手段。许多人在学校系统或社会服务领域就业，对当今反欺凌事业的发展做出了贡献。

而即便是留下来的人，因为被强逼着不想看起来是心不诚、养尊处优、胆小怕事的白人中产阶级学生，如果听到下面这样的话可能还很高兴，本书两位作者当年都听到过："你们这些白人中产学生倒是能游行，但能杀人吗？我想知道你们会不会杀人。"只有极少部分人真的拿起了枪，其中包括学生激进分子中的"气象员"（Weathermen）派系，在 20 世纪 70 年代中期的"愤怒日"[481] 中为抗议越战而策划了数起爆炸事件。一些前和平主义者被欺凌着接受了这样的观念——停下来思考、考虑后果、坚持非暴力路线意味着缺少革命意识，而更重要的是，意味着缺少雄性气概。在这样的观念之下，前和平主义者将搞爆炸袭击的人视为英雄。

暴力被浪漫化，会让你感到——你正在"行动"，你不是闹着玩。你是一个有信念的革命者，就算那意味着自我毁灭。你一旦投身暴力，就无法回头。想要分辨谁是盲目跟从，谁坚持自我思考，看其是否使用暴力就是一种方法。暴力需要纪律，必将带来军队式的层级，甚至会产生小派别。暴力也将摧毁对于和平主义或自由辩论的愿景。

进步工党、气象员、斯巴达克斯党、十月联盟等黑人白人小团体和党派纷纷涌现，均自称革命先锋，整个左派、整个反主流文化被大大分裂。不同党派指责对方懦弱或反革命。[482]20 世纪六七十年代的左派群体和反主流文化沦为一场欺凌文化，他们最早为之奋斗的东西至此几乎消失殆尽：非暴力、反对层级、反极权主义、自由言论以及创造力。一些最残酷的欺凌者混入领导队伍，不能接受他们的人要么离开，要么被逼离开。

不幸的是，许多以解放为名的革命似乎都沿这种趋势发展，法国、俄罗斯的革命莫不如此。关于革命，有史以来最振聋发聩的作品之一是乔治·奥威尔（George Orwell）的《动物农场》，书中猪领导其他动物一起推翻了农场主，然后却变成了与其一模一样的统治者。[483] 革命的腐化，唯一的例外可能是南非，但即便在南非，大部分财富仍然掌握在白人手里，部分原因是纳尔逊·曼德拉（Nelson Mandela）决定不驱逐白人，另一部分原因是曼德拉的革命队伍南非非洲人国民大会被美国等国际强国欺凌着接受了一套基于"新自由主义"或者说紧缩政策的资本主义体制。不过，即便没有外部欺凌，后革命时代的南非也可能成为统治与层级的国度。权力会导致潜在欺凌，而当权者会忍不住让其成为实际欺凌。权力能让温和感性的人也变成独裁恶霸，甚至可能变成暴力恶霸。

尽管20世纪六七十年代的运动辜负了自身理想，但非裔美国人、女性、同性恋和富有白人学生团结在一起，这着实考验了欺凌文化的基本价值观。60年代的运动是由美国最受欺凌的人所驱动的，参与到革命队伍中的还有精英青年中的亚文化群体，反抗由父母辈建立的欺凌文化。在众人的力量下，60年代的积极分子向美国及其军国资本主义文化发起了广泛而有预见性的进攻，将其重新定义为一种欺凌体制。

但是，运动成功了吗？与启蒙运动一样，答案喜忧参半。一方面，60年代催生了新的价值观和口号，对美国影响深远。女性、同性恋和非裔美国人一直以来遭受到体制与个人的双重欺凌，在运动中获得了新权利与法律保护。他们的身份认同运动从60年代运动发展而来，赋予他们自豪感与某种力量感。

由60年代发展而来的许多运动，尤其是与学生、女性、同性恋和非裔美国人有关的运动，是当今反欺凌情绪的基础之一。半个多世纪以来，1960年代所启发的文化斗士们挑战了传统文化权威，与种族欺凌、性别欺凌等欺凌形式做斗争。60年代开辟了文化问题的新对话，强迫整个国家去质疑关于婚姻、家庭、物质消费主义、体制种族主义、军国主义和同性恋问题的既定真理——其中许多是基于传统宗教教条的真理。在其作用下，受压迫的人民所遭受的欺凌必然受到关注。不仅如此，对于美国这个欺凌国度，运动也直接地提出了更加宏观的问题。

与此同时，60 年代的反主流文化也存在着重大局限性与失败之处。如此前指出，女性、同性恋和非裔美国人的文化认同运动未能使全国在新价值观上达成新的共识。与之相反，种种运动催生了新右派，反对 60 年代极力实行的所有文化与政治变革。白人、信仰宗教的人、以家庭为中心的保守主义者尤其欢迎新右派，尤其是在南部和西部内陆。某种程度来说，这是内战以后文化战争的延续。[484] 保守主义者觉得自己受到了新左派学生和沿海精英的诋毁，他们能做的也只有继续紧紧抱住身为白人的高贵出身。新右派团结了许多工人阶层和农村人口，对抗传说中与黑人等少数种族勾结的"精英主义者"，阻止后者破坏他们的等级认同与价值。[485] 美国那时在各种社会和文化问题上存在极大分裂，导致了今天的文化战争。虽然 60 年代带来的反主流文化有巨大影响，但当年反主流文化者的孩子现在却必须打一场属于这代人的艰苦卓绝的仗，继续在社会、经济、军事和文化的前线上奋斗。谁的价值观将会获胜，仍未可知。

分裂依然不可调和，由此可知，60 年代对于改变国家体制与政策的历史影响始终很弱。随着里根革命的来临，就业和贫困问题等经济不平等现象比 60 年代有过之而无不及。资本主义越来越不平等，越来越具有惩罚性，用比 60 年代更严苛的紧缩政策欺凌着穷人与大多数人民。无论是军队在外国实行的暴力，还是枪击犯在国内实行的暴力，都非但没有减弱，反而有所升级。美国的军国资本主义已取得国际级力量，能在全球范围内欺凌更多工人与国家。

　　60 年代运动未能软化或减少欺凌，也体现了反主流文化运动的局限或弱点。围绕种族和性别问题的认同运动很大程度上未能解决阶级问题，也未能挑战催生了针对大部分人民进行体制欺凌的军国资本主义。[486] 反越战运动中的许多资深运动人士可能还会反对伊拉克战争、阿富汗战争，但他们已经忘了对资本主义和军国主义的本质批判。他们全盘接受了探讨欺凌问题的微观范式，却未能接受能够指出我国军国资本主义体制所独有架构欺凌的宏观范式，使得对体制欺凌的抵抗毫无进展。本书以整本书的力量说明的正是，体制欺凌才是造成欺凌惨剧的核心原因。

　　面对当前这场文化战争以及围绕其进行的更大层面上的政治活动，我们需要认真借鉴过往反主流文化运动的教训。最后一章我们将提出一些建议——如何结合社会学想象力和宏观范式以改变我国的欺凌文化，并减少欺凌强加于数百万美国人和全世界人民身上的痛苦与创伤。

解决方案是否存在？
减少欺凌行为的新思路

本书提供了思考欺凌成因的新范式。我们希望新范式能够使思考问题的方式发生本质转移，对研究欺凌问题的学者以及公众对欺凌问题的理解提供重要启示。不过，或许最重要的一点是，对于如何减少欺凌现象、降低欺凌广泛性、缓解欺凌对于机构、个人和社会本身所造成的悲剧性后果，我们的范式转移可能能够提供一种新思路。

我们已经指出，欺凌深深植根于社会架构和体制之中，并非单纯由心理或精神障碍导致。由此可知，如果想要减少社会欺凌现象，就必须以政治经济所发挥的作用为对象进行干预。如果军国资本主义是最核心的欺凌体制根源，那么想要做出任何实质性的改变，就必须从改变这一体制开始。

这并不意味着应该全盘推翻研究个人欺凌或欺凌受害者的心理学手段。社会学想象力的关键就是社会结构与个人品格之间的关系。军国资本主义通过运作学校、军队、家庭等传播机构发挥着关键的根源作用。因此，任何合理反欺凌手段都应包括对学校政策、家庭和人际心理的强弱关系进行干预。

然而我们的分析表明，这些手段至多是治标不治本，是创可贴而非治愈药。如果我们的新范式是正确的，最终根源在我国的政治经济之中，那么如果不改变军国资本主义体制，就不可能发生深刻而有意义的改变。当然，军队、学校和家庭也是政治经济的组成部分。

如此改变可能是种令人生畏的挑战。但我国社会中存在众多极端不平等现象、环境危机、蔓延的战争以及社会与其他问题，因此变革政治经济又势在必行。众多新运动涌现，对我国的军国资本主义发起进攻——从占领华尔街到最低工资运动，再到"黑人的命也是命"等黑人反抗警察欺凌的运动，莫不如此。哪怕只是偶然，旨在减少欺凌现象的新运动也会诞生新领袖，新领袖将会产生真正的影响力。

尽管我们想基于新范式提出几点新的"宏观"措施，但首先必须提出一些观察意见以及免责声明。第一，反欺凌运动已经产生了影响。无论运动是否切实减少了欺凌行为，但的确已经改变了人们对于欺凌的态度。如今，欺凌者不再有如此自信，自以为会被封为英雄或领导。恰恰相反，他们面临的是被排挤或者某种程度上被惩罚的危险，甚至可能被迫去接受治疗，而接受治疗这种事会让许多欺凌者觉得很丢人。我们提出新举措，并不是要诋毁大多数反对欺凌者的意图，而是要寻找能够加强当前运动的方式，以使运动能够吸引到更多支持者，发展出更有效的愿景和政策。

第二，我们并不相信，欺凌可以被根除。纵观历史，欺凌一直存在，几乎在每个社会都存在。部分原因是欺凌本身就隐藏在我们的生理编码之中，自然世界动物种族之间的欺凌就是明证。另一部分原因是，欺凌是实行权力的一部分，想要根除欺凌，就要根除权力，无论是人际间的权力还是经济、政治、军事系统中的权力，都要根除。这种巨变，单单去想象一下都觉不着边际。

启蒙运动和 60 年代的运动诞生的反主流文化都侵蚀了过去的欺凌形式，但也都创造了新的欺凌形式。启蒙运动削弱了中世纪教会与贵族的欺凌，但以此为基础也催生了暴力的法国大革命，以及后来暴力的现代资本主义国家和公司体制。我们已经看到，60 年代的新左派有时会以暴制暴，会建立黑豹党、"气象员"之类的组织，认为以解放为名举起枪杆子是件很美好的事。由此可知，即便是反欺凌文化自身也能导致欺凌，这一观点在今天得到了新的关注。

一些人认为，现在为停止校园欺凌而做出的努力实则催生了一种特有的伪装欺凌体系，[487] 欺凌的是不服从政治正确或不接受放任自流、性别主义或种族主义等时兴观点的学生与教师。反欺凌甚至还成了一种报复手段——谁不同意你的观点，就说谁欺凌你。[488] 一些笃信老式管教方法的学生、家长或教师声称，新反欺凌运动也是通过欺凌手段使人服从。他们主张，该运动是对言论自由的违犯，[489] 同样是欺凌，只不过欺凌对象变成了不接受号称能改变欺凌人格的新"自尊"教育或反主流文化治疗的人。

不过，如果说我们对欺凌无计可施，那又是过度悲观了。近些年来，美国国内已经做出了认真的努力，至少在改变人们态度方面取得了一些进展。上古时期最严重的欺凌和暴力形式不再名正言顺，力量有所减弱——包括奴隶制和同类相食。过去几十年间，同性恋、少数种族与残疾人等欺凌受害者均得到了更多法律保护和文化保护。

我们的观点是，我们可以对造成或强化欺凌的社会、军国主义与残酷资本主义进行重组，以此获取更好成效。我们应该迈向一种新文化与社会经济体制，这种体制不应鼓励或奖赏欺凌。最终结果不应是彻底消灭所有欺凌，而是缩小欺凌规模、降低欺凌造成的痛苦程度，以及，若有可能，减少进入领导队伍的欺凌者数量。

由此，我们必须走上那条少有人走的路——本书分析指出的道路。虽然欺凌也具有生理和心理根源，但更是层级和暴力社会体制导致的行为。尽管当前的举措很大程度上围绕着人际间干预展开，手段多是心理治疗或校园学生辅导，我们仍想着眼于成年人世界的欺凌现象，其动因不只是心理问题，也包括凭借奖赏欺凌而存活并发展的社会经济和军事体制。

对于个人欺凌的国家间比较研究尽管存在着研究国家数量的局限性，并不全面，但我们仍能发现，世界上许多发达国家的欺凌现象少于美国。许多欧洲国家的欺凌程度低于美国，其中瑞典等斯堪的纳维亚国家在校园和工作场所欺凌方面的排名尤其低，然而在儿童安全与福利方面（在传统范式下，儿童安全与福利应该是能够体现欺凌预防程度的指标），这些国家排名也低于美国。[490] 这该如何解释？为什么结果不能反射真实差异？

第一，像大多数欧洲国家一样，瑞典和丹麦的军事规模比美国小得多，看待世界以及管理冲突的思路更加平和。这些国家的军事系统起的是防卫作用，没有足够军容去进行进犯或征服。因此，如今欧洲大部分国家不存在军国主义造成的欺凌，尤其是像瑞典和丹麦这样的小国。

第二，相关研究计算的是个人欺凌的发生概率，但并不计算体制欺凌的受害者，这导致数百万遭受体制欺凌各种隐性欺凌手段的受害者被排除在外，例如低收入工人、丧失抵押品赎回权的房主以及遭到军队或警方压迫的受害者。如果我们将遭受体制欺凌的人也考虑在内，美国欺凌受害者数量会直入天际，而瑞典、丹麦等斯堪的纳维亚国家增加的欺凌数量则根本无法与之相比，因为瑞典等国的经济体制更为柔和，军事规模也更小，造成的体制欺凌微乎其微。

由是，我们的方向变得更加明朗。想要减少欺凌，我们需要实行与瑞典和丹麦类似的经济模式——同时也要缩小军事规模，打造如斯堪的纳维亚国家一样的防卫型军事力量。[491] 经济体制及对世界和平采取的手段，均应朝欧洲模式转移——这一宏观策略符合逻辑，将能解决由美国军国资本主义所导致的宏观欺凌现象。至少，在这样的体制下，对欺凌行为的奖励行为会减少，欺凌者也不会再被视为天生的领导者。

瑞典和丹麦也是资本主义国家，但与美国相比，这两个国家要更平等，对工人和穷困群体更关怀——两国的社会福利体系都更宽松，工作保护措施、工人培训和福利条件也更有效。[492] 此外，两国的宏观体制都具备种种特点，几乎必然能够减少体制欺凌与个人欺凌。首先，几乎所有欧洲国家的不平等现象都远少于美国，尤其是瑞典和丹麦。因为权力和财富的不平等是一切欺凌体制的结构基础，所以能够促进平等的经济模式也能减少体制欺凌与个人欺凌。

其次，欧洲国家的包容性普遍更强，将所有公民视为利益相关者，认为所有公民均有权享受全民福利国家所提供的各项普遍性社会福利所带来的利益。这意味着，人人均能得到免费或低廉的教育、医疗保健、儿童保健、老年保健、公共交通等众多公共服务。普遍性福利制度不仅反映了国家的集体意识，也能创造更多集体意识，并能消除内群体和外群体之间的差距，而这种差距正是欺凌文化的核心标志。

当然，这一切还需欧洲各国社会文化同一性的更高检验，欧洲各国面临的另一个考验则是吸收中东、北非和亚洲难民的困难。即便在斯堪的纳维亚，移民也在考验着欧洲包容度的底线。移民经受了体制和个人的双重欺凌，而这些一直以来平和而平等的国家，因移民到来而暴力指数攀升。这再次表明，在一个种族多样化、财富不平等的社会中，想要消除贫困移民与本地富有白种欧洲人之间的欺凌现象极富挑战性。

第三个因素，可能也与军事规模较小有关——欧洲式环境政策。斯堪的纳维亚国家同其他大多数欧洲国家一样，人均碳足迹值远远低于美国。这些国家向可再生资源经济转移的速度也远远快于美国，必将大幅降低环境打击与环境欺凌。欧洲人希望同地球和谐生存，而非为了短期利益而统治支配地球。[493]

说到这个，就要说到欧洲文化一些更本质的特点。与美国相比，欧洲人的合作意识更强，竞争意识更低，对穷人更慷慨，对美国式造福富人的反罗宾汉型紧缩政策不以为然。此类平等主义、反欺凌的价值观使得欧洲国家对待世界事务的态度平和而富有集体意识，对霸权主义也持摒弃态度。欧洲已不再致力于统治世界，两次世界大战摧毁了欧洲的帝国及其军国主义文化，这可能让欧洲国家清醒了不少。[494]

这意味着，对美国来说，最重要的改变或许是放弃统治世界的想法。美国的例外论一直加强着这种愿望，而20世纪更成了美国的世纪——美国是唯一的真正超级大国。许多美国人依然相信这是自己国家的正确路线，而政治人士们也极力鼓吹这一路线，好像如果不统治世界那还不如自杀。

然而，我们希望，越南、伊拉克和阿富汗战争的惨烈失败以及其他经济与政治变化或许能够使美国在统治与军事干预上大开的胃口有所倒胃。美国人民选举奥巴马当总统，部分原因正是他反对布什发动的伊拉克战争。奥巴马赢得诺贝尔和平奖，但马上倒向了美国精英阶层对美国霸权或统治的热忱态度。不过，数百万美国人已对国家战争感到厌烦，认为国内的社会与经济重建才是头等要事。

因为这种态度的转变，反欺凌运动是有出路的，也必须沿着这条出路前行。统治是欺凌文化的核心价值观。美国的军事观点认为美国是世界警察，然而世界众多其他国家认为美国是世界恶霸。如果美国能摒弃这一观点，就能一脚踢开支撑美国作为欺凌国度这一形象的宏观支柱。想要减少体制欺凌以及世界范围内更广义的暴力现象，这无疑是最重要的政治策略。

这一场反欺凌的宏观运动中，努力学习更多欧洲福利国家的平等主义经济政策无疑将是锦上添花。美国一些进步思想家推行"共享经济"运动和"新经济"愿景，如能朝其转移，也将大有助益。朱莉·斯考尔和加尔·阿尔佩罗维茨等作者提出了新型经济愿景，规划出一种可持续民主经济，将催生新型合作经济以及更具利他精神及集体意识的价值观。[495]如果我们能削弱国内超富阶层的统治权，寻求对利及全社会的公共产品进行投资，那么不啻直接朝向欺凌文化开火。对基础建设进行公共投资，尤其是新型可再生能源体系，将能创造更多更好的国内就业机会，服务于整个地球的福祉。投资的资金来源可以通过削减军事预算来获取，军事预算一削减，还能直接减少体制欺凌。通过减少军国主义与环境打击、欺凌的双重欺凌，同时改善无安全感而惶惶不安的广大劳苦工人的生计，我们能够强化一种新经济政治——人与人之间、人与环境之间的和平发展。这不仅是有效的经济模式与环境政策，也是人与人之间摒弃暴力、人道相处的最好方式。想要减少如今将痛苦强加于美国及整个世界的欺凌惨象，这更是我们最有把握的打算。

注 释

第一章：反思欺凌

1.凯瑟琳·纽曼、西贝尔·福克斯、温蒂·罗斯、雅尔·梅塔和大卫·哈丁《暴怒：校园枪击案的社会根源》（纽约：基本图书出版公司，2005）。

2.杰西·克莱恩，《欺凌社会：校园枪击案与美国校园中的欺凌危机》（纽约：纽约大学出版社，2013）。

3.迅速浏览维基百科的"欺凌"（Bullying）词条即可知道，当前主流学术研究和公众话语对欺凌的探讨以心理学为重点。该词条还引用了该领域许多顶尖学术作品。参见"Bullying"维基词条：http://en.wikipedia.org/wiki/Bullying#Definitions。欲知更正规的研究路线则请参阅伊娃·M·布兰克、罗丽·A·霍特格和凯瑟琳·P·哈申的《欺凌》，见《法律与社会科学年刊》第8期（2012年12月）：213-230页，doi：10.1146/annurev-lawsocsci-102811-173820，2013年10月28日提取；伊丽莎白·本奈特《同龄人欺凌详解！从心理学角度看欺凌》，无限出版公司，2006年1月1日，ISBN 978-0-7414-3265-0,2013年10月29日提取。

4.C·赖特·米尔斯《社会学的想象力》（牛津：牛津大学出版社，1958）。

5.克莱恩《欺凌社会》。

6.罗伯特·泽米吉斯《回到未来》，NBC环球，加利福尼亚州好莱坞，1985。

7.杰夫·金尼《小屁孩日记》（纽约：阿姆莱特出版公司，2007）。

8.凯丽·戈德曼《被欺凌：关于恐惧循环的最终结局，每一名家长、教师和孩子都需要知道的事》（纽约：哈珀出版公司，2013）。

9.举例来说，可以参阅阿丽莎·R·加德米尔、埃斯特班·V·加德米尔和艾伦·H·奥唐纳《纯恶霸和恶霸 / 受害者两种人格的自尊：纵向研究》，见《人际间暴力报》25，第 8 期（2010 年 8 月）：1489-1502 页，doi：10.1177/0886260509354579。PMID20040706，2013 年 10 月 29 日提取；乔治·M·巴彻和霍华德·M·诺夫《欺凌者和受害者：对校园中一个普遍问题的理解》，见《校园心理评论》23，第 2 期（1994）：165-175 页；爱德华·M·勒文森《欺凌评估：方法与工具评论》，见《辅导与发展报》82，第 4 期（2004）：496-503 页，doi：10.1002/j.1556-6678.2004.tb0038.x，于 2013 年 10 月 29 日提取。

10. 参见大卫·卡普《谈到悲伤》（纽约：牛津大学出版社，1996）。并参见彼得·布莱金《毒物精神病学：必须用治疗、同理心和爱来取代药物、电击和"新精神病学"生化理论的原因》（纽约：圣马丁出版公司，1994）；加里·格林伯格《悲哀之书》（纽约：蓝骑士出版公司，2013）；罗伯特·惠特克《剖析传染病：魔法子弹、精神药物以及美国令人震惊的精神病发增长率》（纽约：百老汇书局，2011）；丹尼尔·卡莱特《精神错乱：精神病学的问题》（纽约：自由出版公司，2010）；斯图尔特·科克和托米·葛莫里《疯狂科学：精神医学的胁迫、诊断与药物》（纽约：交流出版，2013）。

11. 埃里克·拉克丝《伍迪·艾伦传》（麻省剑桥：德·卡波出版公司，2010），162 页。

12. 卡普《谈到悲伤》。参阅大卫·卡普《是因为我还是我的药？》（麻省剑桥：哈佛大学出版社，2006）。

13. C·赖特·米尔斯和汉斯·格斯《性格与社会结构》（波士顿：水手出版公司，1964）.

14. 米尔斯《社会学的想象力》。

15. 米尔斯和格斯《性格与社会结构》。

16. C·赖特·米尔斯《权力精英》（牛津：牛津大学出版社，1957）。

17. 爱德华·赫曼和诺姆·乔姆斯基《制造共识：大众传媒的政治经济学》（纽约：众神出版公司，2002）。参阅我们此前作品，查尔斯·德伯和耶尔·马格拉斯《道德战争》（科罗拉多州博尔德：范式出版，2010）。

18. 米尔斯《社会学的想象力》。参见查尔斯·德伯和耶尔·马格拉斯《资本主义：你该买账吗？》（科罗拉多州博尔德：范式出版，2014），特别是第 1 章和第 2 章。

19. 米尔斯《权力精英》。参阅 G·威廉·多姆霍夫《统治美国的是谁？公司富人的胜利》，第 7 版（纽约：麦格劳 - 希尔出版公司，2013）。

20. 多姆霍夫《统治美国的是谁？》。参阅德伯和马格拉斯《资本主义：你该买账吗？》

21. 我们在此前两本书中均讨论了军国资本主义的问题。德伯和马格拉斯《道德战争》中讨论了军事方面，尤其是第 1-3 章。《资本主义：你该买账吗？》则讨论了经济政治方面。

22. 参见查尔斯·穆瑞《美国例外论：历史实验》（华盛顿 DC：AEI 出版公司，2013）。

23. 托马斯·皮凯蒂《21 世纪资本论》（麻省剑桥：哈佛大学出版社，2014）。

24. 出处同上。参阅查尔斯·德伯《被剥夺了继承权的大多数：资本问题——皮凯蒂以后》（科罗拉多州博尔德：范式出版，2015）；查克·柯林斯《99 到 1：财富差距如何毁掉世界我们又应如何解决》（旧金山：贝勒特·科勒出版公司，2012）；及约瑟夫·E·斯蒂格利茨《差距的代价：当今的分裂社会如何危及未来》（纽约：诺顿出版，2013）。

25. 查尔斯·德伯《隐藏的权力》（旧金山：贝勒特·科勒出版公司，2005）。

26. Stopbullying.gov，"'欺凌'定义：欺凌是什么"，发布于 http://www.stopbullying.gov/what-is-bullying/definition/。

27. "欺凌（Bullying）"词条，维基百科。

28. 美国心理学会一份 2010 年的报告中对心理学范式有详细描述；参阅克莱顿·R·库克、科克·R·威廉姆斯、南希·G·盖拉、提娅·E·金和谢丽·萨德克《如何预警幼年与青春期中的欺凌和受害：荟萃分析调查》，见《校园心理季刊》25，第 2 期（2010）：65-83 页，doi：10.1037/a0020149，于 2003 年 10 月 28 日提取。

29. 关于对心理学范式的注重，请参阅吉普林·D·威廉姆斯、约瑟夫·P·弗加斯和威廉姆斯·范·希佩尔（编）《被社会排挤的人：放逐、社会排外主义、排斥以及欺凌》（澳大利亚：心理学出版公司，2013）

30. 杰西·克莱恩对于社会学因素的关注最多，书中有一章专门写了资本主义经济，然而她的作品仍然过于强调性别作为关键社会层级的作用。参阅克莱恩《欺凌社会》。

31. J·居沃能、S·格兰姆和 M·舒斯特《青春期少年中的欺凌现象：强者、弱者和迷惘者》，见《儿科》112，第 6 期（2003 年 12 月）：1231-1237 页。

32. 约翰·T·贝塞尔于《一场壮观的小战争》中引用西奥多·罗斯福的原话。《一场壮观的小战争》见《哈佛杂志》，1998 年 11 月。

33. 查尔斯·德伯《公司国度：各大公司如何接管了我们的生活我们又该如何应对》（纽约：圣马丁出版公司，2000）。

34. 温蒂·克雷格、约西·哈莱尔－费希、哈雅·弗杰尔－格林瓦尔德、苏珊娜·多斯塔勒、约恩·海特兰、布鲁斯·西蒙斯－莫顿、麦卡尔·莫尔仇、玛格丽达·加斯帕·德·马托、玛丽·奥威佩克、佩尼尔·杜及威廉·皮克特，HBSC暴力与伤害预防中心小组与HBSC欺凌写作小组《40国欺凌与受害青少年跨国传略》，见《国际公共健康报》54，增刊2（2009年9月）：216-224页，doi：10.1007/S00038-009-5413-9，发布于http://www.ncbi.nlm.nih.gov/pmc/articles/PMC2747624/。

35. 安德鲁·巴切维奇《新美国军国主义》（纽约：牛津大学出版社，2013）及诺姆·乔姆斯基《霸权还是生存：美国对于全球统治的诉求》（纽约：霍特出版，2004）。

36. 参阅诺姆·乔姆斯基和罗伯特·麦克切斯尼《利益高于人民：新自由主义和国际秩序》（纽约：七个故事出版公司，2011）。参阅查尔斯·德伯《人民高于利益》（纽约：皮卡多出版，2003），德伯和马格拉斯《道德战争》，特别是第3章对于美国践行全球皇权主义的描写。

37. 米尔斯《社会学的想象力》以及米尔斯《权力精英》。

38. 参阅第4章。并参阅皮凯蒂《21世纪资本论》及德伯《被剥夺了继承权的大多数》。

39. 查尔斯·德伯《马克思的幽灵》（科罗拉多州博尔德：范式出版，2012））。

40. 托德·吉特林《占领国度：占领华尔街的根源、精神与承诺》（纽约：It书局，2012）。

41. 马丁·斯科塞斯《华尔街之狼》，派拉蒙，加利福尼亚州好莱坞，2013。

42. 奥利弗·斯通《华尔街》，20世纪福克斯，加利福尼亚州好莱坞，1987。

43. 参阅德伯和马格拉斯《资本主义：你该买账吗？》尤其是第6章。并参阅德伯《被剥夺了继承权的大多数》，尤其是第5-8章。

44. 德伯和马格拉斯《道德战争》。

45. 出处同上，尤其是第1-3章。

46. 诺姆·乔姆斯基《震慑民主》（纽约：希尔和王出版公司，1992）。

47. 米歇尔·亚历山大《色盲年代的大规模监禁》（纽约：新出版公司，2012）。并参阅查尔斯·德伯《美国的野生化》，第6版（纽约：沃斯出版，2015）。

48. 艾恩·兰德《阿特拉斯耸耸肩》（纽约：西涅特出版，1957）。

49. 德伯《被剥夺了继承权的大多数》。

50. 德伯和马格拉斯《道德战争》，尤其是第1-3章。

51. 娜奥米·克莱恩《一切因此改变：资本主义对战气候》（纽约：西蒙与舒斯

特出版公司，2014）。并参阅查尔斯·德伯《从贪婪到环保》（科罗拉多州博尔德：范式出版，2008）。

52. 参阅第 5 章。并参阅克莱恩《一切因此改变》。

53. 霍华德·津恩《美国人民史》（纽约：哈珀出版公司，2005）

第二章：资本欺凌

54. 戴夫·杰米森《拥护工会的汉堡王员工因摆不好酸黄瓜而被惩罚》，见《赫芬顿邮报》，2014 年 10 月 1 日，发布于 http://www.huffingtonpost.com/2014/10/01/burger-king-workers-were-_n_5914526.html。

55. 出处同上。

56. 出处同上。

57. 出处同上。

58. 卡尔·马克思和弗里德里希·恩格斯《共产党宣言》（纽约：帝国书局，2011）。并参阅德伯《马克思的幽灵》。

59. 皮凯蒂《21 世纪资本论》。

60. 出处同上。

61. 出处同上，27 页。

62. 出处同上。

63. 格里高利·可莱丝《"适者生存"论及社会达尔文主义的起源》，见《思想史报》61，第 2 期（2000 年 4 月）：223-240 页。

64. 弗朗西斯·J·布莱纳《清教主义：极简简介》（纽约：牛津大学出版社，2009）。欲知新教与世俗成功的联系，请参阅马克思·韦伯《新教伦理与资本主义精神》，第 2 版（纽约：劳特利奇经典文学出版公司，2001）。

65. 理查德·森奈特和乔纳森·考伯《阶级的隐伤》（纽约：诺顿出版，1993）。

66. 罗姆尼对于创造派和伸手派的观点相关讨论引自艾恩·兰德对于生产党和伸手党的定义，参阅德伯和马格拉斯《资本主义：你该买账吗？》。

67. 出处同上，我们在书中用大量笔墨讨论了此中观点。

68. 艾恩·兰德《阿特拉斯耸耸肩》（纽约：普拉姆出版，1999）。并参阅兰德和纳桑尼尔·布兰登《自私的美德》（纽约：西涅特出版，1964）。

69. 保罗·克劳斯《霍姆斯特德之战 1880-1992：政治、文化和钢铁》（宾夕法尼亚州匹兹堡：匹兹堡大学出版社，1992）。

70.《三场水泵房纪念仪式成功举办》，见《霍姆斯特德之战新闻报》，未注明出版日期，发布于 http://www.battleofhomesteadfoundation.org/archives/2005_Jan.pdf。

71. 大卫·布洛迪《美国钢铁工人：无工会时代》（香槟－厄巴纳：伊利诺伊大学出版社，1998），57-58 页。

72. 菲利普·傅纳《美国劳工运动史》，第 2 辑（纽约：国际出版商联合，1975）。

73. 朱尔菲卡·阿里·马尼克和吉姆·亚德利《孟加拉建筑倒塌造成数十伤亡》，见《纽约时报》，2013 年 4 月 24 日，第 1 版，发布于：http://www.nytimes.com/2013/04/25/world/asia/bangladesh-building-collapse.html？pagewanted=all&_r=0.more。并参阅"萨瓦区建筑倒塌"（Savar Building Collapse）维基百科词条，发布于 http://en.wikipedia.org/wiki/2013_Savar_building_collapse，以及德伯《美国的野生化》，第 51 页。

74. 马尼克和亚德利《孟加拉建筑倒塌》。

75. 关于对国际化中退出权的探讨，请参阅查尔斯·德伯《人民先于利益》（纽约：皮卡多出版，2013），第 2 章与第 3 章。

76. 退出权的概念首先由阿尔伯特·赫希曼于其卓有影响力的著作《退出、呼吁与忠诚：对于公司、组织和国家式微的回应》（麻省剑桥：哈佛大学出版社，1970）中进行阐述。

77. 德伯《美国的野生化》，55 页。

78. 查尔斯·克纳汉《中国的高科技悲哀》，见于国际劳工与人权研究所内部通讯 2014 年 2 月 9 日刊。

79. 科尔曼·麦卡西《兼职教授喝汤都要抢》，见《华盛顿邮报》，2014 年 8 月 22 日，发布于 http://www.washingtonpost.com/opinions/adjunct-professors-fight-for-crumbs-on-campus/2014/08/22/ca92eb38-28b1-11e4-8593-da634b334390_story.html。

80. 出处同上。

81. 出处同上。

82. 出处同上。

83. 罗宾·罗恩克《临时工的崛起》，见《莱恩报导》，2014 年 5 月 7 日，发布于 http://www.lanereport.com/31575/2014/05/the-rise-of-the-temporary-worker/。

84.《2020 年美国劳动力将有 40% 是自由职业者》，见《Quartz 新闻》，2013 年 3 月 20 日，发布于 http://qz.com/65279/40-of-americas-workforce-willbe-freelancers-by-2020/。

85. 查尔斯·德伯《关于短期合同工的未发表论文》，未发表论文，1988 年。欲读德伯关于短期合同工的探讨的完整出版版本，参阅其作品《公司国度》，第5章。

86. 德伯《关于短期合同工的未发表论文》。

87. 出处同上。

88. 乔纳森·休斯《关键的少数人》（波士顿：霍顿·米夫林出版公司，1966 年），238 页。并参阅托马斯·C·莱纳德《社会达尔文主义神话的起源：理查德·霍夫斯塔德的社会达尔文主义对美国思想的模糊影响》，见《经济行为组织学报》71（2009）：37-51 页。

89.《克利夫兰大屠杀》，PBS《美国印象》，波士顿，2013。

90. 大卫·史戴菲尔德《亚马逊与阿歇特争端和解》，见《纽约时报》，2014 年 11 月 13 日，发布于 http://www.nytimes.com/2014/11/14/technology/amazon-hachette-ebook-dispute.html？_r=0。

91.《苹果起诉三星索赔20亿美元科技宿敌再上法庭》，见《卫报》，2014 年 3 月 30 日，发布于：www.theguardian.com/technology/2014/mar/31/apple-sues-samsung-for-2bn，及"智能手机专利之战"维基百科词条，http://en.wikipedia.org/wiki/Smartphone_patent_wars。

92. 劳拉·斯泰普勒，《以下为美国十大欺凌品牌》，见《商业内幕》，2013 年 3 月 26 日，发布于：http://www.businessinsider.com/heres-why-lance-armstrong-is-one-of-the-biggest-trademark-bullies-in-america-2012-3？op=1。

93. 该公司 CEO 亲自对德伯讲述，波士顿，2014 年 8 月。

94. 参阅保罗·巴兰和保罗·斯威兹《垄断资本：论美国经济与政治秩序》（纽约：评论月刊出版，1966）。

95. 克里斯·培恩《谁杀死了电子车？》，索尼影业，洛杉矶，2006。

96. 娜奥米·克莱恩《拒绝 logo：接受品牌欺凌》（纽约：皮卡多出版，2009）。

97. 卡尔·马克思《资本论》，第 1 辑《政治经济批判》（纽约：企鹅经典文学，1992）。

98. 德伯《从贪婪到环保》。

99. 克莱恩《欺凌社会》。

100. 托斯丹·凡勃仑《有闲阶级论》，第 3 版（纽约：多弗再版书，1994）。

101. 斯图尔特·埃文《良心队长：广告与消费者文化的社会学根源》（纽约：基

本图书出版公司，2001）。

102. 朱莉·斯考尔《生而购买：商业化的孩子及新消费主义》，重印版（纽约：斯克里布纳出版，2005）。

103. 德伯《美国的野生化》，第5章。

104. 吉姆·克莱恩和玛莎·奥尔森《上当受骗》，PBS，波士顿，1966。

105. 斯蒂凡·高文斯于《美国对战民主》援引路易·布兰戴斯原话，天鹅博客专栏（Swans, blog），2002年5月6日，发布于 http://www.swans.com/library/art8/gowans31.html。

106. 马克思与恩格斯《共产党宣言》。

107. 德伯和马格拉斯，《资本主义：你该买账吗？》。并参阅德伯《公司过度》，尤其是第8章。

108. 肯尼斯·P·沃格尔，《大钱：25亿美元、一辆可疑车辆和一个皮条客——超级富人劫持美国政治之追踪报导》（纽约：公共事务出版公司，2014）以及约翰·尼克尔斯和罗伯特·麦克切斯尼《美元民主：金钱与媒体选举的豪华套餐如何毁了美国》（纽约：水手出版公司，2013）。

109. 多姆霍夫《统治美国的是谁？》。

110. 约翰·安德森《跟随金钱的脚步：乔治·W·布什及德克萨斯州共和党如何将美国五花大绑》（纽约：斯克里布纳出版，2007）。

111. 马修·约瑟夫森《强盗式资本家》（纽约：水手出版公司，1962）。并参阅德伯《公司国度》，尤其是第1章。

112. 杰伊·牛顿-斯马尔《别为K街哭泣：联邦说客不再吃香，但利润依然上涨》，见《时代》周刊，2013年8月8日，发布于：http://swampland.time.com/2013/08/08/dont-cry-for-k-street-federal-lobbying-is-down-but-profits-are-up/。

113. 蕾切尔·库珀"什么是说客？"Aabout.com（没有具体日期）发布于：http://dc.about.com/jobs/a/Lobbying.htm。

114. 德伯《人民先于利益》，第2章和第3章。

115. 出处同上。

116. 奥斯卡·瓜尔迪奥拉-里维埃拉《一桩事先张扬的凶杀案：推翻萨尔瓦多·阿兰德的政变》（伦敦：布鲁姆斯伯里出版，2013）。

第三章：环境欺凌

117. 各种古文化对我们环境观和环境运动观的影响日益增强，欲读相关探讨，请参阅地球母亲联盟（Pachamama Alliance）相关著作。地球母亲联盟为环境积极分子组成的全球同盟，成员深植于原住民运动。欲知该联盟观点与出版物的总体情况，请参阅其网站，http://www.pachamama.org/about。并参阅克莱恩《一切因此不同》（同前）和德里克·詹森《终局》，第 1 册《文明的问题》（纽约：七个故事出版公司，2006）。

118. 大卫·查莫维茨《植物知道生命的答案：感官实地指南》重印版（纽约：科学美国人 / 法勒、施特劳斯和吉鲁出版公司，2013）。并参阅加里斯·库克《植物会思考吗？》，见《科学美国人》，2012 年 6 月 5 日，发布于 http://www.scientificamerican.com/article/do-plants-think-daniel-chamovitz/。

119. 詹金斯《终局》；并参阅查莫维茨《植物知道生命的答案》。

120. 詹金斯《终局》。

121. 彼得·辛格《动物解放：动物运动的绝对经典》（纽约：哈珀常青现代经典，2009）。

122. 出处同上。

123. 约翰·贝拉米·佛斯特《生态裂谷：资本主义在地球上的战争》（纽约：评论月刊出版，2011）。

124. 克莱恩《一切因此不同》；比尔·麦克吉本《地球：于新星球之上艰难求生》（纽约：圣马丁出版公司，2011）；以及德伯《从贪婪到环保》。

125. 斯蒂凡·G·克里斯桑托斯《古代世界的战争》（康涅狄格州韦斯特波特：普雷格出版公司，2008），80 页。

126. M·威利斯《1346 年卡法围城之战中的生物战》，见《新发传染疾病》8，第 9 期（2002 年），发布于 http://wwwnc.cdc.gov/eid/artice/8/9/01-0536_article。

127. 保罗·马丁《猛犸象的暮年》（伯克利：加州大学出版社，2007）。

128. 詹姆斯·芬克《汽车年代》（麻省剑桥: 麻省理工学院出版社，1990），136 页，第 5 章。

129. 赫曼·戴利和乔纳森·考伯，《为了公众利益》（波士顿：灯塔出版公司，1994）。

130. 约翰·贝拉米·佛斯特《脆弱星球：环境经济简史》（纽约：评论月刊出版，1999）以及克莱恩《一切因此不同》。并参阅德伯《从贪婪到环保》。

131. 克莱恩《一切因此不同》。并参阅德伯《从贪婪到环保》。

132. 引自菲利普·琼斯·格里菲斯《橙剂：越南的连带损伤》（伦敦：特罗利书局，2004）。并参阅《橙剂记载：越南战争持续至今的遗留后果》，发布于 http://

www.agentorangerecord.com/impact_on_vietnam/environment/defoliation。

133. 保卫动物联盟基金会《斗兽案例研究：迈克尔·维克》，保卫动物联盟网站上关于迈克尔·维克案的历史记录，2011 年 1 月，发布于 http://www.aldf.org/resouces/laws-cases/animal-fighting-case-study-michael-vick/。

134. 出处同上。

135. 出处同上。

136. 吉姆·格兰《失踪的狗：迈克尔·维克的狗及其获救与救赎的故事》（纽约：哥谭出版，2011）。并参阅保卫动物联盟基金会于《斗兽案例研究》中引用的格兰的话。

137. 保卫动物联盟基金会《斗兽案例研究：迈克尔·维克》。

138. 出处同上。

139. 马修·博夏德克《我们不能忘记迈克尔·维克斗狗过往的原因》，New York Post.com，2014 年 3 月 26 日，发布于 http://nypost.com/2014/03/26/why-we-cant-forget-michael-vicks-dog-fighting-past/。

140. 善待动物组织（PETA）《动物虐待与人类虐待：同案之犯》，无发表日期，发布于 http://www.peta.org/issues/animals-used-for-food/factory-farming/。

141. 出处同上。

142. 出处同上。

143. 约翰·贝拉米·佛斯特《马克思的生态观：物质主义与自然》（纽约：评论月刊出版，2000）。

144. 引自《终结工厂化养殖》中皮尤研究中心工业化农场动物生产委员会的原话，农业生产发展网站，发布于 http://www.farmforward.com/farming-forward/factory-farming.

145. PETA《工厂化养殖：对动物的残酷行径》，无发表日期，发布于 http://www.peta.org/issues/animals-used-for-food/factory-farming/。

146. 出处同上。

147. 蕾切尔·卡尔森《寂静的春天》（波士顿；霍顿·米夫林出版公司，1962）。

148. 格兰姆·兰德《单一作物农场：绿色革命还是历史性环境打击？》Greenfudge.org，2009 年 9 月 24 日，发布于 http://www.greenfudge.org/2009/09/24/monocrop-farming-green-revolution-or-environmental-blunder-of-historic-proportions/。

149. 佛斯特《马克思的生态观》。

150. 引自德伯《马克思的幽灵》中弗里德里克·恩格斯的话，96 页。

151. 德伯《从贪婪到环保》，第 9-10 章。

152. 戴利和考伯《为了公众利益》；德伯《从贪婪到环保》。

153. 克莱恩《一切因此不同》。

154. 出处同上；佛斯特《生态裂谷》；以及德伯《从贪婪到环保》。

155. 丹·拉莫斯《五角大楼表示：气候变化威胁着国家安全》，见《华盛顿邮报》，2014 年 10 月 13 日，发布于 http://www.washingtonpost.com/news/checkpoint/wp/2014/10/13/climate-change-threatens-national-security-pentagon-says/。

156. PETA《素食以应对全球变暖》中援引世界观察研究所报告，PETA 报告，无发表日期，发布于 http://www.peta.org/issues/animals-used-for-food/global-warming/。

157. 文中关于资本主义的主题均由约翰·贝拉米·佛斯特于其数部著作中阐述。尤其请参阅他的《生态裂谷》及《马克思的生态观》。

158. 克莱恩《一切因此不同》及詹森《终局》。

159. 德伯向德里克·詹森致谢，后者分享了诸多关于此问题的见解，并在多部著作中有所涉及，本章其他部分亦有援引。

160. 威廉·H·杨《资本主义与西方文明：社会达尔文主义》，国家学者联合会，2012 年 4 月 19 日，发布于 http://www.nas.org/articles/capitalism_and_western_civilization_social_darwinism。

161. 德伯和马格拉斯《资本主义：你该买账吗？》第 10 章。

162. 佛斯特《生态裂谷》和佛斯特《马克思的生态观》。

163. 朱莉·斯考尔《真实的财富》（纽约：企鹅出版公司，2011）。

164. 德伯和马格拉斯《资本主义：你该买账吗？》尤其是第 10 章。

165. 参阅弗朗西斯·摩尔·拉佩《生态心：改变思想方式，以创造我们想要的世界》（纽约：国家书局，2013），尤其是第 1 章和第 2 章，以及德伯《被剥夺了继承权的大多数》。参阅第 11 章。

166. 约翰·肯尼思·加尔布雷思《富裕社会》，40 周年版（纽约：水手出版公司，1998）。

167. 克莱恩《一切因此不同》。

168. 在消费主义这个话题上，朱莉·斯考尔是当今我国最重要的作者。参阅斯考尔《生而购买》。并参阅斯考尔《真实的财富》。

169. 斯考尔《真实的财富》及德伯《从贪婪到环保》第 10 章。

170. 德伯和马格拉斯《资本主义：你该买账吗？》第 10 章。

171. 朱莉·斯考尔《解读人类纪资本》，引自德伯《被剥夺了继承权的大多数》，108-112 页。

172. 德伯《美国的野生化》。

173. 出处同上。

174. 丹·拉莫斯《五角大楼表示：气候变化威胁着国家安全》及艾米丽·阿特金《五角大楼：全球变暖对国家安全形成"即时威胁"》，气候进步网站，2014 年 10 月 14 日，发布于 http://www.thinkprogress.org/climate/2014/10/14/3579338/pentagon-global-warming-national-security/。

175. 克莱恩《一切因此不同》，444 页。

176. 出处同上。

177. 出处同上。

178. 安奈克·坎贝尔和托马斯·林西《成为改变：如何在集体中得你所想》，第 2 版（纽约：吉布斯 – 史密斯出版，2009）。

第四章：军国主义欺凌

179. 诺姆·乔姆斯基《失败的国家：对权力的滥用及对民主的践踏》（纽约：大都会书局，2007）以及安德鲁·巴切维奇《华盛顿规则：美国通向永恒战争之路》（纽约：大都会书局，2011）。

180. 关于人格必要性与体制必要性的划分，查尔斯·德伯的《反社会社会：美国人的社会学》（科罗拉多州博尔德：范式出版，2013）中有具体阐述。

181. 巴切维奇《新美国军国主义》及德伯和马格拉斯《道德战争》。

182. 美国进步中心《2015 财年国防预算使用手册》，2014 年 4 月 24 日，发布于 http://www.americanprogress.org/issues/security/report/2014/04/24/88516/a-users-guide-to-the-fiscal-year-2015-defense-budget。

183. 参阅唐纳德·卡甘、加里·施密特和托马斯·唐纳利《重建美国国防：新世纪战略、部队与资源》（华盛顿特区：新美国世纪项目出版，2000），发布于 https://web.archive.org/web/20130501130739/http://www.newamericancentury.org/RebuildingAmericasDefenses.pdf。并参阅新美国世纪项目的网站 https://web.archive.org/web/20130112203305/http://www.newamericancentury.org/。

184. 卡甘、施密特和唐纳利《重建美国国防》，第 ii 页。（译注：请注意，美国图书用罗马数字代表 front matter（版权页、目录页、前言等）的页数，以此与正文页数区分开，此处第 ii 页即是 fm 的第 2 页。下同。因尾注处不能添加批注，故在此说明。出版时请删除括号内内容。）

185. 出处同上，第 iv 页。

186. 出处同上。

187. 出处同上。

188. 威廉·克里斯托尔等人《致总统的公开信》，见《标准周刊》，2001年 9 月 20 日，发布于 http://www.weeklystandard.com/Content/Public/Articles/000/000/000/040pvmoi.asp？page=2。

189. 卡甘、施密特和唐纳利《重建美国国防》，v-vi 页。

190. 威廉·克里斯托尔《解放伊拉克》，见《标准周刊》，2001 年 5 月 14 日，发布于 newamericancentury.org，最后一次访问于 2007 年 5 月 28 日。

191. 巴拉克·奥巴马《关于 ISIL 的总统声明》，2014 年 9 月 23 日，白宫发布于 http://www.whitehouse.gov/the-press-office/2014/09/10/statement-president-isil-1。

192. 亨利·基辛格，引自"聪明引语"（Brainy Quotes）网站，引言地址：http://www.brainyquote.com/quotes/quotes/h/henryakis101648.html。

193. 德伯和马克拉斯《道德战争》，第 1-3 章。

194. 诺姆·乔姆斯基《美国，全球恶霸》，见《外交世界》，2001 年 12 月，发布于 http://www.matrixmasters.com/wtc/chomsky/bully/bully.html。

195. 乔姆斯基《震慑民主》。并参阅诺姆·乔姆斯基《权力体系：关于全球民主起义及美帝国新挑战的对话》（纽约：大都会书局，2013）。

196. 诺姆·乔姆斯基《乔姆斯基精选》，安东尼·阿尔诺夫编（纽约：新出版公司，2008）。

197. 史蒂芬·金泽《推翻：美国一个世纪以来造成的政权变迁，从夏威夷到伊拉克》（纽约：时代书局，2007）。

198. 出处同上。

199. 金泽《推翻》在亚马逊上的评论：http://www.amazon.com/Overthrow-Americas-Century-Regime-Change/product-reviews/0805082409。

200. 布鲁斯·阿克曼《奥巴马背叛宪法》，见《纽约时报》，2014 年 9 月 12 日，发布于 http://www.nytimes.com/2014/09/12/opinion/obamas-betrayal-of-the-constitution.html？_r=0。

html。

231. 约翰·L·苏利文《伟大未来之国》，见《美国民主评论》，1839。

232.《不列颠百科全书》，"美墨战争"（Mexican-American War）词条。

233.《北美原住民单词——Tsa-la-gi-ti-a-ye-li》，Spirit_cherokee.webs.com，提取于 2013 年 4 月 20 日。

234. 罗伯特·莱基《美国战争》（佐治亚州罗斯威尔：城堡书局，1998），537 页。

235.《惨痛变革》中《中途航道》一集，PBS.org，2000。

236. 奥拉达·艾奎亚诺《奥拉达·艾奎亚诺或非洲人古斯塔夫·斯瓦萨自己撰写的有趣故事》（伦敦：出版商不明，1789）。

237. 所罗门·诺瑟普《为奴十二载》（纽约州奥本：出版商不明，1853）。

238. 吉姆·科尔万《奴隶制改变了美国》，视频材料第 3 部分，2009 年 11 月 25 日。

239. 大卫·皮尔格里姆《吉姆·克劳是什么》，种族主义纪念博物馆展览，费瑞斯州立大学，密歇根州大急流市，2000 年 9 月。

240. D·W·格里菲斯《国家诞生》，DVD，阿尔法视频娱乐公司，宾夕法尼亚州纳尔贝斯，2005。

241. 查尔斯·切斯纳特数码档案馆，伯里亚学院，肯塔基州伯里亚，2007。

242. 拉凯什·科什哈尔、理查德·弗莱和保罗·泰勒《白人、黑人与西班牙裔之间的财富差距上升至历史记录》，见《皮尤社会趋势》，2011 年 7 月。

243. 杰克·希利《弗格森局势依旧严峻，但略有平稳》，见《纽约时报》，2014 年 11 月 26 日。

244. 阿尔·贝克、J·大卫·古德曼和本杰明·穆埃勒《扼喉以后：探寻艾力克·加纳之死》，见《纽约时报》，2013 年 6 月 13 日。

245. 雷·桑切兹《关于桑德拉·布兰德之死的争议，已知事实》，CNN，2015 年 7 月 21 日，发布于 http://www.cnn.com/2015/07/21/us/texas-sandra-bland-jail-death-explain/。

246. 马特·皮尔斯和德克斯特·托马斯《教室中摔打学生的副警长接受联邦调查》，见《洛杉矶时报》，2015 年 10 月 27 日。

247. 死刑信息中心，2015，www.deathpenaltyinfor.org/race--death。

248. 米歇尔·亚历山大《新吉姆·克劳》（纽约：新出版公司，2012）。

249. 亚伦·莫里森《2015 年黑人失业率：经济回暖让非裔美国人受益》，见《国际财经新闻》，2015 年 3 月 8 日。

250. 科万·图尔和查尔斯·汉密尔顿《黑人力量：解放的政治》（纽约：典藏出版，2012）。

251. 约瑟夫·法拉《国内警察的军事化》，见《世界网日报》，1997 年 11 月 6 日。

252. 黛安·赛西莉亚·韦伯《警察斗士：美国警察部门中准军国主义的不祥抬头》，见《卡图研究所未出版论文》（通常收录评估政府政策、提出改革倡议的文章），第 50 期，1999 年 8 月 26 日。

253. 柯丽莎·汤普森《报导称：对哈佛大学小亨利·路易斯·盖茨的逮捕本来可以避免》，见《华盛顿邮报，2010 年 6 月 30 日。

254. 瑞娜·弗洛莱斯《唐纳德·特朗普："抛锚婴儿"不是美国公民》，CBS 新闻，2015 年 8 月 19 日。

255. 凯伦·芬妮《惩罚巴克曼》，见《国会山报》，2012 年 7 月 23 日。

256. 露西·麦迪逊《罗姆尼谈移民："我支持'自我遣返'"》，CBS 新闻，CBS 新闻，2012 年 1 月 24 日。

257. 丹尼尔·昂斯特和萨尔瓦托·科勒罗瓦托《IA 电台主播詹·迈克尔森：非法移民如果不走就当奴隶》，美国媒体事网站，2015 年 8 月 19 日。

258. 安娜·冈萨雷兹 - 巴莱拉和詹斯·科罗格斯塔《2013 年美国遣返移民数量达历史新高》，皮尤调查中心，2014 年 10 月 2 日。

第六章：向着欺凌进军

259. 巴拉克·奥巴马，民主党全国代表大会上的就职演讲，洛杉矶，2012 年 9 月 6 日。

260.《重塑形象以前，美国国防部曾叫做"作战部"》，被遗忘的历史博客，发布于 http://www.forgottenhistoryblog.com/before-rebranding-the-us-dept-of-defense-was-called-the-department-of-war/。

261. 西奥多·罗斯福，哈佛大学演讲，麻省剑桥，1907 年 2 月 25 日。

262. 美国童子军，《童子军手册》（德克萨斯州欧文：美国童子军，1982），529 页。

263. 韦恩·拉皮埃尔，媒体发布会，华盛顿特区，2012 年 12 月 21 日。

264. 阿尔弗莱德·罗德·泰尼森《轻骑兵的冲锋》，1853。

265. 格莱姆·伍德《为何我们对军队狙击手又惧又敬》，见《波士顿环球报》，2015 年 1 月 16 日。

266. 史蒂芬·罗西《奥巴马为军队留下的烙印》，见《军事时报》，2014 年 12 月 21 日。

267. 汉密尔顿·诺兰《基佬，不要问，不要说：海军训练营内幕》，高客（Gawker）网站，2013 年 5 月 21 日，发布于 http://gawker.com/dont-ask-dont-tell-faggot-inside-marine-corps-boot-509032688。

268. 出处同上。

纽约，2000 年 3-4 月。

309. 杰西卡·米特福德《斯波克医生的审判》（密苏里州圣路易斯：麦克唐纳出版，1969）。

310. 莫顿·哈尔佩林、杰瑞·伯曼、罗伯特·波罗萨奇和克丽丝汀·马尔维克《无法之国：美国情报机构的罪恶》（纽约：企鹅出版公司，1976）。

311. 帕特里克·哈格派安《美国人记忆中的越南战争》（艾姆赫斯特：马萨诸塞大学出版社，2011）中引用的罗纳德·里根原话（1980），38 页。

312. C·N·杜鲁门《暗箭传奇》，历史学习网站（HistoryLearningSite.co.uk），2014。

313. 丹佛·尼克斯《曼宁士兵和维基泄密幕后花絮》，见《这片热土》，奥克拉荷马洲塔尔萨，2010 年 9 月 23 日，发布于 http://thislandpress.com/2011/02/08/private-manning-and-the-making-of-wikileaks-2/。

314. 格伦·格林瓦尔德、伊万·麦克阿斯基尔和劳拉·博伊特拉斯《爱德华·斯诺登：揭发 NSA 监控的幕后笛手》，见《卫报》，2013 年 6 月 11 日。

315. 丽莎·莱芙《母亲守夜令人们想起她安静而认真的儿子》，美联社，2005 年 8 月 13 日。

316. 约翰·克里，于民主党全国大会上的演讲，波士顿，2004 年 7 月 29 日。

317. 克林特·伊斯特伍德《美国狙击手》，乡村路边影业，澳大利亚维多利亚州南雅拉，2015。

318. 莫妮卡·戴维斯和曼尼·费尔南德兹《一夜骚乱后弗格森安全局势越发紧张》，见《纽约时报》，2014 年 11 月 25 日。

319. 巴特·詹森《宵禁结束，巴尔的摩盼望复苏》，见《今日美国》，2015 年 5 月 4 日。

320. 格雷格·克隆波斯《美国将军：美国渴求更多克里斯·凯尔式英雄》中引用的威廉·博伊金原话，WND 电台，2015 年 2 月 3 日。

321. 杰瑞·莱姆伯克《分裂印象》（纽约：纽约大学出版社，1998）。

322. 安德鲁·亚当森和维基·詹森《怪物史莱克》，梦工厂，加利福尼亚州环球城，2001。

323. 《反死亡游行于华盛顿特区开跑》，《历史上的这一天》节目，历史频道，1969 年 11 月 13 日，发布于 http://www.history.com/this-day-in-history/march-against-death-commences-in-washington-d-c。

324. 朱迪斯·奥尔《胡德堡：伊拉克和阿富汗——反战咖啡店的复兴》，见《社会主义评论》，2009 年 10 月，341 页。

325. 杰西·金迪格《越南战争中的反征兵现象》，反战与激进历史计划，华盛顿州西雅图，2008。

326. 马丁·路德·金《越南以后》，全国关注越南问题教士教徒委员会，里弗赛德教堂，纽约，1967 年 4 月 4 日。

第七章：欺凌教学

327. 托马斯·休斯《汤姆求学记》（牛津：牛津大学出版社，2008）。

328. 出处同上，第 8 章。

329. 伯托特·布莱切特《三便士歌剧》（纽约：格罗夫出版，1994）。

330. 安德鲁·卡内基《胜利的民主》（纽约：查尔斯·斯克里布纳之子出版公司，1886），101 页。

331. 亨利·吉洛《教学与客观性神话：跟踪隐形教学之权术》，见《麦吉尔教育报》（1981）：282-304 页。

332. 阿尔菲·科恩《过分强调成就的危害》，见《学校管理者》，1999 年 11 月，发布于：http://alfiekohn.org/article/costs-overemphasizing-achievement/。

333. 朱迪·菲斯特《"不让一个孩子掉队"法案下的征兵条款》，见《国会研究局呈国会的报告》，2008 年 1 月 8 日，发布于 www.dtic.mil/dtic/tr/fulltext/u2/a494158.pdf

334. 《指挥链与营部》，弗尔高中海军青年预备军官训练团（NJROTC），发布于 everything.explained.today/Junior_Reserve_Officers'_Training_Corps，提取于 2009 年 6 月 11 日。

335. 纽约公民自由联盟，唐娜·利伯曼律师与杰弗里·弗杰尔律师致大卫·格莱克校长的一封信，2005 年 10 月 12 日，发布于 www.nyclu.org/files.greco-followup.pdf。

336. 《美国法典》第 10 卷第 2031 条——初级预备役军官训练队。

337. 弗里德里克·维斯曼《高中》，奥斯提制片公司，费城，1968。

338. 李·詹金斯《扭转学生下降的学习热情》，见《学校管理者》69，第 5 期（2012 年 5 月）：16-17 页。

339. 罗尔德·达尔《玛蒂尔达》（伦敦：帕芬出版，2007）。

340. 阿恩·邓肯，www.twitter.com/arneduncan，美国教育部，2012。

341. 南希·M·桑德斯和凯伦·吉尔尼（编），《教育领导的行为期望与各项指标》，首席教育官咨询会，华盛顿特区，2008，发布于 http://www.wested.org/resources/performance-expectations-and-indicators-for-education-

leaders/；并参阅哈罗德·诺夫《通过简单的教室巡视来评估课堂气氛与安全》，阿肯萨斯州教育部，2011。

342. 戴安·拉维奇《错误统治》（纽约：典藏出版，2014）。

343. 琳恩·切尼《讲真话》（纽约：试金石出版，1996）。

344. 乔纳森·基摩曼《美国教学为何如此失败？》，见《纽约书评》，2014 年12 月 4 日。

345. 蕾切尔·莫莱罗《教师人员流动率达历史新高》，《国家影响：印第安纳州》节目，2014 年 7 月 17 日，发布于 http://indianapublicmedia.org/steteimpact/2014/07/17/study-teacher-turnover-higher/。

346. 基摩曼《美国教学为何如此失败？》。

347. 米歇尔·瑞《贫困问题必须攻克，但永远不应该拿来当借口》，见《赫芬顿邮报》，2012 年 9 月 5 日，发布于 http://www.huffingtonpost.com/michelle-rhee/poverty-must-be-tackled-b_b_1857423.html。

348. 拉维奇《错误统治》。

349. 戴安·拉维奇《致友人和读者的一封信》，2014，发布于 dianeravitch.com/what-you-can-do。

350. 塞缪尔·博尔斯和赫伯特·金蒂斯《资本主义美国的学校教育》（纽约：哈珀出版公司，1977），42、43 页。

351. 克莱恩《欺凌社会》，30 页。

352. D·A·金尼《从书呆子到正常人》，见《教育社会学》66（1993）：21-40 页；P·A·阿德勒、S·J·克莱斯和 P·阿德勒《社会化之于性别角色》，见《教育社会学》65（1992）：169-187 页。

353. 克莱恩《欺凌社会》，86 页。

354. 出处同上，156 页。

355. 保罗·威利斯《为了打工而上学》（纽约：哥伦比亚大学出版社，1977），34 页。

356. 出处同上，87 页。

357. 出处同上，80 页。

358. 出处同上，95 页。

359. 出处同上，39 页。

360. 克莱恩《欺凌社会》，3 页。

361. 森奈特和考伯《阶级的隐伤》。

362. 出处同上，158 和 159 页。

363. 克莱恩《欺凌社会》，99 页。

364. 巴兰和斯威兹《垄断资本》，第 5 章。

365. 戈德曼《被欺凌》，33 页。

366. 出处同上，38 页。

367. 出处同上，27 页。

368. 出处同上，37 页。

369. 克莱恩《欺凌社会》，99 页。

370. 海伦·肯尼迪《菲比·普林斯，南哈德利高中"新生"因青少年网络欺凌而自杀》，见《纽约每日新闻》，2010 年 3 月 29 日。

371.《瑞娜·维克谋杀案》，CBS 新闻，2005 年 4 月 12 日。

372. 克莱恩《欺凌社会》，37、38 页。

373. 出处同上，67 页。

374.《波士顿地铁报》，无标题文章，2014 年 11 月 12 日。

375. 罗莎琳德·威斯曼《女王蜂和女王疯》（纽约：三条河出版公司，2003）。

376. 蒂娜·菲《恶毒女生》，派拉蒙影业，洛杉矶，2004。

377. 理查德·德格朗普莱《利他林国度》（纽约：诺顿出版，2000）。

378. 特雷弗·罗曼《恶霸都是脑中刺》（明尼阿波利斯：自由灵魂出版，1997）。

379. 出处同上，2 页。

380. 出处同上，3 页。

381. 出处同上，68 页。

382. 出处同上，16、18 页。

383. 出处同上，32 页。

384. 出处同上，57 页。

第八章：无情世界

385. 克里斯托弗·拉驰《无情世界中的避风港湾》（纽约：诺顿出版，1995）。

386. 莱昂婷·杨《破碎的家庭》（纽约：麦格劳－希尔出版公司，1973）。

387. 杰夫·勒文森《洛厄尔的纺织女工》（麻省马尔登：历史指南针出版，2007）。

388. 诺尔·朗利、弗洛伦斯·莱尔森和埃德加·阿伦·伍尔夫《绿野仙踪》，米高梅，加利福尼亚州好莱坞，1939。

389. 起源，《英文标准圣经》（伊利诺伊州惠顿：十字路口出版，2011）。

390. 布里塔尼·加西亚《罗慕路斯和雷默斯》，《古代历史百科全书》（英国西萨塞克斯郡：出版商不明，2013）。

391. 威廉·莎士比亚《哈姆雷特》（纽约：西蒙与舒斯特出版公司，2012）。

392. 大卫·斯塔基《六个妻子：亨利八世的王后们》（纽约：哈珀出版公司，2004）。

393.《已婚女性的财产法》，见《美国女性》，国会图书馆美国回忆，发布于：https://memory.loc.gov/ammem/awhhtml/awlaw3/property_law.html，提取于2013年2月3日。

394. 道格拉斯·钟《儒学：正传》，见《地球宗教社群参考资料》，乔尔·贝佛斯刘斯编（密歇根州大急流市：科尼克萨斯出版，1995）。

395. 亚瑟·P·沃尔夫和黄杰珊《中国婚姻与领养1845-1945》（加利福尼亚州帕罗奥多：斯坦福大学出版社，1980），87页）。

396. 申命记21：18-21，《英文标准圣经》（伊利诺伊州惠顿：十字路口出版，2010）。

397. 出处同上，22：13-29。

398. 卡尔·柏兰义《伟大的转型》（波士顿：灯塔出版公司，2001）。

399. 约瑟夫·斯坦《屋顶上的小提琴手》，联美公司，加利福尼亚州好莱坞，1971。

400. 卡尔·马克思和弗里德里克·恩格斯《共产主义宣言》（马里兰州罗克兰：维尔德赛德出版，2008），11页。

401. 杰米·甘布莱特《瑞典一代孩子从未被打过屁股》，CNN，2011年11月9日。

402. 理查德·桑托勒姆，共和党辩论，佛罗里达州奥兰多，2011年9月22日。

403. 蒂姆·拉·海耶《头脑战争》（新泽西州塔潘：雷维尔出版，1980）。

404. 蒂姆·拉·海耶《家庭战争》（新泽西州塔潘：雷维尔出版，1984）。

405. 拉·海耶《头脑战争》，60页。

406. 托尼·珀金斯《FRC彻查打屁股行为》，见《华盛顿每日观察》，华盛顿特区，2007年12月26日。

407. 詹姆斯·德伯森《固执的孩子》（伊利诺伊州开罗斯齐姆：丁代尔动力出版，1992），37页。

408. 出处同上，53-54页。

409. 出处同上，235页。

410. 理查德·桑托勒姆，http://www.brainyquote.com/quotes/quotes/r/ricksantor425210.html。

411.《瑞克·桑托勒姆的10个问题》，见《纽约时报》，2012年3月1日。

412. 康诺·弗里德斯多夫《瑞克·桑托勒姆的"大政府"计划》，见《大西洋月刊》，2011 年 6 月 9 日，发布于 http://www.theatlantic.com/politics/archive/2011/06/rick-santorums-case-for-big-government/240174。

413. 理查德·桑托勒姆，于第一救世主教堂的演讲，佐治亚州福赛斯县，2012年 2 月 19 日。

414.《麦克·哈克比称娜塔莉·波特曼的怀孕"很麻烦"》，见《华尔街日报》，2011 年 3 月 4 日。

415. 霍华德·科兹《哈克比手撕发布"性冲动"评论的批评家》，福克斯政治新闻，2014 年 1 月 24 日。

416. 威廉·弗鲁埃特《白衣婚礼》，视频服务，加拿大多伦多，1972。

417. 参见 www.longtermcare.gov/costs-how-to-pay/costs-of-care/2010。

418. 卡门·德纳瓦斯 – 瓦尔特和伯纳黛特·普罗克托《美国的收入和贫困问题：2014》，美国人口普查局，美国商务部，华盛顿特区，2015 年 9 月。

419. 格伦·D·布劳恩斯坦《照顾年迈父母辛苦也甘心——但也有代价》，见《赫芬顿邮报》，2013 年 4 月 15 日，发布于：http://www.huffingtonpost.com/glenn-d-braunstein-md/caregivers-aging-parents_b_3071979.html。

420. 卡尔·马克思《异化劳动》，见《1844 年经济与哲学手稿》(弗吉尼亚州雷德福：维尔德出版，2011)。

421. 诺曼·李尔《全家福》，CBS，加利福尼亚州好莱坞，1971–1979。

422. 诺曼·李尔《二人成群》，《全家福》中一集，1978。

423. "不要相信任何 30 岁以上的人，除非是杰克·温伯格"，《伯克利（加州）每日星球报》，2000 年 4 月 6 日。

424. 乔治·伯纳德·肖《芭芭拉上校》(纽约：企鹅出版公司，2001)，第 1 幕。

425. 格特鲁德·博格和丹·格林伯格《犹太母亲怎么当》(纽约：口袋书出版，1965)。

426. 尼亚·瓦达罗斯《我的盛大希腊婚礼》，HBO 电影，加拿大多伦多，2002。

427. 汤姆·阿斯托和马特·安珀《赖家王老五》，派拉蒙，加利福尼亚州好莱坞，2006。

428. 阿兰·伯嘉《养大 2010 年 5 月出生的美国孩子需要 22.692 万美元》，彭博新闻，2011 年 6 月 9 日。

429. 伊冯娜·阿布拉罕《越少越好，真的》，见《波士顿环球报》，2014 年 12月 25 日。

430. 阿兰娜·瓦基亚诺斯《30 项令人震惊的家庭暴力数据提醒我们家暴现象仍在肆虐》，见《赫芬顿邮报》，2014 年 10 月 23 日，发布于 http://www.huffingtonpost.com/2014/10/23/domestic-violence-statistics_n_5959776.html。

431. 梅丽莎·杰尔特森《阿肯色州州长签署家暴法案又名"劳拉法令"》，见《赫芬顿邮报》，2015 年 4 月 2 日。

432.《家庭暴力：数据与事实》，安全地平线，纽约，发布于 www.safehorizon.org/page/domestic-violence-stastics--facts-52.html。

433. 艾琳·米汉和杰姬·拜尔斯《电视女权主义：生活时间频道缘何走红：1984-1997》，见《电视研究文摘》，第 1 辑，第 1 期（伦敦：心理出版公司，2004），33-51 页。

434. 肯·英格拉德《波士顿谋杀》（纽约：圣马丁出版公司，1990），2-5 页。

435. 特伦斯·麦考伊《奥斯卡·皮斯特瑞斯谋杀女朋友被判五年徒刑》，见《华盛顿邮报》，2014 年 10 月 21 日。

436. 本杰明·莫里斯《NLF 选手家庭暴力逮捕率》，见 FiveThirtyEight 数据网，2014 年 7 月 31 日。

437.《朱迪·阿里亚斯圣诞节将会接到视频电话，胡安·马丁内兹的反击》，观察者，科罗拉多州丹佛，2014 年 12 月 24 日。

438. 瓦达罗斯《我的盛大希腊婚礼》。

439. 阿丽·霍斯切尔德《第二班》（纽约：维京出版，2012）。

440. 诺曼·李尔《伊迪斯发作》，《全家福》中的一集，1975。

441. 斯坦《屋顶上的小提琴手》。

442. 出处同上。

443. 瓦达罗斯《我的盛大希腊婚礼》。

444. 杰姬·格里森《保姆》，电影《蜜月伴侣》中的一幕，CBS，纽约，1956。

445. 雷蒙德·罗马诺《玛丽的丸子》，《人人都爱雷蒙德》中的一集，华纳兄弟，加利福尼亚州伯班克，1996。

446. 雷蒙德·罗马诺《狗》，《人人都爱雷蒙德》中的一集，华纳兄弟，加利福尼亚州伯班克，1997。

447. 雷蒙德·罗马诺《幸运西服》，《人人都爱雷蒙德》中的一集，华纳兄弟，加利福尼亚州伯班克，2002。

448. 多萝西·塞布拉《孩子继承的遗产》，新泽西州梅德福李斯敬老院，2014 年 5 月 11 日，发布于 www.medfordleasblog.org/the-kids-inheritance。

449.《伦敦每日邮报》，2012 年 4 月 9 日，发布于 http://www.dailymail.co.uk/news/article-2127515/Be-nice-children-Theyll-chose-nursing-home-And-tips-grown-know.html。

第九章：反欺凌运动

450.“反欺凌（Anti-bullying）”维基百科词条，发布于 http://www.en.wikipedia.org/wiki/Anti-bullying_legislation。

451.《欺凌止步于此》全国预防欺凌意识月，2011 年 10 月，发布于 http://www.thebullyingstophere.org/events。

452. 参阅“反欺凌”维基百科词条。

453. 詹姆斯·布鲁克《同性恋男子遇袭身亡激起民众愤怒与辩论》，见《纽约时报》，1998 年 10 月 13 日，发布于 http://www.nytimes.com/1998/10/13/us/gay-man-dies-from-attack-fanning-outrage-and-debate.html。《纽约时报》整合了该报关于马修·谢帕德的一系列报导并发布于其官方网站上；参阅“马修·谢帕德新闻——纽约时报”，发布于 http://www.nytimes.com/topic/person/matthew-shepard。

454. 马修·谢帕德基金会，《基金会的故事》，2015 年 5 月 13 日，发布于 http://www.matthewshepard.org/our-story。

455. 我们在德伯和马格拉斯的《资本主义：你该买账吗？》中对此做了探讨。并参阅德伯《马克思的幽灵》。

456. 这一争论在 20 世纪 60 年代就已被社会学家丹尼尔·贝尔先知先觉地提出过，其后大量关于新型“知识经济”、流水线工业工作转型为高科技资本主义的研究有如井喷。参阅贝尔《后工业社会的来临：对社会预测的一项探索》（纽约：基本图书出版公司，1976）。

457. 理查德·弗罗里达《创意阶级的崛起：回顾》，修订扩展版（纽约：基本图书出版公司，2014）。

458. 参阅乔治·派克《改变世界：硅谷的口号——与金钱——都朝着政治世界转型》，见《纽约客》，2013 年 5 月 27 日，发布于 http://www.newyorker.com/magazine/2013/05/27/change-the-world。

459. 出处同上。并参阅约翰·马尔科夫《寻找硅谷——是地方也是心境》，见《纽约时报》，2009 年 4 月 16 日，发布于 http://www.nytime.com/2009/04/17/travel/escapes/17Amer.html？pagewanted=1&_r=0。

460. 卢卡斯·肖《圣丹斯：<爆裂鼓手>席卷剧情片重头大奖》，WRAP 好莱坞报导，

2014 年 1 月 25 日，发 布 于 http://www.thewrap.com/sundance-whiplash-sweeps-top-awards/。

461. 爱丽丝·帕克《大型研究表明虎妈效应确有其事》，见《时代》周刊，2014 年 5 月 5 日，发布于 http://time.com/88125/the-tiger-mom-effect-is-real-says-large-study/。

462. 参阅本书第 8 章关于此问题的探讨。

463. 参阅托马斯·弗兰克《堪萨斯州怎么了？保守派如何赢得美国人的心》中关于文化战争对美国和当今美国政治影响的优秀分析（纽约：霍特平装书，2005）。

464. 出处同上。

465. 出处同上。

466. 乔纳森·I·以斯列《激进启蒙：哲学与现代性的由来，1650-1750》（纽约：牛津大学出版社，2002），3 页。

467. 乔纳森·I·以斯列《头脑革命：激进启蒙与现代民主的知识来源》（新泽西州普林斯顿：普林斯顿大学出版社），49-50 页。

468. 同上作品中引用的斯宾诺莎原话，159 页。

469. 马克·基什兰斯基、帕特里克·吉力和帕特里西亚·奥布莱恩《西方文明简史：未完之遗赠》第 2 辑《1555 至今》，第 5 版。（纽约：朗文出版公司，2007）。并参阅理查德·胡克《启蒙思想家》（1996），http://www.richard-hooker.com/sites/worldcultures/ENLIGHT/PHIL.HT/.style。

470. 以斯列《头脑革命》。

471. 多琳达·奥特朗姆《启蒙运动概论》（洛杉矶：盖蒂出版公司，2006），29ff页。

472. 胡克《启蒙思想家》。并参阅以斯列《头脑革命》。

473. 查尔斯·德伯、威廉·施瓦茨和耶尔·马格拉斯《最高权力：新中国帝制秩序的到来》（纽约：牛津大学出版社，1991）。

474. 托德·吉特林《60 年代：希望与愤怒的时光》（纽约：班塔姆出版，1993）。

475. 出处同上。并参见理查德·夫拉克斯《创造历史：美国左派与美国思想》（纽约：哥伦比亚大学出版社，1988）。

476. 贝蒂·弗里丹《女性迷思》再版（纽约：诺顿出版公司，2001）；凯特·米利特《性别政治》再版（香槟-厄巴纳：伊利诺伊大学出版社，2000）；罗宾·摩根《姐妹有力量》（纽约：典藏出版，1970）；杰梅茵·格里尔《女太监》再版（纽约：哈珀常青现代经典，2008）

477. 吉特林《60 年代》。

478. 参见《作家与编辑抗议战争税》中关于格罗利亚·斯坦能对于战争的抗议行为，见《纽约邮报》，1968 年 1 月 30 日。罗宾·摩根，知名女权主义者，与斯坦能同为反战运动人士，著有众多作品，包括《姐妹有力量》。

479. 金于纽约市里弗赛德教堂 1967 年 4 月 4 日发表的演讲中说了这句话。参见大卫·A·拉夫《美国是当今世界最大暴力承包商》中有关评论，见《赫芬顿邮报》，2011 年 5 月 25 日，发布于 http://www.huffingtonpost.com/david-a-love/america-is-the-greatest-p_b_820729.html。

480. 参见约书亚·布鲁姆和小瓦尔多·E·马丁《黑人对抗帝国：黑豹党的历史与政治》（伯克利：加利福尼亚大学出版社，2012）。并参见休·皮尔森《豹之影：休伊·牛顿和美国黑人力量的代价》（波士顿：德·卡波出版公司，1994）。

481. 伯纳丁·多恩、比尔·埃尔斯和杰夫·琼斯《唱首战歌："地下气象员"的革命诗歌、声明与公报，1970-1974》（纽约：七个故事出版公司，2006）。并参见丹·伯格《美国法外之徒："地下气象员"与团结的权术》（加利福利那州奥克兰：AK 出版，2006）。

482. 马克·拉德《学生争取民主社会运动组织（SDS）之死》，Markrudd.com，发布于 http://www.markrudd.com/？sds-and-weather/the-death-of-sds.html。

483. 乔治·奥威尔《动物农场》50 周年纪念版（纽约：西涅特出版，1996）。

484. 迈克尔·卡赞《民粹主义的信念》（纽约州伊萨卡岛：康奈尔大学出版社，1998）。并参见托德·吉特林《平凡梦想的暮光》（纽约：霍特出版，1996）。

485. 弗兰克《堪萨斯州怎么了？》并参见德伯《隐藏的权力》。

486. 吉特林《平凡梦想的暮光》。

结语：解决方案是否存在？

487. 易希·卡尔曼《反欺凌法律违反黄金法则》，卡尔曼刊发于《今日心理学》文章的再版，发布于"欺凌后复原"专栏，2010 年 3 月 25 日，http://www.psychologytoday.com/blog/psychological-solution-bullying/201003/anti-bully-laws-are-violation-the-golden-rule。

488. 出处同上。

489. 约翰·维特塞《新校园反欺凌法公平还是无理？》，"安尼伯格教室"网站，出版商不明，发布于 http://www.annenbergclassroom.org/speakouts.aspx？name=are-new-school-anti-bullying-laws-fair&AspxAutoDetectCookie

Support=1。

490. 联合国儿童基金会调查办公室，"发达国家儿童福利：比较性回顾"，发布于 RC11 调查发现——联合国儿童基金会，http://www.google.com/url？sa=t&rct=j&q=&esrc+s&source=web&cd=1&ved=oCB4QFjAA&url=http%3A%2F%2Fwww.unicef.org%2Fmedia%2Ffiles%2FRC11_Key_Findings_Final_EN.docx&ei=9vKFVLOjK4GcgwT4qYS4BA&usg=AFQjCNEVKX_Jm44ykEk1bYheKYvWw–UqQg&bvm=bv.80642063,d.eXY。

491. 参见罗伯特·卡特纳《经济幻觉》（费城：宾夕法尼亚州大学出版社，1987）中关于斯堪的纳维亚模式的探讨。并参见杰里米·里夫金《欧洲梦》（纽约：塔彻，2005）。

492. 卡特纳《经济幻觉》。

493. 德伯《从贪婪到环保》。

494. 里夫金《欧洲梦》。

495 斯考尔《真实的财富》。并参见加尔·阿尔佩罗维茨《那么该怎么办呢？关于下一次美国革命实话实说》（佛蒙特州怀特里弗章克申：切尔西格林出版，2013）。